心理学：从专业到职业

［美］Tara L. Kuther　Robert D. Morgan　著
王晓敏　郭文宇　译

中国劳动社会保障出版社

图书在版编目(CIP)数据

心理学：从专业到职业/(美)库塞（Kuther，T. L)，(美)摩甘（Morgan，R. D.）著. 王晓敏，郭文宇译. —北京：中国劳动社会保障出版社，2014

ISBN 978-7-5167-0947-4

Ⅰ. ①心… Ⅱ. ①库…②摩…③王…④郭… Ⅲ. ①心理学-职业选择 Ⅳ. ①B84 ②C913. 2

中国版本图书馆 CIP 数据核字(2014)第 069279 号

北京市版权局著作权合同登记号 图字 01－2014－0535 号

中国劳动社会保障出版社出版发行

（北京市惠新东街 1 号 邮政编码：100029）

*

保定市中画美凯印刷有限公司印刷装订 新华书店经销

787 毫米×1092 毫米 16 开本 16 印张 221 千字

2014 年 4 月第 1 版 2021 年 1 月第 2 次印刷

定价：38. 00 元

读者服务部电话：(010) 64929211/84209101/64921644

营销中心电话：(010) 64962347

出版社网址：http://www.class.com.cn

致谢

我们希望感谢以下人士和机构，感谢他们为本书前三版及最新版提出的建设性意见和建议，以及为改进本书做出的贡献：查德隆州立学院的玛丽·乔·康纳特（Mary Jo Carnot），加利福尼亚州立大学的基思·科尔曼（Keith Colman），德州路德大学的克伦·杰克逊（Karen Jackson），路易斯安那大学的谢莉尔·林奇（Chery Lynch），塞顿霍尔大学的辛西娅·马科斯特罗（Cynthia Magistro），弗兰兹大学的多娜·斯图贝尔·麦克尤恩（Donna Stu-ber-McEwen），密歇根大学的科林·赛福特（Colleen Seifert），阿克伦大学的琳达·M. 苏碧奇（Linda M. Subich），科罗拉多州立大学的弗兰克·瓦塔诺（Frank Vattano），默里州立大学的波拉·马迪尔（Paula Waddill），德尤维尔学院的托德·J. 沃尔特（Todd J. Walter），以及肯尼索州立大学的瓦勒里·惠特尔西（Kennesaw State University）。

此外，我们还要感谢最早批准此项目的维琪·内特（Vicki Knight），负责校对的凯迪·怀特（Katy White），以及帮助收集本书所含案例的艾什莉·巴塔斯蒂尼（Ashley Batastini）。

本书的出版离不开广大学生的支持与帮助，与他们的交流和对话给予我们莫大的帮助，他们提出的问题富有见地，给我们带来撰写此书的灵感，我（Tara）对此深表感谢。与此同时，我还要感谢我的父母，菲利普（Philip）和艾琳（Irene），特别是我的父亲，是他首先问了我一个问题，“有了一个心理学学士学位，你能做什么呢?”他相信我能找到答案。最后，我要感谢弗雷德（Fred），这个项目最终完成离不开他不懈的支持。

我（Robert）要感谢所有的学生，他们的提问促使我不断探索心理学的难题。我还要特别感谢罗伯特·埃克斯（Robert Ax）和斯蒂芬·曼德拉基亚（Steven Mandracchia），是他们教我要打破固定思维模式，进行创造性思维。最后，我要感谢家人给予我的不懈支持。

序言

心理学学位到底有什么用？很多学生来到办公室，都会问同样的一个问题："拿到心理学学位后，能从事什么样的工作呢？"事实上，心理学学位非常实用、灵活，是一个有着很大市场潜力的文科学位。心理学能让学生深刻了解人类行为方式，这适用于所有的职业，也正是出于这一原因，心理学成为本科阶段最受欢迎的专业之一。据美国教育统计中心 2007 年数据显示，每年约有九万多学生获得心理学学士学位。心理学专业的研究生也拥有一定的就业机遇，每年还有两万余人获得心理学硕士学位，约五千人获得心理学博士学位。

《心理学：从专业到职业》一书旨在探讨心理学专业的学生可选择的广泛的职业。鉴于很多学生对心理学的广度和分支都不甚了解，本书将引导心理学本科生及研究生了解并进入宽广的潜在工作领域。我们创作本书是基于心理学教育将为学生日后胜任众多领域的工作打下坚实的基础这一指导性原则。然而，选择心理学专业之前，学生应学习更多其他学科的知识，积累更多实践经验，在此基础上，明确自己的职业兴趣，确定自己的心理学学位攻读到何种程度以此提高自己的职业竞争力，为未来就业做好充分准备。无论对于本科还是研究生阶段的心理学专业学生，本书的适用性都很强。

《心理学：从专业到职业》适合众多学生阅读，包括预申请心理学专业的和已经在读的心理学专业的学生。本书包括心理学导论、职业心理学、方法论课程、顶点课程及心理学专业研讨会等部分，完善了心理学课程体系。我们希望心理学专业的学生及其导师能将本书作为参考资料，就书中所提供的该学科潜在的职业机会展开讨论，找到自己的理想职业。

《心理学：从专业到职业》开篇谈论了心理学的实质及心理学学生就业选择的多样性。第一章介绍了影响专业选择的诸多因素及选择心理学的益处，本章结尾处作者还给出了学好心理学的建议。第二章到第十一章涵盖了心理学的各个分支，介绍了心理学本科生与研究生可以从事的职业。第二章与第三章探讨了临床心理学、咨询心理学及学校心理学的应用领域；在第四至第六章中，读者可以了解三个热门分支——法律心理学、健康心理学、运动心理学本科及研究生层面的职业；第七章主要涉及生物心理学、认知神经心理学及临床神经心理学方面的相关职业；第八章探讨了工业心理学、组织心理学相关职业及人类因素心理学；第九章为对实验心理学、认知心理学及定量心理学感兴趣的学生提供了就业指导；第十章至第十一章介绍了社会心理学、消费者心理学与发展心理学的职业选择；第十二章向读者介绍了毕业后如何找到心仪的工作，并就如何写出得体的简历与求职信及如何面试给出建议；第十三章主要针对研究生学历的学生，阐述了他们在学术、研究及应用领域可获得的工作机会；最后，第十四章作者介绍了申报心理学研究生院的总体流程，其中包括学生可获得的研究生学位，如何获得项目信息，如何申请及参加面试。

本书第四版与前三版的不同之处在于，它增加了一些心理学毕业生谈论其职业的部分，包括他们职业选择的优势与劣势、心理学在其职业生涯的应用、他们会做哪些不同寻常的事情。这一版次的《心理学：从专业到职业》还为心理学各子学科的本科毕业生与研究生提供了最新的薪金与职业信息。此外，该书的结构也进行了重新编排，将重心转向心理学本科生。出于解答心理学本科生关于心理学疑问，及满足其需要的考虑，我们还对其中几个章节进行了改写。而对于涉及心理学各个子学科的章节，从第二章到第十一章，我们都附有表格，列举了推荐课程及该子学科的实践及研究经验。最后，在每一章节的结尾处，我们还准备了测试表格，帮助读者测试其对每一章节所涉及心理学子学科的兴趣与天赋。

我们希望《心理学：从专业到职业》这本书能帮助目前正在学习心理学，以及那些将来有可能学习心理学的学生测试其对心理学的兴趣，帮助他们认识到拿到心理学学位后，他们的职业选择将存在无数的可能，并进一步完善教育与实践计划，以便最终获得理想职业。我们相信心理学专业的学生毕业后将能胜任各种工作。即便他们想跳出这个圈子，寻求其他新的职业领域，掌握相关技能，他们也会惊讶于在这个日新月异的世界里，等待着他们的就业机会是如此之多。

目录

CONTENTS

第一章
专业与职业的选择

本章导读

每个学期伊始，本书的一位作者，在讲授心理学导论时，总会以下列问题开始第一节课。第一个问题是："何为心理学？"以下是学生们经常给出的几种答案：

"心理学是研究思维的学科。"

"心理学能帮助人们解决问题。"

"心理学关注支配人们行为的内心因素。"

接着她会问："学习心理学的人能做什么？"

"研究个体的思维过程，以找到生理学无法解释的问题根源。"

"充当无须用药的医生，解决造成病人生活不和谐的各种问题，无论是紧张的人际关系，还是睡眠、行为障碍。"

"接受科学、社会分析方面的培训，通过聆听的方式帮助那些心理失常或有心理问题的患者。"

学生们所给的这些答案正确吗？从某些方面来看，这些答案有其正确性。但是，换个角度看，它们又似乎有失偏颇。准确地说，心理学研究的不仅仅是人类思维，还包括人们的行为，旨在为那些遭受痛苦的人提供帮助。尽管在整本书中，我们会一直谈到心理治疗，但这绝非心理学的全部。以上学生所说的种种答案，都是具有心理学博士学位这样的心理学专家所扮演的不同职业角色。

这位老师的最后一个问题通常是："心理学学士能从事哪些工作呢？"对此，学生们总是无言以对。也许有人会小心地反问道"教书？"抑或有学生会大声回答"考 MBA"或"继续读研"。此时，其他同学往往会发出不自信的大笑。这些回答很幽默，而且，从某种程度上说，事实确实如此。但这不是对大多数心理学本科毕业生状况的真实描述。

大部分学习心理学的本科生都不大会继续读研，而且他们对自己未来可选择的职业也不甚明了。他们中几乎所有人都不止一次地被问到同一个问题"拿到心理学学位后，你能做些什么？"本书的作者们也一直为该问题所困扰，至今如此。所幸，对此我们找到了自己的答案，希望这本书也能有助于你们找到属于自己的答案。本章我们将讨论心理学的各个分支，并在此基础上，告诉读者，心理学是否适合你，如果选择学习心理学，如何学好心理学，以增强毕业后的就业竞争力。

何为心理学？

我们大多数人第一次接触心理学都是通过日常生活经验。打开电视就能看到奥普拉脱口秀上的心理学家正解释家长如何帮助问题少年。换个频道，又能看到精神病医生弗莱泽（情景剧《欢乐一家亲》的主角）被刻画成精神病医生，在广播节目中为大家配药。翻开一本杂志，你会看到一篇心理学家的文章，告诉你如何去爱惜自己的身体。可见，心理学已经深入至美国流行文化了。但是，你对心理学和与心理学培训有关的工作究竟了解多少呢？通过阅读本书你可能会惊讶地发现，心理学不仅仅渗透于治疗方法、自助书籍和教养建议这些领域。

那么，什么是心理学？心理学是对行为的科学研究——对动物或人类的行为、知觉或思维的研究。心理学研究的主题包括社会关系、大脑及影响大脑的化学物质、视觉、人类发展、规范化与典型化的行为起因等众多方面。了解心理学所涉及的广泛领域后，许多学生感到很惊讶。受过心理学高级培训的人可以从事动物行为、大脑、性格等领域的研究。在不同层次的培训中，有心理学学位的人可能会在商业环境中工作，制订员工培训计划，创建信息调查，进行访问，并制定策略来提高员工的工作效率。具有心理学博士学位的心理学家，通常会在众多领域担任行政人员一职，管理医院、心理健康诊所、非营利组织、政府机构、企业、学校等机构。一些心理学家被大学、社区学院和高中聘为教授。其他一些则在大学、医院、公司和政府机构从事研究工作。

当然，我们不能忽视心理学家服务提供者的角色。心理学家们通常都是与人打交道，评估智力与性格，从事心理治疗，制定方案以防止问题的发生或者帮人们解决和克服困难。一般来说，在实践环境中工作的心理学家最为人们熟知，这些实践环境包括医院、医疗中心、咨询中心和小组或个人实践环境。然而，在 2009 年，只有 37%的具有心理学博士学位的人工作于这种人类服务的环境中（Michalski，Kohout，Wicherski，&Hart，2011）。心理学是一个充满机会的领域。表 1—1 是美国心理学协会所提供的心理学学科下细分的学科名单。从表 1—1 可看出，各类心理学家都在研究许多不同的课题。

表 1—1　　　　　心理学学科：美国心理学协会分类

成人发展与老龄化
美国法律心理学社会
美国协会药物治疗进展
应用实验和工程心理学
行为分析
行为神经学和比较心理学
临床神经心理学
发展心理学
教育心理学
评估、测量与统计
运动心理学
实验心理学
健康心理学
国际心理学
媒体心理学
智力障碍和发育残疾
心理分析
独立从业心理学家
公共服务心理学家
宗教心理学
精神药理学和药物滥用
心理疗法
康复心理学
学校心理学
儿童、家庭政策与实践协会
社区研究与行动协会
消费者心理学协会
咨询心理学协会
环境、人口与保护心理学协会
家庭心理学协会
普通心理学协会
人本主义心理学协会
工业与组织心理学协会
军事心理学协会
人格与社会心理学协会
心理学历史协会
少数民族问题心理学研究协会
女同性恋、男同性恋、双性恋和变性问题心理学研究协会

续表

男性与男性化心理学研究协会
社会问题心理学研究协会
美学、创新与艺术心理学协会
女性心理学协会
和平、冲突与暴力研究协会
心理教育学协会
理论与哲学心理学协会
成瘾心理学协会
临床儿童与青少年心理学协会
临床心理学协会
咨询心理学协会
群体心理学和团体心理治疗协会
幼儿心理学协会
心理催眠协会
心理创伤协会

这本书中的每一个章节都探讨了心理学的一个或多个分支学科，为对心理学感兴趣的人（也许像你这样的人）提供可能的就业领域。请记住，大部分具有心理学学士学位的学生不会继续读研。正因如此，每个章节都给本科生和研究生提供了职业选择。许多职业选择都反映了两个或两个以上的心理学分支学科的内容，例如，一份给定的工作可能同时适合于分别对咨询心理学和发展心理学感兴趣的学生，我们在下面会进行讨论。无论何时，我们都会提醒学生注意这些重叠。

为何选择心理学专业？

每年国家都会颁发9万多个学士学位，而心理学一直是大学最流行的专业之一（National Center for Education Statistics，2011）。为什么呢？心理学专业的学生所学到的知识与技能让他们能适应各类工作。心理学是一个具有坚实基础的文科专业，这意味着它能教会你如何思考和解决问题，并为你的终身学习奠定基础（McGovern，Furumoto，Halpern，Kimble，& McKeachie，1991）。心理学专业能培养学生的批判性思维和分析能力，让学生学会如何学习，并成为独立的思考者。心理学专业的学生所学到的知识与技能在课堂外的普及性很强，同时也备受雇主青睐。请考虑以下技能和能力，它们都是心理学本科课程力求帮助学生提升的东西（American Psychological Association，2002；Hayes，1996；McGovern et al.，1991）。

心理学知识

心理学专业的学生会学习心理学理论、事实和询问模式，因为心理学是一门广泛的学科，涵盖生物学、发展、知觉、思维、情感等方面的知识。心理学专业的学生能综合全面地了解人类生存条件，这为终身探索人类行为奠定了基础。换言之，学生将学习“人类是如何工作的”。

批判性思维和分析能力

心理学专业的学生能从多个角度思考行为。他们能很快地认识到解释任何现象的理论往往都是相互矛盾的。心理学专业的学生既能灵活地思考也能接受模棱两可的答案。通常情况下，心理学家并不能对一个既定现象的问题给出“正确”的答案，但却能提供支持多种理论观点或解释的研究。接触不同的观点能帮助心理学学生培养批判性思维和分析能力，让学生知道如何权衡多种观点，如何比较和对比证据，如何做出合理的决定——在当今复杂的世界，这些都是可贵的能力。

收集、评估与综合信息的能力

心理学专业的学生将学习如何通过各种手段来收集信息，如图书馆、计算机数据库、网络和动手收集数据。更重要的是，他们将学会如何批判性地评估信息，从而确定信息的可信度及与所面临问题的相关度。他们将学会如何从大量资源中提取和总结信息，并整合成一个连贯、有说服力的论据。心理学专业的学生能展示实证研究与分析的结果并整合这些研究结果，具备这种能力是他们不同于其他文科专业学生的独特之处。在这个信息化时代，选择性收集、分类和使用信息的能力十分可贵。

写作与表达能力

心理学专业的学生将学会如何与他人以口头和书面的形式进行沟通。在大学阶段，他们将撰写大量论文并参加设有讨论与辩论环节的各种课程。当然，大学其他专业也会要求学生撰写论文和参与课堂讨论，但心理学论文往往不同于其他文科课程的论文，因为心理学论文的内容不仅需要着眼于理论，更需要通过实证研究来证实自己的论点。撰写实证研究报告的能力（无论是在期刊上发表一篇文章还是进行一项研究）及结合理论与研究的能力都要求心理学专业的学生具有不同于其他文科专业学生的写作能力。

研究方法论与统计技能

心理学专业的学生将学会如何提问，如何制定程序来收集与人类行为有关的新信息，他们对研究方法和统计学的知识会有基本了解，并将学会如何诠释数据，汇总信息。这种提问与回答问题的技能也被称为解决问题的技能，使心理学专业的毕业生在文科毕业生中脱颖而出。

计算机能力

计算机是人们日常生活中不可或缺的助手，尤其体现在工作中。大学生将学习各种计算机技能，如文字处理、网页浏览和电子邮件通信等技能。而心理学专业的学生将学会如何用软件来统计数据，制作电子表格和幻灯片。他们还将学会如何运用计算机程序设计和操作实验，收集数据，分析数据，并在论文和报告中展示他们的研究成果。计算机能力不仅仅指懂得如何使用某一特定的软件程序，还指能在没有直接指导的情况下，懂得如何使用新的软件。通过接触各式各样的计算机程序，心理学专业的学生将凭借自身的丰富经验在探索新软件的使用时得心应手，当然，这也是雇主所看重的一种能力。

人际沟通与内省技能

人际沟通技能指懂得与人合作、能在事业和个人生活中获得成功的技能。心理学专业的学生将学会如何与人交往和如何参与团队合作。他们能意识到一些敏感的问题，如文化、阶级和种族的不同。他们还将发展内省意识和自我学习意识，知道如何监控和管理自己的情绪和行为。例如，了解情感具有认知评估意义（如决定自我情绪）可以影响学生控制情绪的程度和能力。

适应能力

随着心理学专业的学生不断地学习研究方法，他们中很多人对已发表的文章中存在的缺陷深感惊愕。为此，他们很快认识到世界上是不可能存在完美的研究性学习的。相反，研究人员往往尝试在有限的资源条件下，尽可能进行最佳研究。能灵活地改变策略和研究方法来适应当前的环境和机遇，是大学生在校内和校外获得成功的必备条件。心理学专业的本科生通过接受大学教育不断增强这些技能，让自己变成一个多才多艺的、有教养的人，这样的人在各领域的工作岗位都更具竞争优势。就这一层面而言，心理学是一种具备坚实基础的文科专业，能为你提供思维的工具和技能，让你出类拔萃（Gehlhaus，2007；Kierniesky，1992）。其他文科学位，如英语和历史专业，也能培养学生的批判性思维和沟通技巧。然而，心理学在文科领域中却是独一无二的，因为它既能培养数据收集能力、分析能力、研究能力、写作和人际沟通能力，还能培养洞察人类和团体如何运作的观察能力。

选择专业与职业

既然你对心理学的广泛领域已有了初步了解，那现在我们来谈谈你吧。你如何决定未来职业？如何选择大学专业？如何确定心理学是否适合你？许多学生感受到来自职业生涯规划的压力和困惑。有时似乎除了你，其他人都知道自己日后想从事什么职业。找到合适的专业和职业目标并不需要什么魔法，也不需要什么天赋或才能，更不需要什么运气。那到底需要些什么呢？选择合适的专业需要你主动探寻自己内心真实的想法，并愿意找出你认为自己应该做什么，别人想让你做什么，你真的想做什么，以及你现有能力能做什么的答案。

专业与职业选择三原则

在开始选择合适的专业前，以下三条原则可以指导你顺利完成选择专业的过程。

积极参与选择专业的过程。选择适合你的专业不仅仅是在大学注册处提交论文即可。成为一个积极的参与者意味着你认识到，考虑专业并缩小选择范围必须是你自己的决定，因为你是唯一知道对你而言什么是最正确的人。从家人或朋友的职业或建议中选择一个专业，会让你备感压力。也许你的父亲或母亲主修金融专业，他们总是告诉你，你以后可以像他/她一样。也许你的几个朋友已经决定主修通信或戏剧艺术专业，希望能和你一起上课。这样的期望看似不重要，但我们往往会受到它们的左右。无论如何，选择专业的过程和你最终的决定必须得依靠你自己。你必须积极参与整个过程，期间可能会有挣扎。然而，没人会比你更在意自己所选择的专业，因为你是唯一受个人选择影响的人。

大学专业并不能决定职业。专业的选择对职业的影响并不大，因为大多数人最后从事的职业与他们的专业并没有多大联系，反而与其具备的技能紧密相关。大学专业只是一个起点，不会限制职业的选择。目前，在职业生涯规划中，更重要的是技能。那么，具备什么样的技能才能吸引雇主呢？雇主关心的是通信、计算机、写作、语言表达及解决问题的能力。很多专业都可以提高这些技能，因为这些普通技能正是大学教育目标的一部分。然而，正如我们之前讨论过的，具有心理学学士学位的学生接受过专业的培训，所以他们能从其他文科专业的学生中脱颖而出。你不用担心你选择的专业会限制或决定你的终生职业。大学专业选择是一个重要的决定，但你也不必背负太大的压力，它不会决定你的一生。

职业生涯规划是一个过程，并不是一锤定音的事，也不是在一个阶段或短期内就能完成的，更不是在大学第一学期或第一学年就能确定的。职业生涯规划是一个漫长的过程，可能会始于大学，并贯穿一生。你一般不会突然确定未来的职业，因为你的决定可能会影响自己的一生。大多数人在一生中会从事很多种职业。要确定你的人生道路，你必须参与到这个过程中，明确志向，怀抱期望，寻求机会。本章以下部分将探讨如何了解自己，明确自己的兴趣和能力。

考虑你的兴趣、技能和价值观

确定职业目标和选择专业的第一步是了解自己。你有什么兴趣？你擅长什么？只有了解了自己，才能选择适合自己的专业，在相关课程中取得优异的成绩。有时候，学生在选择专业时并没有考虑自己的兴趣。比如，有的人选择某个专业只是因为它看起来不错，就业前景比较乐观，可参加了一些课程后却发现所选专业很无趣，甚至根本就不喜欢。千万不要重蹈覆辙，虽然换专业再正常不过，但如果可能，尽量不要换。所以，在选专业前先想想自己的兴趣，选一个适合自己的专业。只有做自己喜欢做的事才能做得好。

如何确定自己的兴趣和技能呢？下面的练习将帮助你思考自己喜欢什么，擅长什么，什么对你很重要。把你的答案写出来放到一边，过段时间或者数年后再重新审视一下自己的观点，看看是否有所改变。

1. 写下你所有的成就。无论什么时候，只要是你遇到并解决了的问题，都把它们写下来。不要有任何顾虑，让你所有的成就都跃然纸上。你列出来的问题不必是多么庞大的或对你的生活造成重大改变的问题。学会用吉他弹一首歌曲，或者摆平恼人的室友，这些都是成就。换句话说，你列出来的成就可以很小，不必得到其他人的认可。这张列表上所列的是对你而言很重要的事。写得越多越好，不要因为它让你绞尽脑汁而停止思考，而是要进一步探索。当很难在这张列表上再添加新的内容时，你想到什么就写什么，不要删除也不要修改。可以写一些思考其他成就时所遇到的难题，这样做有助于唤起你的记忆。

2. 思考你的技能。当你完成了成就列表后，再仔细审视并分析一下你所拥有的技能。你的每一个成就都包含了什么技能？如在处理与室友的关系时用到的人际交往技能。将你的技能单独列在另一页纸上。在思考成就及相关技能的同时，所列内容也将不断增加。当你把能想到的相关技能都记下来后，再看看你的列表。思考以下问题，你最喜欢用的技能是什么？你最感兴趣的技能是什么？你最擅长使用什么技能？什么技能还有待提高？有没有你想进一步提高的技能？什么技能对你最重要？

3. 明确什么样的成功对你更重要。现在重新再审视一遍你的列表。什么是和你最密切相关的？为什么？什么最能带给你满足感？你最看重什么？为什么？这项练习很重要，可以让你了解自己珍惜什么样的成功，更可以让你明确自己的兴趣和价值观，这有助于你选择自己感兴趣的专业。了解你的技能，明确你的优势和劣势，确定你喜欢用什么技能，这些都能帮助你找到适合自己的职业。

4. 思考你的价值观。你认为人生中最重要的是什么？你希望经历什么？你不希望经历什么？工作的声望重要吗？工作时间的长短重要吗？你想过忙碌漫长的日子吗？你如何协调工作和生活呢？工作保障重要吗？经济保障重要吗？想想你对知识、自主、家庭和地域所持有的观点。

当你衡量职业和人生选择时，再回过头来看看这张列表，它会时刻提醒你剖析自己。当我们面临机会时，很容易忽视自己的兴趣和价值观。一生中你会遇到很多机会，但并不是所有机会都适合你。切记时刻剖析自己，这样你才更容易辨别和选择能让自己快乐的机会。你应该定期地重新审视自己的兴趣、能力和价值观，因为职业生涯规划和自我意识需要一生来完成。

考虑性格因素

你是谁？你的性格是怎样的？你是一个安静的人，还是一个受欢迎的人？在选择专业和职业时应该考虑自己的性格。有一个简单的方法能帮助你深入地了解自己的性格，那就是尽量地描述你自己。你是一个什么样的人？写下所有可以描述自己的形容词，哪怕是只能描述某一方面的词。把你能想到的词都列出来，不要停下来思考它们合适与否。这张长长的列表将罗列出你能想到的所有能描述你的形容词，然后从中选出十个最准确的词。这张列表能说明你的一些性格特点。

了解自己独特的性格有助于选择适合自己的专业。在职业发展中，霍兰德（Holland，1959）的职业理论使用的最为广泛，他将人的性格分为六种类型（见表1—2），并将这些类型与具体的职业联系起来。大多数人能发现这些类型综合了几种性格，那么你该如何确定你属于哪种类型呢？请阅读以下说明。

表1—2　　霍兰德（1959）的性格类型

实际型	偏好运动和机械，喜欢在户外工作，喜欢与工具、植物、动物打交道 性格特点：务实，坦诚，热爱自然，冷静，保守，内敛，独立，有条不紊，有韧性
研究型	喜欢学习，观察，解决问题，分析信息 性格特点：求知欲强，逻辑清晰，善于观察，精确，有学识才能，严谨，自省意识强，保守，公正，独立
艺术型	富有想象力和创造力，喜欢自由的工作环境，自由发挥创造力和创新力 性格特点：直觉性强，喜欢打破常规，情绪化，有个性，极具表现力，忧郁，随意，富有同情心，大胆，直接，理想化
社会型	喜欢帮助和教导别人 性格特点：喜欢结交朋友，具有合作精神，做事理想化，开朗，理解他人，乐于助人，大方，可靠，宽容，耐心，有同情心，健谈
企业型	喜欢与具备劝服、经营、管理才能的人共事，以实现机构或经济目标的工作 性格特点：自信，有主见，有决心，健谈，外向，精力充沛，有活力，善于交际，说服能力强，时尚，不受拘束，大胆，适应能力强，乐观
常规型	做事条理清晰，办事能力和数学能力强，喜欢处理数据，注重细节 性格特点：细心，喜欢处理数据，认真负责，精确，技能娴熟，遵守规章制度，有序，务实，节俭，按计划办事，谦虚，顺从，有韧性

资料来源：Kuther（2010）.

大多数人会发现一个或两个描述符合他们的性格。请完成测试1—1，你会找到最符合你性格的描述，明确自己属于什么性格类型。你还可以在“职业关键要素官网”（http://www.careerkey.org）中，找到一个基于霍兰德性格类型的测试。或者你可以参考“职业自我探索量表”（Holland，1994），这是基于霍兰德理论分类的一项正规测评。你可以在大学职业发展办公室获得更多的有关“职业自我探索量表”的信息，你也可以登录 http://www.self-directed-search.com 完成需要付费的在线测试。

测试 1—1

在霍兰德的性格类型中，你属于哪类？

选出符合你的性格的词。

□武断	□大胆	□坦率	□富有同情心
□自信	□认真	□合作精神	□求知欲
□可靠	□坚定	□有活力	□善于表达
□友好	□节俭	□理想主义	□独立
□反省	□感性	□喜欢数字	□逻辑性强
□细心	□热爱自然	□善于观察	□乐观
□有序	□热爱户外运动	□开朗	□耐心
□忧郁	□敏锐	□坚韧	□有说服力
□务实	□严谨	□保守	□自主
□有条不紊	□乐于助人	□健谈	□标新立异

计分：

累计你打钩的词汇数，查看自己属于哪种性格类型。

实际型：3，16，22，26，31，33，35。

研究型：8，16，17，20，23，34，35。

艺术型：2，4，12，15，17，18，29，36，40。

社会型：4，7，9，12，13，15，27，28，30，36，38。

企业型：1，2，5，10，11，13，24，27，32，36，39。

常规型：6，7，9，14，19，21，25，31，34，37。

你是不是在多个性格类型中都得了高分？这很正常，因为许多性格和品质都是各种职业所需要的。

了解自己的性格类型可以帮助你选择专业，因为有些专业更适合某些特定的性格类型。表 1—3 根据性格类型列出了一些大学专业。但请注意，这里并没有列出所有的专业，类型归属的划分也比较灵活。一些专业适合多种类型，因为这些专业能体现出学生所具备的多种技能。

表 1—3　　霍兰德性格类型和大学专业

实际型	研究型	艺术型	社会型	企业型	常规型
农业/林业	动物科学	广告学	听力学	广告学	会计学
犯罪学	人类学	艺术史	咨询	农业经济学	商贸
工程学	天文学	艺术教育	犯罪学	广播学	计算机科学
健康与体育教育	生物化学	建筑学	基础教育	通信	经济
动物科学	生物科学	古典学	历史	经济	金融
生物系统工程	化学	通信	人类发展学	金融	数学
植物与土壤科学	计算机科学	英语	公共事业	劳资关系	统计学
建筑学	工程学	外语	图书馆学	保险学	
旅游休闲管理	林业	平面设计	职业治疗	新闻学	
环境研究学	地理	历史	护理学	法律	
地质学	地质学	室内设计	营养学	管理学	
医药技术	数学	新闻学	哲学	市场营销	
运动科学	医药技术	音乐	政治学	政治学	
体育管理	医学	音乐教育	娱乐与体育教育	公共管理	
航空航天工程	护理学	演讲/戏剧	心理学	演讲	
土木工程	营养学		宗教研究		
电气工程	药剂学		社会学		
工业工程			社会工作		
机械工程	哲学		特殊教育		
核工程	物理治疗学		城市规划		
放射技术	物理				
	心理学				
	社会学				
	统计学				

资料来源：Kuther (2010).

选择专业和职业需要花费时间去努力探索。自我评估是一个过程，所以你需要时间好好了解自己，这样才能选择一个适合自己的专业。在此期间你该做些什么呢？不要给自己太大压力。寻找机会去探索。探索是职业发展的一个重要部分，它能帮助你了解自己的测试结果和可选的职业道路。

寻求机会

不管你选择什么专业，如果在大学期间或毕业以后，你抓住每一个了解自己和明确职业道路的机会，你成功的概率将大大增加。机会往往会不期而至。我们不知道什么时候能遇到了解自己和明确未来的机会。而成功的学生总是乐意接受新的观点和机会。

了解你的教授们

想要了解一个新领域，如在这一领域中，人们在做些什么，又如相关实习和实践机会，教授无疑是最佳信息资源。大部分学生只能在教室见到教授，如果你也一样，说明你还不会利用大学里最有价值的资源——教师，你能从教授身上学到的远远不止是书本知识。在了解教授的过程中，你能进入他们的研究领域，了解该专业的发展趋势。抓住实习这样的特殊机会，还会了解到在这一领域工作的真实情况。那么怎样才能了解你的教授呢？你可以在课后与他们交流，也可以在工作时间拜访他们，你们该谈些什么？当然是心理学。你可以问问关于材料——理论、研究或课堂讨论案例之类的问题。当然，你也可以问问他们学生时代的一些经历，他们是怎样决定继续攻读研究生的，以及引发他们研究兴趣的原因。你还可以与他们分享脑海中浮现的有趣网站，或者与他们谈论你在探索频道看到的相关项目。无论你们谈论的内容是什么，你最终的目标都是从谈话中有所收获，并向他们展示你对他们所教科目的兴趣。要记住，教授也是人。因此，交流过程中你应该保持友好的态度并面带微笑。我相信你一定会惊奇地发现了解你的教授是多么简单的一件事。

投身研究

通过协助教授做研究工作，或是独立开展研究项目来积累科研经验。科研经验不仅能证明你独立工作的能力，还能磨炼你的分析能力与批判性思维。这样一来，你不仅掌握了重要技能，学到了新知识，而且积累了雇主们与研究生招生委员会所看重的科研经验。因为科研经验能让他们看到你的学习动机、创新精神及渴望深入学习的意愿。

那么你怎样才能获得科研机会呢？在班上积极主动，争取在学院里崭露头角。找机会接近教师们，打听哪位老师需要研究助理。如果你对某个老师的研究感兴趣，想办法接近他，并主动提供帮助。

寻找各种科研机会：如果你还没有清晰的职业规划，不要将自己局限于某个研究领域。科研经历能给我们提供钻研某一具体研究领域的机会。而在进行研究选择的过程中，能了解到多个领域的知识，无疑也会让我们受益匪浅。此外，每个研究者的思路也不尽相同，在研究过程中，你会接触到多种不同的方法，并利用它们来解决你研究中遇到的问题。

寻找实习机会

为获取实践经历搜寻实习机会。实习能让我们将课堂上学到的知识运用到实际当中去，这是在学校里没法体验的一种学习经历，而且，它还能让我们有机会探索未来的职业。实习的另一个好处就是让我们有机会体验未来可能从事的工作。你真的愿意与他人共事吗？对于这个问题，实习经历可能会给予超乎你想象的答案。此外，实习还能让我们与某个圈子的人保持联系，他们有可能在毕业后为你提供工作机会，或是根据你的能力推荐你，使你将所学到的心理学知识运用到实际当中。你可以通过学院的老师们了解实习机会，也可以去学校的职业发展中心，在那你可以得到更多的实习信息。

学习其他学科知识

学习尽可能多的课程，这样不仅可以完成学校的常规课程要求，还有可能了解到你真正想学的专业。如果你觉得一门课程有趣，不妨再学一门与该学科相关的课程。不管你的职业规划是怎样的，能提高你沟通技能的课程都是不错的选择，（例如，写作课、演讲课、沟通课，或者为校报写文章），因为雇主们很看重沟通能力（MSU Career Placement and Services，2008；National Association of Colleges and Employers，2008）。一旦确定了自己感兴趣的职业，你可以针对自己的目标，选修心理学以外的课程。例如，如果你打算进入商界，管理或会计学无疑非常实用。而如果你的目标是从事公共事业相关的工作，你可以学习社会工作、沟通、刑事司法、社会学或人类学课程。在本书中，我们会为有特定兴趣的学生推荐学习课程，以增强他们的就业竞争力。

很多学生都发现辅修科目可以增加他们学士学位的含金量。比如说，一个心理学专业的学生，如果辅修市场营销或经济学，那么他们在商界会分外抢手。一旦明白自己喜欢什么，考虑辅修相关课程，充实你的经验与技巧吧。

积累工作经验

工作经验非常重要，因为我们能在积累雇主所需经验的同时，弄清楚我们擅长什么，喜欢什么。很多兼职工作与暑期工作都能锻炼人际交往能力，给予我们探索未来职业的机会。尝试一下野营顾问、宿管员、幼儿看护员或者家庭服务员一类的工作。大学生就业研究中心的调查显示，五分之四的雇主在招聘新员工时，都很看重相关工作经验（MSU Career Placement and Service，2008）。因此，合理安排你的时间，积累工作经验吧。

积极参加课外活动

课外活动能帮助我们培养有价值的技能，增强我们的就业竞争力。就像实习与工作经验一样，课外活动能为我们提供检验职业规划，增加与他人沟通及提高交流能力的机会。雇主们也很看重学生们在校园或社区的志愿者经历，因为这至少可以证明你是个好公民。课外活动的参与经历可以向雇主们证明你的领导力，在团队中有效工作的能力、积极性及创新精神。

寻求帮助与建议

职业发展不能仅靠个人努力。我们可以与他人探讨可选的专业，并获得反馈。例如，我们可以与同学们交流，询问他们选择所学专业的原因；可以与研究生、父母及教授们交流，了解他们选择自己职业的原因；也可和顾问沟通，了解如何在众多专业中进行选择，了解每个专业可以在日后从事何种工作，以及为此自己需要具备何种技能。

我们还可以去学校的职业中心，与职业咨询师交流，他们会向你推荐评估工具，借助评估工具帮你选择最适合自己的职业。他们也会为你提供针对性的帮助与建议，还会为你提供校友联系方式。这样一来，我们不仅可以了解到校友们的经验，还可以得到来自于他们的宝贵建议。此外，职业中心的专业人士还能为我们精心设计一套方案，帮助我们积累真正需要的工作经验，找到心仪的工作。

谨记，尽管我们需要来自父母、朋友与教授们的建议，但是最终决定选择何种专业的人还是我们自己。所以我们要选择自己感兴趣的专业，因为对学习的热情可以帮我们更好地应对繁重的课业和冗长繁多的学期论文。同样，请记住专业不是一成不变的，我们可以更换自己的专业。有时，制定了职业规划，选择好专业后，却发现这一专业并不适合自己。在这种情况下，你必须明白，更换专业再正常不过。如果你选择的专业并不适合自己，那就换专业吧。这种做法在大学里是完全可以接受的。当然，你也应该明白，专业的改变必然会导致你要多学一些新的课程，有时，还会延迟你的毕业时间。你可以与新专业的教职工或指导教师们交流，以了解更多相关信息来判断这一新专业是否适合自己。

我的最后一条建议是永远乐于接受一切新机会。灵活性是很重要的生活技能，它对于成年后应对一切，达到最佳发展状态至关重要。雇主们招聘新员工时通常都很看重适应能力（National Association of Colleges and Employers，2008）。适应能力与对模糊事物的忍受力都是毕业生们应该拥有的重要品质，因为科学就像生活一样，并不总是清晰明了的。在你阅读本书，了解与心理学相关的各种就业机会时，谨记一定要试着接受一切新的机会，积极探索心理学各个子学科及相关工作机会，来确定其是否与你的兴趣、愿望相吻合，即便你的第一反应是它可能不太适合。拓宽思维思考某一特定职业的特性，是锻炼灵活性的好方法，它也能促使我们站在一个全新的角度来看待这一职业。有了这样的经历后，你将会惊异于对自我了解的程度。当然，最重要的还是保持开放的态度，积极尝试各种可能性，这样你才有可能找到你真正喜欢的工作。测试 1—2 会帮你明确心理学这一专业是否适合你。而且，在本书中，我们为那些对心理学相关的具体职业感兴趣的学生们提供了选择职业的技巧，并就获得各种不同工作所需的有益经历给出建议。

测试 1—2

你适合学习心理学吗?

□你想知道大脑是如何工作的吗?

□你对批判性思维有兴趣吗?

□你对研究有兴趣吗?

□你对计算机的使用得心应手吗?

□你想了解大脑的运作方式及其是如何影响人类行为的吗?

□你对心理疾病有兴趣吗?

□你喜欢数学吗?

□你对人一生中的成长、变化过程感兴趣吗?

□你对个性有兴趣吗?想了解究竟是什么使我们有别于他人的吗?

□你想了解人类是如何接受环境的刺激的吗?

□你有志于了解研究成果是如何被用于解决现实世界的问题吗?

□你想知道如何才能更好地与他人共事吗?

□你想接受通才教育吗?

□你对生物学有兴趣吗？对生理机能如何影响我们的行为有兴趣吗？

□你有灵活解决模棱两可状况的能力吗？

□你愿意帮助他人吗？

得分：选项越多，表示你越适合学习心理学专业。

推荐读物

Halonen, J. S., & Davis, S. F. (Eds.). (2001). *The many faces of psychological research in the 21st century*. Retrieved July 27, 2011, from the Society for the Teaching of Psychology Web site: http://teachpsych.org/resources/e-books/faces/index_faces.php

Helms, J. L., & Rogers, D. T. (2010). *Majoring in psychology: Achieving your educational and career goals*. Hoboken, NJ: Wiley-Blackwell.

Kuther, T. L. (2010). *The psychology major's handbook* (3rd.). Belmont, CA: Wadsworth.

Landrum, R. E., & Davis, S. F. (2009). *The psychology major: Career options and strategies for success*. Upper Saddle River, NJ: Pearson Education.

Morgan, B. L., & Korschgen, A. J. (2009). *Majoring in psych? Career options for psychology undergraduates*. Boston, MA: Allyn & Bacon.

Silivia, P. J., Delaney, P. F., & Marchovitch, S. (2009). *What psychology majors could (and should) be doing: An informal guide to research experience and professional skills*. Washington, DC: American Psychological Association.

Sternberg, R. J. (2006). *Career paths in psychology: Where your degree can take you* (2nd ed.). Washington, DC: American Psychological Association.

Zichy, S., & Bidou, A. (2007). *Career match: Connecting who you are with what you'll love to do*. Washington, DC: AMACOM.

网络资源

American Psychological Association Career Guides
http://www.apa.org/careers/resources/guides/index.aspx

Eye on Psi Chi
http://www.psichi.org/pubs/eye/issue129.aspx

Careers in Psychology
http://www.psywww.com/careers/index.htm

Pursuing Psychology Career Page
http://www.uni.edu/walsh/linda1.html

Career Key
http://www.careerkey.org

American Psychological Association
http://www.apa.org

Association for Psychological Science
http://www.psychologicalscience.org

State Psychological Associations
http://www.apa.org/about/organizations/associations.aspx

Psi Chi
http://www.psichi.org

Psi Beta
http://www.psibeta.org/

Eastern Psychological Association
http://www.easternpsychological.org/

Midwestern Psychological Association
http://www.midwesternpsych.org/

Rocky Mountain Psychological Association
http://www.rockymountainpsych.org/

Southeastern Psychological Association
http://www.sepaonline.com/

Southwestern Psychological Association
http://www.swpsych.org/

Western Psychological Association
http://www.westernpsych.org/

第二章
临床心理学与咨询心理学

本章导读

临床心理学

咨询心理学

其他心理健康职业

本科生择业走向

社会工作服务人员

社工

物质滥用顾问

研究生择业方向

研究生教育与培训思考

实践

项目的开发与评估

行政管理

测试 2—1　你适合从事临床心理学与咨询心理学专业的工作吗？

推荐读物

网络资源

据美国心理学会劳动力研究中心 2008 年资料显示，61%的心理学博士毕业生来自于临床心理学、咨询心理学、学校心理学这三个心理学子学科。显然，在心理学学生中，从事心理健康服务的人员占绝大部分，该机构同年的研究资料也表明约有 69%的心理学博士毕业生都从事了能提供心理健康服务的相关职业。为何这些子学科如此热门？当被问及原因时，许多学生将他们的职业选择简单地解释为："我想帮助他人。"心理健康服务相关的子学科给学生们提供了学习专业技术和知识的机会，让他们可以帮助人们解决心理问题、情感或行为问题或是其他的心理压力所引起的问题。由于心理健康服务领域的范围非常广泛，我们将在接下来的两章中对其进行深入讨论。在本章中，我们主要介绍临床心理学和咨询心理学，而第三章将会探讨学校心理学这一子学科的相关内容。

临床心理学家和咨询心理学家研究的内容一样吗？他们从事的工作相同

吗？如果答案是否定的，那区别何在？无论对于本科、硕士和博士毕业生来说，这些都是他们选择成为专业的心理健康服务者之前所必须考虑的重要问题。在介绍临床心理学和咨询心理学这两个分支学科之前，我们有必要仔细考虑两者之间的不同。实证研究表明：临床心理学博士和咨询心理学博士的研究内容并无太大差别（Morgan & Cohen，2008）。事实上，与这两个子学科之间的差异相比，它们自己的内部差异更大（Cobb et al.，2004；Morgan & Cohen，2008）。尽管如此，它们在专业培训要求（Morgan & Cohen，2008）、历史背景和哲学背景等方面还是存在着微妙的差别（Roger & stone，n.d.）。

临床心理学

临床心理学是一门综合了心理学科学、理论、实践的学科，这一子学科以解释、理解、预测、减轻患者的心理问题和压力并促进人类心理健康发展为目标（American Psychological Association，Division 12：Society of Clinical Psychology，n.d.）。一直以来，评估和诊断、调节和治疗、咨询、研究、道德及专业准则的应用这些都是临床心理学培训中所包含的传统内容（Resnick，1991）。现在相关培训增加了更加现代化、着眼于科学与实践相结合的内容，如神经科学、认知科学、遗传学和精神药理学等尖端科学内容（McFall，2006）。换言之，临床心理学通过以下几点来帮助人们减轻心理压力或提高人们的心理机能：（1）心理训练或提供评估、治疗、诊断之类的服务（如精神疗法）；（2）心理咨询；（3）开展旨在以了解人类各种心理现象与帮助他人为目标的研究。但是在哪里能找到临床心理学家，他们的工作时间又是怎样安排的呢？

临床心理学家的基本就业范围包括：私人诊所（39%）、大学机构（22%）、医院（7%）、门诊诊所和社区精神卫生中心（6%）、医学院（8%）、退伍军人医疗中心（3%）以及其他诸如惩教机构、儿童和家庭服务、康复中心等机构（15%）（Norcross，Karpiak & Santoro，2005）。临床心理学家们约 34%的时间都会用于对病人的直接诊断和治疗，例如精神疗法；15%的时间用于评估及诊断相关的活动（Norcross et al.，2005）。当然，临床心理学家们也会从事以下活动，但是花在这些方面的时间相对较少，包括研究和写作（14%），履行行政责任（13%），教学（10%），对其他心理健康服务者进行监督（6%），以及专业咨询（7%）（Norcross et al.，2005）。

咨询心理学

咨询心理学家与临床心理学家一样，都致力于解决与心理学相关的情绪压力问题和行为障碍问题。然而，咨询心理学还肩负着帮助人们在生活中提高幸福感的重任，其中包括情绪、社会、职业、健康、发展和组织等相关问题（Society of Counseling Psychology，Division 17：American Psyohological Association，n.d.）。此外，咨询心理学家也一直在引导心理研究者去认识与了解人类的多样化，尤其是涉及人类活动的多元文化问题。简而言之，咨询心理学就是通过提高处事能力或减轻心理痛苦来使人的各项功能得到充分发挥的学科。

咨询心理学的五大理论基础包括：（1）心理完善机能比心理缺陷机能更重要；（2）关注患者的优势及积极的心理情绪；（3）强调用最简洁的方法处理问题（例如，咨询次数应少于 15 次）；（4）强调人与环境是统一而不是分离的；（5）强调教育、职业的发展与职业环境（Gelso & Fretz，2001）。基于这些主题，咨询心理学家更愿意把自己看作是临床工作者（48%），而非其他专业角色，如学者（28%）、管理人员（11%）、顾问（6%）和研究人员（3%）（Watkins，Lopez，Campbell，& Himmell，1986）。不过就像他们的临床心理学同行一样，咨询心理学家们同样受雇于各种不同的机构：学术研究机构（15%）、大学心理咨询中心（15%）、私人诊所（14%）、社区精神卫生中心（15%）、医院和医疗机构（10%）、退伍军人医疗中心（5%）（Neimeyer，Bowman，& Steward，2001）。其他雇用咨询心理学家的机构包括惩教机构、健康维护组织、家庭服务、业务咨询公司和康复机构。

其他心理健康职业

值得一提的是一些心理健康职业并不源于心理学。也就是说，一些心理卫生培训课程没有将心理学作为依据。许多学生可能会发现婚姻和家庭问题咨询、康复咨询、社会工作，或成瘾辅导更符合他们的职业兴趣（更多信息详见 American Association of Marriage and Family Therapy，2002—2011；American Counseling Associotion，2011；National Assoication of Social Workers，2011；National Rehabilitation Counseling Association，2011）。学生可以在其中任何一个项目中获得博士学位（例如，哲学博士、教育学博士），但最后获得硕士学位的情况比较常见。心理健康专业的从业许可证（例如，专业咨询许可证，LPC；社会工作者许可证，LMSW），通常要求从业人员具备咨询或相关临床服务经历。

婚姻和家庭咨询、康复咨询、社会工作与临床和咨询心理学在提供的专业服务形式和就业机构方面存在重叠。前者与后者最主要的区别在于，前者的心理学从业者需要接受培训以便能对心理测试进行管理和解释。此外，心理学的硕士和博士课程通常更重视开展研究，这并不意味着其他的心理健康课程不需要进行研究——它们也需要进行研究，特别是在博士阶段。而且，相对于其他心理健康学科，临床心理学与咨询心理学课程更重视研究。至于就业问题，这些心理健康专业的毕业生与临床心理学和咨询心理学者的职业选择大致相同，他们一般会在社区心理卫生中心、精神病医院、私人诊所、医疗设施机构、惩教机构、家庭服务和康复机构工作。

本科生择业走向

尽管本科学位是从事专业心理学职位最基本的学历要求，但对那些不想再继续攻读研究生学位的心理学本科生来说，还是有一些为他人提供服务的机会。现在让我们来看看心理学本科生有哪些工作机会。

社会工作服务人员

社会工作服务人员也被称为社会公益服务人员，涵盖了很多职位，如社工、个案援助员、社会工作助理、社区外展人员、生活技能顾问、青少年辅导员、心理辅导员、客户专员及老年医学工作者（Bureau of Labor Statistics，2010）。虽然这些职位都是辅助型职位，其实际工作却是与心理学家的工作相重合的。当然，这些辅助型职位在教育背景、职责与收入方面与心理学家也是有区别的（Landrum，Davis，& Landrum，2000，p. 17）。社会工作服务人员为客户提供直接与间接服务，包括评估客户需求与获得服务资格评估，帮助客户获得各类服务（如食品救济券、医疗救助、交通及其他公共事业项目），以及为他们提供精神支持（Bureau of Labor Statistics，2010）。在社区（如教养院或政府支持的居民区），社会工作服务人员会为那些需要咨询服务的客户提供帮助，帮助其获得日常生活技能，组织团体活动。在临床机构，（如精神病院、门诊诊所）社会服务工作人员会帮助客户参与治疗计划，帮助他们学习日常生活技能，使其能更有效地与人沟通，以及促进社会运行（Bureau of Labor Statistics，2010）。

社会服务工作的优势在于相对稳定，且能为那些有需要的人提供帮助。到 2018 年，与其他普通职业相比，社会服务行业的发展预计将更快，预计增长率将达 23％。当然，这一行业也有其不利的一面。过长的工作时间、人员配备不足、任务艰巨经常会使从业人员筋疲力尽。而且，这一行业的工资收入也相对偏低。在 2008 年，社会服务行业工作人员的平均收入为27 280 美元；其中处于中间 50％的人的工资收入在 21 860 美元到 34 590 美元之间；最高工资收入约为 43 510 美元（Bureau of Labor Statistics，2010）。一般来说，与私人机构或家庭服务机构、职业康复机构、居民心理健康机构、药物防止滥用机构、智障矫正机构相比，州政府与地方政府部门的工作人员收入要更高些（Bureau of Labor Statistics，2010）。

社工

虽然学历是从事社会服务工作的重要前提，但是对于那些入门岗位来说，心理学本科学历就足够了。社工的工作主要是通过咨询与急需资源（如住房、食品救济券）评估等方式来改善人们的生活。他们的日常工作包括个人与小组咨询研讨，将中央政府与州政府的救助项目（如房屋救助、残障福利、食品救济券等）分配给真正需要的人们（Bureau of Labor Statistics，2010）。社会服务工作者可以选择的工作机构包括医院、学校、社区精神健康中心、社会公益服务机构、法院及行为矫正机构。社会服务工作者可以选择最满足他们需要及最能发挥他们能力的机构就职。

社会服务工作者的薪资处于中等水平，一般情况下，三十岁出头的员工的平均年收入约为 39 530 美元。当然，教育背景、工作地点、工作机构这些因素也会对社会服务工作者的收入产生影响。因此，从业人员的年平均收入最低约为 25 870 美元，而大约 10%的高收入者的年平均收入可达 66 430 美元。值得注意的是，通常只有具备硕士学位的相关职位的从业人员才能获得较高薪酬（Bureau of Labor Statistics，2010）。这一职业的其他好处包括就业市场的不断扩大。预计到 2018 年岗位数将增长 16%（Bureau of Labor Statistics，2010）；同时人们还能从帮助社会底层人们的经历中获得满足感。而这一职业的主要问题在于从业人员的压力与无助感，这通常源于帮助客户确定或保护其合理资源过程中所遇到的难题。

虽然本科学历就能让你有机会获得很多社会服务工作的职位，但是利用业余时间攻读硕士学位将极大地提高你的就业保障、升职机会及创办私人机构的能力。而且，随着教育水平的提高，工资收入也会相应增长。对于私人开业并使用“社工”这一头衔，美国各州都有挂牌的要求。挂牌的标准各个州都有所不同，因此，为了确保你能顺利开业，你最好咨询一下学校的职业发展办公室和美国社会工作委员会联盟（http://www.aswb.org/）。

物质滥用顾问

尽管大部分顾问职业都需要从业人员具有研究生学历（至少是硕士学位），但是物质滥用顾问是个例外。物质滥用顾问通常作为居民治疗项目或综合门诊物质滥用项目的一部分，为人们提供咨询或康复服务。他们通常为药物依赖或药物滥用患者的主要治疗者。他们可能会花很多时间与治疗小组的病人待在一起，主要是对上瘾或相关问题的患者进行教育。他们也会单独接待患者，单独治疗可以为患者提供针对其具体问题的一对一诊疗。

目前社会对药物与酒精滥用顾问的需求极大，预计到2018年会增长21%（Bureau of Labor Statistics，2010）。物质滥用顾问的工资水平与本章所列其他本科生从业职业的大体相当，2008年年平均收入约为37 030美元，其中处于中间段50%的人年收入在29 410美元到47 290美元之间（Bureau of Labor Statistics，2010）。值得注意的是，与社会服务工作一样，要想获得更高的工资，物质滥用顾问也需要获得硕士学位。由于国家、地区的不同，工作岗位与薪水也不尽相同，因此，如果你计划从事物质滥用顾问这一职业，你应该查询一下心仪地区的工作机会。

正如其他心理健康职业一样，这一职业的主要优势在于它能为急需帮助的心理失常者提供帮助。此外，它对那些本科毕业后想进入心理健康职业领域，而又不想继续研究生阶段学习的学生们来说，无疑是极具吸引力的。这一职业的劣势在于，与那些抗拒治疗，极难相处的物质滥用者打交道很有挑战性，且仅有本科学历对职业发展的限制很大。

通常具有专科或本科毕业证书就能获得物质滥用顾问的职位。各州对药物与酒精滥用顾问资格证书的要求有所不同。一些州接受成瘾专业协会颁发的国家级证书。然而，另外一些州有自己的资格要求。大部分州都要求从业人员完成四门药物与酒精滥用咨询课程及300～600小时的指导培训课程。要想获得更多关于药物与酒精滥用顾问的从业证书信息，请登陆 http://www.naadac.org，联系成瘾专业协会。

我的职业历程2—1列举了心理学本科毕业生的一些就业机会。如果你对心理学相关职业感兴趣，可以看看表2—1列出的相关职业准备。虽然心理学本科毕业生可以获得应用类的职业机会，但更多的机会是为那些心理学研究生们准备的。例如，完成硕士学位（文学硕士或理科硕士）、哲学博士或心理学博士的学生们可以申请执业医生、项目开发员或项目评估员及顾问等岗位。

我的职业历程2—1　临床/咨询心理学：艾琳·达菲

我是谁？

我叫艾琳·达菲，是一名26岁的女性，拥有墨西哥爱达荷大学科学心理学学士学位。在本科学习阶段，我是军乐队、校友关系委员会和女生联谊会的成员之一。大四的时候，我作为志愿者，参加了一个叫作“伙伴计划”的项目——一个以社区为基础的网络项目。在该项目中我作为社区精神病人的搭档，帮助他们学会控制自己的症状，管理自己的行为。

心理学的应用

现在我在爱达荷州博伊西的一家精神病门诊诊所担任成人精神病病案管理员，这家诊所是由国家医疗补助计划出资兴建的。我在这个岗位上干了将近两年了，主要的工作职责包括监控医生的治疗效果，避免重复治疗，记录医生与患者间的互动，根据国家与专门机构的规定跟进治疗过程，按规定完善关于病人药品摄入量与持续治疗的文档（例如，汇集文档以核实诊断与治疗计划），对合作治疗进行评估。此外，我还要对病人进行一年或半年一次的跟踪调查以确定其是否需要修改治疗方案，确保病人的需要得到满足。

我的工作经历

在我做目前这份工作之前，我是博伊西社区中心一个课外项目的指导员，与一些6～12岁的孩子打交道。同时，是“美国志愿队”的一名成员，还做过几年青少年夏令营的野营顾问。

我从事工作的多面性

这项工作最有意义的一面就是每天所做的工作都是为了帮助他人活得更好、更健康。而最无趣的一面是整天都要和规章制度与文书打交道。比如，国家的医疗救助条例经常会发生变化。我也感到很难让病人们不以敌对的态度和行为去对待我们。对此，我建议大家明白这样一个事实，那就是病人的这种行为源于他们的心理疾病和药物治疗的副作用。此外，我觉得从事这一职业，常常会使我们忘记照顾自己的重要性。随时随地，你不是和别人一起工作，就是为别人工作，一直在担心事情的发展超出你的控制，即使下班了，也总是在谈论工作的压力，抑或是为了把工作做好，比你的客户还要努力。要知道你和你的工作同等重要，虽然我们每个人都幻想一天就能解决世界上的所有难题，但事实上这很难做到，而你做不到也并不说明你失败了。

我给你的建议

具备心理学学术背景，确实为我的病案管理员的工作带来了不小的优势。因为我非常了解精神障碍诊断和统计手册第四版的内容，这使我能够识别病人的一些常见症状和行为。心理学领域的学习让我掌握了有效的应对策略，使我能更好地帮助病人渡过危机。而我向身边的人表达理解、耐心和同情的能力，也造就了我今天的成功。

对于那些追寻着和我相似的职业路径的大学生们，我的忠告是，尽早积累这方面的经验。早在大学学习期间，我在心理健康领域的工作，就已经使我了解了不同精神病患者发病时的不同症状和行为。现在，我看到许多从业人员非常热衷于设定时间去治疗那些有精神问题的病人，然而这些工作者最终都筋疲力尽，因为他们不知道如何应对那些患有强烈精神分裂症的病人。在开始这份工作之前，我希望能够更好地懂得如何设定工作与生活的界限，管理好工作时间。刚开始工作的时候，我经常在单位熬夜到很晚，试图解决好全部的问题。回家后，我又开始担心那些我在白天没有做好的事情。工作之初，我曾为此付出了很大的代价，忍受其他人考虑不周的计划对我造成的困扰。实际上，我一个人的力量是有限的，不管怎样，明天还是会到来，你不能总被他人的计划不周所困扰。如果你的工作职位处于最高层，那为什么要去负责他人的事呢？在和病人与同事们划清界限后，我发现，自己反而可以和他们更好地相处。并且，我也愿意相信我的病人可以更加独立，因为我不再一味地帮助他们，而是给予他们更多的资源，促使他们独立处理事情。

表 2—1　本科生临床与咨询心理学职业准备

主修课程：

- 变态心理学或精神病理学
- 沟通技巧
- 社区心理健康
- 发展心理学
- 家庭系统
- 面试、咨询服务或帮助技能
- 专业问题
- 心理评估
- 精神药理学或心理药物学
- 社会福利工作
- 物质滥用
- 写作

实践经验：你可以在以下所列机构中做志愿者、实习生或带薪兼职

- 任何心理健康机构
- Big Brother/Big Sister 项目
- 男孩女孩俱乐部

续表

精神科住院部
智障人士护理机构
居住式治疗中心
物质滥用治疗中心
研究经历：你可以参与以下任何领域的研究*
变态行为调查研究
精神病理学研究
物质滥用研究
与具体精神失常现象相关的研究（例如，精神分裂症、躁郁症、抑郁症、焦虑）
任何与治疗、评估或诊断相关的研究

*注：实践经验有助于提高推理能力、定量分析能力、写作技能和组织能力，因此实践比学术研究更重要。

研究生择业走向

心理学研究生学位将会在很大程度上拓宽你在临床与相关咨询职业方面的就业选择，极大地改善你的经济前景。在我们谈及临床及咨询心理学的研究生职业选择之前，让我们先关注研究生的培训及其相关问题。有一些培训项目可供对这些领域抱有兴趣的学生选择。以下是我们对临床与咨询心理学研究生教育问题的探讨，其中涉及应用心理学者的 3 种不同职业生涯轨迹，它们分别是：实践、项目开发与评估以及行政管理。

研究生教育与培训思考

在进入咨询或临床心理学的研究生项目之前请做好必要的准备工作。最成功的学生往往都是那些选择了适合自己的学科的人（也就是说，他们所选择的学科与他们的专业兴趣相契合）。通过阅读本书，你将发现其实心理学这个学科下有很多子学科可供你选择——如临床心理学与咨询心理学，此外，还有非服务领域的分支，如实验心理学或认知心理学。本章我们将探讨如何选择临床或咨询心理学学科方面的问题，但必须承认的一点是这一决策过程与其他领域极其相似。（详见第十四章，了解更多申请研究生院的相关事宜）。根据你的兴趣及职业目标来批判性地分析这些心理学的子学科，问问自己以下问题：

• 我是否了解心理学各个子学科的差异所在？（临床心理学与咨询心理学之间到底有何不同？综合学科又是什么？）

• 哪一种类型的学位课程适合我？（如哲学博士或心理学博士）

• 毕业后我怎样才能得到相关资格许可证？

• 我还需要了解其他与实践相关的问题吗？

区分临床与咨询心理学。尽管咨询与临床心理学所涉及的领域有很多共同之处（Cobb et al.，2004；Morgan & Cohen，2008），但从本章先前所给出的定义中，我们不难发现它们之间仍存在着细微的差别。简而言之，它们之间的区别在于，临床心理学是建立在医学模式基础之上的（即问诊、诊断、治疗），而咨询心理学却并不注重病理学，而是致力于关注心理疾病患者生活的各个方面。毫无疑问，相对于临床心理学的相关职业而言，心理咨询师所面对的病人的病情较轻，所遭受的痛苦较少（Norcross，Sayette，Mayne，Karg，& Turkson，1998）。

总体来说，心理咨询师着眼于对患者成长轨迹的了解，适合参加职业评估这类培训；而以治疗为目的，致力于病理评估与诊断（即传统医学模式）的临床心理治疗师，则更应该参加射影性格测验之类的相关培训（比如，罗夏测验或主题统觉测验）（Norcross et al.，1998）。与临床心理治疗师相比较，心理咨询师通常就职于大学的心理咨询中心，而临床心理治疗师则更多在医院工作。（Gaddy，Charblot－Swilley，Nelson，& Reich，1995；Watkins，Lopez，Campbell，& Himmel，1986）。先前的就业数据只能反映心理咨询师与临床心理医生过去在就业方面的差异，而并非当前的职业差异。临床心理学与咨询心理学的另一个差异在于理论取向不同。临床心理治疗师倾向于行为或心理动力学的理论取向，而心理咨询师及相关职业则更倾向于以人为本的（或罗杰的）理论取向（Norcross，Prochaska，& Gallagher，1989a，1989b；Watkins et al.，1986）。

实证研究的结果表明，就培训而言，临床心理哲学博士、心理学博士和咨询心理学博士之间的确存在着一些差异。（Morgan & Cohen，2008）。其中最显著的两点差异是：首先，咨询心理学博士应该接受关于集体心理治疗方面的培训（Weinstein & Rossini，1999）。其次，咨询心理学项目倾向于向学生提供室外实习机会，然而更多临床心理学项目却是在室内诊所进行的（也就是说，学院为研究生提供在校立心理诊所担任心理治疗师，提供相关心理服务的机会，但这一切都必须在导师的严密监督下进行）（Morgan & Cohen，2008；Romans，Boswell，Carlozzi，& Ferguson，1995）。虽然我们已提及了临床与咨询心理学在培训方面的几点差异，但相较两个分支间的差异而言，每个分支内部的差异则更为显著（Cobb et al.，2004；Morgan & Cohen，2008）。除此以外，两者在培训要求（详见 Morgan & Cohen，2008，了解关于两者差别详细说明）、历史与哲学渊源上也有细微的差别（详见 Roger & Stone，n.d.）。通过仔细研究每个子学科与相关项目，我们可以明确哪一子学科更符合你的兴趣与需求。

研究生求学机遇。倘若你有意于临床或咨询心理学研究生阶段的学习，请务必了解该阶段心理学众多的子学科间都存在着巨大的差异。相较于 69 个被美国心理协会所认可的咨询心理学博士培养项目而言，被认可的临床心理学博士培养项目达到了 235 个（American Psychological Association，2010）。毫无悬念地，在 2005—2006 年间，临床心理学学生占获得心理学博士学位学生总数的 47%（American Psychological Association Center for Workforce Studies，2008）。临床心理学与咨询心理学一直都是十分热门的专业，取得它们的录取通知书十分不易，临床心理学的平均录取率为 9%，咨询心理学的录取率略高一些，但也仅为 10%（American Psychological Association Center for Workforce Studies，2008）。

临床心理学与咨询心理学的录取标准很相似，但也存在些许不同之处。与咨询心理学学科相比，临床心理学学科所要求的语言表达能力及 GRE（研究生入学考试）分数都略高一点（Norcross et al.，1998）。它们的另一个显著区别在于所接受的硕士与学士的比例不同。临床心理学学科倾向于录取具有学士学位的学生，而咨询心理学学科则更倾向于录取具有硕士学位的学生（Norcross et al.，1998）。相对于临床心理学学生而言，咨询心理学学生的种族背景似乎更加多元化。（Morgan & Cohen，2008）。

除临床心理学和咨询心理学学科外，通常还有不区分子学科，集2～3个子学科（咨询、教育、临床心理学学科）内容为一体的心理学综合学科，这种学科一般并不常见。心理学综合学科的学生们同时学习每个子学科所涵盖的内容（比如，同时学习临床心理学与学校心理学这两个子学科的内容）。值得注意的是，所有的综合学科并不相同。一些综合学科包含了所有的三个应用心理学学科（临床心理学、学校心理学、咨询心理学）；而其他综合学科则只将临床心理学或咨询心理学与学校心理学结合起来。虽然与传统的咨询心理学和临床心理学比较，综合学科的数量较少（根据美国心理协会2010年的数据显示，综合学科的数量仅为8门），但综合学科可能会为学生提供更多样化、基础更广泛的培训，当然，这一点还未得到实证研究的证实。

哲学博士学位与心理学博士学位。对临床心理学感兴趣的学生们有可能拿到两种不同的博士学位：哲学博士学位与心理学博士学位。那么两者之间有什么区别呢？首先，我们可以从它们的发展历程来找寻其不同之处。一般来说，心理学博士的培养任务是培训心理学从业医生，因此，其研究生阶段的教育更注重实际操作能力的培养，即为心理疾病患者提供服务的能力，而非科研能力。也就是说，他们的任务不是创造理论，而是应用理论。而哲学博士既注重实践环节，也强调理论素养的培养，即博尔德模式。因此可以说，与心理学博士相比较，哲学博士更注重对学生研究方法的培养。要拿到哲学博士学位，学生们必须在实证研究的基础上，完成其博士论文。而要拿到心理学博士学位，则须撰写非实证性的书面报告。正因如此，攻读心理学博士的学生花在做临床试验上的时间要远远多于那些攻读哲学博士的同学们。我们如何才能判定哪一种学位更适合自己呢？

在此，我们建议大家思考两个关键问题。第一，十年后你想做什么？尽管哲学博士与心理学博士课程的学习都有临床实践部分，但哲学博士教育更有可能将学生们培养成未来的科学家。因此，如果你想成为一名心理学医生，那么侧重实践的心理学博士课程也许更适合你。而若你更倾向于科学实践技能的培养，即成为科学家或临床医生，毫无疑问，哲学博士是你最佳的选择。尽管提供心理学博士学位的专业学校招收的学生人数远远多于那些设有哲学博士学位的综合性大学（据美国心理学会劳动力研究中心 2011 年的资料显示，它们的招生人数比为 24∶6），但是，实际上对这两种博士学位申请者的资格要求并无显著差异（Norcross et al.，1998）。然而专业学校的临床心理学博士的入学竞争确实远远低于综合性大学的临床哲学博士学位，前者的录取率约为 20%，而后者只有约 5%。若须了解这方面更多的信息，可以查阅美国心理学会劳动力研究中心 2011 年公布的资料。

第二个值得考虑的关键问题是你的偏好，你喜欢就读于专业学校，还是传统的综合性大学？大部分心理学博士学位，尽管不是所有，都由专业学校提供。而那些哲学博士学位大多开设在主要的州立大学或私立大学。这有什么不同呢？之前我们讨论过哲学博士学位与心理学博士学位的大体差异，但我们仍需考虑这两者的另一差异，即学费方面的差异。开设于综合性大学或私立大学的哲学博士学位，通常学费不会太贵，同时还能为学生们提供大量补贴（Norcross，Castle，Sayettee，& Mayne，2004）。而开设心理学博士学位课程的专业学校，不仅学费高昂，且以研究或助教形式提供给学生的补助也非常有限（Norcross et al.，1998，2004）。因此，2009 年毕业的临床心理学博士学位学生的平均学生贷款数额高达 12 万美元，而临床哲学博士学位学生的贷款数额则为 68 000 美元（Michalski et al.，2011）。当然，我们不能仅凭学费方面的差异，就草率地做出决定，但它至少会帮助你了解研究生阶段的经济现实情况，这一点也是至关重要的。想要了解关于研究生教育的更多信息，请查看本书第十四章。

最后，建议大家仔细阅读拟申请学校公布的信息资料，当然这些学校必须是美国心理学会授权，可以颁发博士学位的学校。认证要求规定各学校的项目报告需公布毕业率、就业率、获资格证比例等相关数据。这些数据有助于学生们选择适合其长期职业发展需要的恰当学位。

职业资格证的获取。“心理咨询师”这一称呼具有专业色彩，想要为患者提供心理服务，例如治疗、评估、咨询，你必须在你准备行医的那个州取得资格证书。在美国，虽然各个州颁发心理咨询师资格证书的要求有所不同，但是它们的流程大体一致。

取得心理咨询师资格的首要条件是获得临床心理学或咨询心理学的博士学位，当然，美国少数几个州也允许硕士生申请心理咨询师。大部分州还要求申请人毕业于美国心理学会认可的大学，以确保申请者接受过系统的培训以及符合申请过程的严格要求。当然，这并不排除有些州，对申请者是否毕业于美国心理学会认可的大学未做严格的要求。

除博士学位外，申请者还必须有至少两年以上的实习经历，且实习必须在专人指导下进行。通常情况下，大部分学生要取得博士学位，必须要进行一整年实习，或是两年的兼职实习。在实习期间，他们会接受指导，为日后能提供专业的心理服务，如治疗、评估、高危病人抢救等做好实践准备。通常，这一年的实习经历可算做其日后申请心理咨询师实习要求的一部分。在取得博士学位，并有两年的实习经历后，申请者还须再有一年见习经验，当然，这一年见习也须有专人指导。但是，这一年的经历既可以通过正规博士后的项目来完成，也可以在私人诊所完成，只要在同时具有博士学位和从业资格证书的心理咨询师的指导下进行实习即可。虽然美国大部分州的申请流程如此，但也有些州尝试为那些在攻读博士学位期间，就完成所有临床与社会实践的申请者颁发心理咨询师资格证书。这一做法虽然打破了传统流程，但其与传统医学领域的做法无疑是一致的——毕业生们毕业时已完成所有实习，有利于他们在取得资格证后，迅速成为合格的心理医生。众所周知，俄亥俄州、犹他州、华盛顿州都已经或准备实施这种新的心理咨询师许可证书的颁发模式。如想获取这方面更多的信息，可以查看美国心理学会示范许可法案相关条文。

在取得心理学博士学位，完成相关的实习、见习要求后，就可以申请资格许可证。这需要申请者参加国家级的笔试及相关法律考试。国家级笔试是以单项选择的形式考察与心理学实践相关的各类问题。由于该考试属于国家级别，美国各州的心理咨询师资格申请者都能参加，因此，其题目通常具有普遍性与概括性的特点。尽管各州在分数要求上有所不同，但申请者的答题准确率只要能达到70％即可通过大多数州的分数线。法律考试也是以笔试形式进行的，但其试题更加具体化，试题主要考查各州心理学实践的具体规定以及资格证颁发的相关法律法规。因此，如果考生申请的是加利福尼亚州的心理咨询师资格，他需要回答与加利福尼亚州相关的法律与心理学实践问题。但如果他想成为纽约州的心理咨询师，他的题目就会与纽约州的法律与心理学实践相关。

此外，许多州要求，考生完成笔试之后还须参加口试。口试过程中，考官会向考生提供相关病例，并就此病例向考生提问，问题涉及疾病诊断、治疗方案、伦理问题及与此病例相关的多元文化问题。显而易见，心理咨询师资格的取得过程既耗时又费钱。本书的一位作者，为获取这一资格总共花去将近1 300美元的考试及申请费，当然这是2000年的价格，考虑到通货膨胀因素，到了2011年，这笔费用已接近1 600美元。如果考生没能通过其中某项考试，需要重新再考，那么所需花费的时间与金钱还不止于此。这其中，多种因素都会导致考生无法通过考试。尽管考取心理咨询师资格证会有很大的难度，但它毕竟是毕业生日后成为从业者必经的门槛。因为只有取得这一资格证，你才能够在无须监管的情况下，独立行使心理医生的权利。

创新型培训机会。技术进步（如远程医疗）、市场需求（如管理式医疗或针对心理学家的处方权）、信息增益（如循证护理实践、风险评估精算方法），这些因素都不断改变着心理学固有模式，并且有可能对未来心理学实践产生极大影响。其中处方权和远程医学或远程医疗在心理学领域受到的关注度越来越大。

长久以来，精神健康疾病的处方权一直被视为精神科医生和精神护理护士的特权，然而在美国的一些军队和几个州中，心理学家已经拥有开处方的权利。也就是说，心理学家不再依赖于精神病专家或精神科医生，能独立为患者开治疗精神疾病的药物。这种权利不仅满足了一些机构、州、地区（比如在乡村地区由于缺乏精神科，新墨西哥州制定了一项法律，允许心理学家独立开处方）对心理健康服务的需求，也为心理学家创造了更多实践和研究的机会。

同样，通过计算机网络提供心理方面的服务，即远程医疗或远程心理健康服务，也很大程度上扩大了心理学家专业实践的机会。通过远程医疗，心理学家不需要出门，就能为远在医院、监狱或社区机构的病人提供心理服务，比如心理治疗。这种实践很大程度上拓宽了心理学家提供服务的地理范围，并且还为那些没法亲自登门就医的病人提供了一个接受专家诊疗的机会。值得注意的是，初步的调查显示，病人无论选择远程医疗还是亲临面诊的就医方式，治疗的效果没什么不同（例如，Morgan，Patrick & Magaletta，2008）。

随着心理学创新实践的不断出现，与心理学培训、处方权与远程医疗相关的问题，包括道德和法律问题必须经过重新认定，这无疑要大费周章，然而对于喜爱新事物的大学生们来说，创新实践则为他们打开了通往未知世界的大门。假如你对这些或其他的革新机会感兴趣，不妨在研究生阶段积累些专业工作经验，它将为你未来的就业提供良好的机会。举个例子，你可以选择学习精神病药理学方面的课程，并且寻求和精神病专家共事的实习机会；你还可以在有远程医疗项目的医院找到实习的机会；或者选修计算机科学方面的课程，尽可能地熟悉计算机技术。这些只是当前涉及心理学的无数就业机会中的几个例子。我们希望计划在研究生阶段继续学习心理学的学生，保持开阔的视野，不断寻求崭新机会，这些机会将为你未来的就业提供更多的可能。

实践

毫无疑问，许多应用心理学家都把他们的理论知识和技能付诸实践。如前所述，这些实践工作者在各种各样的机构中工作，包括私人诊所、医院和医疗中心、社区心理健康交流中心、中学大学或学院咨询中心、刑事司法部门以及一些专科诊所，以上列举的只是其中几个例子，他们的工作范围远远不止于此。除了选择工作场所，心理学家还有机会选择其服务的病人类型或致力于研究的心理学问题领域。例如，一些心理学家喜欢专门从事审判心理学和运动心理学的研究，而另一些心理学家则更倾向于研究当前特定的问题（如抑郁、焦虑、人际关系）。

获得临床心理学或咨询心理学研究生学位证书，一个最大的好处就是对于找到契合自身兴趣、技术和能力的工作，具有研究生学位的学生有很大的就业空间。就薪水而言，高学历在心理学这个行业有很大的竞争优势。在2008年，所有临床心理学家、咨询（和学校）心理学家（不计经验）的平均工资是61 140美元，美国劳工统计局2010的统计数据表明，50%居于中间水平的心理学家能挣到48 700～82 800美元不等。值得注意的是，鉴于之前关于临床心理学和咨询心理学这两个专业相似性的讨论，我们可以看到临床心理学家比咨询心理学家赚得更多。在2009年，所有临床心理学家（不计经验）的平均工资是87 051美元，而咨询心理学家的平均工资则为81 000美元（Finno，Michalski，Hart，Wicherski & Kohout，2010）。

对于那些对心理学实践感兴趣的人来说，另一个好处就是实践可以拓宽心理学研究的既定领域。心理学一直在不断探索新的领域，最近的成果包括通过远程医疗提供心理健康服务以及心理学家处方权的合法化。尽管今天的心理学诊所仍有患者光顾，但这并不意味着这种心理治疗模式是未来心理健康服务的唯一方式。对于现在的心理学专业的学生而言，这无疑是个激动人心的消息，创新的机会总是青睐于那些极富想象力、极具远见的人。

项目的开发与评估

除直接服务于患者外，临床心理学家和咨询心理学家还可以在项目的开发与评估方面寻求就业机会。举例来说，心理学家完全可以选择学校或社区项目的开发，而不是单纯地做服务于患者的心理医生。

项目开发与评估相关职业能给心理学家带来一些普通心理医生体验不到的好处。首先，他们有机会参与和开发由某些特定机构或特定顾客担保的项目。从事这类基层工作非常有意义，尤其是在该项目成功地帮助了预期受众的情况下。其次，项目开发者不用承担每天为患者看病的压力。但是，与此同时，他们（尤其是那些在非营利机构做研究助理或顾问的心理工作者）也会失去与患者近距离接触的机会，感受不到由患者逐渐康复而带来的巨大成就感，而这些却是心理学医生的优势所在。美国心理学会 2008 年公布的数据显示，2007 年，就职于私企或政府，有着 2～4 年工作经验的研究助理和顾问，其收入分别为 85 000 美元和 70 000 美元。而那些在非营利组织有着 5～9 年工作经验的心理学家，其收入只有 76 000 美元（American Psychological Association，2008）。

行政管理

除心理学医生或心理学研究者外，众多临床和咨询心理学者的另一选择为行政管理人员。行政管理人员既可以是管理临床服务的专家，也可以是管理整个机构或组织的通才。负责监管机构的运作，包括人员管理和预算、医疗保健系统、技术改良和日常管理（如提供心理服务）。假如你对行政管理工作感兴趣，你应该在商务管理、财政和管理学这些课程上多下些功夫。

心理学学生一般会选择在如下机构从事行政管理工作：医院、诊所、社区心理健康中心、社区机构、矫正和康复中心和疗养院。以上列举的只是其中几个例子，他们还有其他更多的选择。与医疗和心理健康相关的行政管理职位提供的薪水都十分诱人。美国劳工统计局 2010 年的数据表明，2008 年心理学行政管理人员的人均平均工资为 80 240 美元，通常，全科医疗机构的管理人员工资略高，而门诊服务中心的工作人员，工资略低一些。行政管理工作的另一个好处就是，能对所在机构提供的医疗服务和患者或病人所接受的治疗这两个方面施加一定的影响。但数据也显示，从另一角度看，行政工作需要占用很长的时间，而且行政管理人员还要承受与工作相关的压力，特别是在处理人事和预算上的问题时。

本章我们只谈到了心理学本科生及临床心理学或咨询心理学研究生可行的职业选择中的一部分。在本书的其他章节中，我们还会补充众多临床心理学的职业信息，包括惩教心理学（第四章）、健康心理学（第五章）和运动心理学（第六章），等等。

测试 2—1

你适合从事临床心理学与咨询心理学专业的工作吗?

□你愿意和他人合作吗?

□别人有困难时，你愿意伸出援助之手吗?

□你愿意帮助健康的人更好地发挥其身体机能吗?

□你有兴趣了解人们从事其现行工作的原因吗?

□你有兴趣评估人们的能力或个性吗?

□你觉得自己乐于在医院、诊所、大学咨询中心或其他医疗保健机构工作吗?

□你认为别人愿意与你谈论他们自己的问题吗?

□你觉得自己对别人的问题感兴趣吗?

□你有良好的倾听技能，能在别人谈论自己的生活时，不显得不耐烦吗?

□你对心理疾病有兴趣吗?

□你喜欢阅读变态心理学方面的书籍吗?

□你喜欢提供心理治疗与评估的工作吗?

□你有志于从事能让人们生活得更好的应用研究吗?

□你能保守秘密，维护别人的私人信息吗?

□别人觉得你可靠吗?

□对遭遇不幸的人，你会表示同情吗?

得分：选项越多，表示你越适合从事临床心理学与咨询心理学专业的工作。

推荐读物

Brown, S. D., & Lent, R. W. (Eds.). (2008). *Handbook of counseling psychology* (4th ed.). New York: Wiley.

Collison, B. B., & Garfield, N. J. (1996). *Careers in counseling and human services*. New York: Taylor & Francis.

Gelso, C., & Fretz, B. (2001). *Counseling psychology* (2nd ed.). Orlando: Harcourt.

Ginsberg, L. H. (2000). *Careers in social work* (2nd ed.). Boston: Allyn & Bacon.

Kuther, T. L. (2011). *The psychology major's handbook*. Belmont, CA: Wadsworth.

Kuther, T. L., Habben, C. J., & Morgan, R. D. (2005). Today's new psychologist: Traditional and emerging career paths. In R. D. Morgan, T. L. Kuther, & C. Habben (Eds.), *Life after graduate school in psychology: Insider's advice from new psychologists* (pp. 1–11). New York: Psychology Press.

Landrum, R. E. (2001). I'm getting my bachelor's degree in psychology—what can I do with it? *Eye on Psi Chi*, 6, 22–24.

Morgan, B. L., & Korschgen, A. (2008). *Majoring in psych? Career options for psychology undergraduates* (4th ed.). Boston: Allyn & Bacon.

Srebalus, D. J., & Brown, D. (2000). *Guide to the helping professions*. Boston: Allyn & Bacon.

Woody, R. H., & Robertson, M. H. (1997). *A career in clinical psychology: From training to employment*. Madison, CT: International Universities Press.

网络资源

Division 12 of the American Psychological Association (Society of Clinical Psychology)
http://www.apa.org/divisions/div12/homepage.html

Society of Counseling Psychology (Division 17) of the American Psychological Association
http://www.div17.org/

So You're Considering Graduate Study in Clinical Psychology
http://www.wcas.northwestern.edu/psych/undergraduate_studies/considering_graduate_study_in_clinical_psychology/index.html

Marky Lloyd's Careers in Psychology Page
http://www.psywww.com/careers/

Choices: Careers in Social Work
http://www.naswdc.org/pubs/choices/choices.htm

Appreciating the PsyD: The Facts
http://www.psichi.org/pubs/articles/article_171.aspx Clinical versus

Counseling Psychology: Making Lives Better
http://www.psichi.org/pubs/articles/article_97.aspx

第三章
学校心理学

本章导读

本科生择业走向

教师

儿童照护员

助教

幼儿行为专家

研究生择业走向

学校心理咨询师

学校辅导员

测试3—1　你适合从事学校心理学专业的工作吗?

推荐读物

网络资源

正如第二章所述，大多数心理学专业的学生选择的都是心理健康服务这一分支专业。我们已讨论过临床心理学和咨询心理学这两个领域，学校心理学则为心理学分支——心理健康服务中的第三个分支学科。对于毕业生来说，学校心理学的工作拥有与众不同的培训和就业机会，与临床和咨询心理学有很大区别。

学校心理学与临床和咨询心理学在日常工作中存在相似之处，只是前者的工作对象更为特殊。学校心理咨询师同时接受心理学和教育学的培训（National Association of School Psychologists，n.d.），为儿童、家庭和学校提供心理健康服务（American Psychological Association Division 16，2005）。正如“学校心理咨询师”的名称一样，大部分学校的心理咨询师在各个校区的教务系统下工作。与此同时，诊所（如社区心理健康中心）、医疗中心、劳教所、大学、综合性高校和私人医疗机构也会雇用学校心理咨询师。

学校心理学家为儿童及其家庭提供心理测评及治疗服务，与教师和工作人员共事，开发评估项目，进行调查研究，以此来推进儿童与青少年的心理健康发展（National Association of School Psychologists，n. d.；Trull，2004）。学校心理学家的工作对象是那些在个人成长或与学校相关的问题上需要心理辅导的儿童与青少年。超过20%的儿童和青少年在其学习生涯中遭遇过严重的心理健康问题（Costello et al.，1996；World Health Organizoton，2001）。据学校心理学家所述，这些孩子呈现出来的典型问题包括开学恐惧症、时间管理能力缺失、学习技能缺失、家庭和人际关系处理缺陷、精神类问题（如压力或焦虑）、毒品和酗酒问题、个人发展问题、人生阶段问题（如性、大学、工作）和一些与学术资质、智力相关的问题（National Association of School Psychologists，n.d.）。学校心理学家的工作就是向需要帮助的家庭、学生或教师以及教育系统内各部门提供心理咨询服务，帮助他们认识并解决问题，同时促使孩子全方面地健康发展。

本科生择业走向

许多心理学专业的学生对帮助儿童和青少年的工作很感兴趣。如果你也对此感兴趣的话，未来可以考虑从事教育、学校咨询或儿童照护等工作。

教师

很少有工作会像教师那样，能够每天与孩子接触。教师需要很清楚地了解孩子的行为模式、学习方法和身心发展规律。如果你希望通过自己的努力给别人的生活带来改变，那么请考虑从事教师这一职业吧！

经历过多年的学校生活，你也许会认为教师的职责仅仅是教学，但实际上教师每天还有许多其他责任与义务要承担。例如，在自习室监督孩子学习，定期检查学生学习进度，指导学生进行课外实践活动等。所有这些活动都给予教师与孩子更多的接触机会。同时，教师也能在各种形式的接触下更明确地鉴别学生是否有生理或心理健康问题，并让他们接受恰当的治疗。因此，拥有心理学专业背景不仅可以让教师胜任课堂教学，也利于教师鉴别并帮助那些正遭受心理问题折磨的孩子。

除去暑假，教师可以获得 9 个月的工资，以 9 个月的平均工资来看，公立学校老师的平均年收入在 47 100～51 180 美元之间（若以一整年来计算，平均年收入预计为 62 800～68 240 美元之间）（Bureau of Labor Statistics，2010）。教师收入会因地理位置、自身学术水平和学校系统的差异而变化，但无论如何，都能保障个人的基本生活水平。除了不错的收入，中学教师与大学教授比起来，最大的优势就是前者享有大量的假期。除了传统节假日（如感恩节），教师在圣诞节前后可以享受近两周的假期，同时还有春假与如今越来越频繁的秋假。因此，每年 9 个月的工作日，不论任职于何地，教师均可享受到 2～4 周的假期。除此之外，教师可利用额外的假期来培养自己的业余爱好，陪伴家人或做任何自己想做的事。

众所周知，选择教师作为职业，最大的贡献是有机会培养和教育国家未来的栋梁——儿童和青少年，并有机会改变他们的生活。然而，对于教师而言，最大的缺憾则是受限的专业领域，很难就自己的专业进行深入研究。尽管存在一些发展机会（如行政岗位和教导员），但却不多，并且这些岗位要求其具备更高的教育水平。因此，大多数教师的职业生涯只限于在教室上课，这多少会让其产生一些倦怠情绪。

如果你正考虑未来当一名教师，那么你需要了解，所有的教师岗位都要求大学本科及以上学历、教师资格培训项目及结业证书（完成一定数量的教育课程，并通过水平考试即可获得）。教师岗位并不只限定于教育学专业的毕业生，只要你完成了规定课程并具有教育经验即可。许多大学为已获得学士学位的学生提供为期一年的教育项目以培训那些想从事教育工作的毕业生。由于各州对教师行业的规定有所不同，因此你需要向你的指导老师和所在大学的教育部门进行咨询。

儿童照护员

对学校心理学感兴趣的毕业生也可以在儿童中心、幼儿园、学前班、私人家庭和课后辅导项目中寻求儿童照护员的工作。照护员的工作是在孩子的父母外出工作时，照顾孩子并带领他参加一些促进身心健康发展的活动。同时，照护员还承担着教育孩子，协调孩子生理、情感、智力和社会发展能力的责任（Bureau of Labor Statistics，2010）。照护员要持续记录孩子的进展并与孩子的父母保持联系，一起就孩子的需求与进步进行沟通。换句话说，照护员的工作内容就是照顾孩子，让孩子从游戏和日常活动中学习。作为一名照护员，你需要准备小至每一天，大至长期的活动日程表，其中包括休息和活动的时间、个人和团体的游戏时间。

儿童照护员是一项既耗费体力又耗费脑力的工作（Bureau of Labor Statistics，2010）。即使照护员会与孩子的父母或监护人交流，但其大部分工作仍是与孩子相处。因此，需要进行大量耗费体力的弯腰起身之类的动作，有时也需要抱起孩子（例如，当孩子摔倒后等情况）。这项工作也许会成为常规性的工作，工作时间可能会很长，因为儿童保健中心是全年开放的，并以孩子父母的时间为准，提供灵活的上下课时间（Bureau of Labor Statistics，2010）。

儿童照护员这项工作的最大缺点是高度的疲倦感和员工的高流动性。在大型的儿童看护中心和幼儿园，通过努力，你也许能晋升到管理岗位，然而晋升机会是很有限的。儿童照护员职业的另一个缺点是需要与行为有问题的孩子相处和与顽固的家长沟通（除非这是你的兴趣所在）。

然而，儿童照护员工作的意义非同寻常。几乎没有工作会像它一样对孩子的学习、成长和发展产生如此大的影响。照护员的工作条件会随机构和雇佣模式的不同而变化（例如，家庭与机构），同时，照护员的薪酬很高，高薪资为刚毕业的大学生提供了一个绝佳的工作机会，也为他们寻求更大的发展空间奠定了基础（Bureau of Labor Statistics，2010）。

遗憾的是，儿童照护员的收入经常低于他们的教育水平和职责所应获得的收入（Whitebrook & Phillips，1999）。2008 年，儿童照护员的平均年薪为 18 969 美元。工资的高低由教育水平和工作经验而定，因此，受教育程度高的照护员所得薪酬也较高（Bureau of Labor Statistics，2010）。同时，薪酬也随工作场所（例如，公立还是私立幼儿园，私人家庭还是看护中心）和地理位置的不同而变化。2010 年，一名幼儿园教师的平均年薪为 27 974 美元

（Salary. com，2011），这是相当低的报酬（Bureau of Labor Statistics，2010）。然而对许多人来说，在帮助儿童成长和发展的过程中所体验到的快乐已经超出了儿童照护员存在的工作缺憾。

如果你对儿童照护员的工作感兴趣，参加儿童发育和早教的课程是一种不错的选择。了解儿童正常发育的过程非常重要，因为照护员所要做的工作就是鉴别并帮助那些有心理问题和特殊需求的孩子。成为一名照护员的要求也许会很高，因为你必须要有热情、警觉、耐心并且身体健康（工作涉及和孩子玩耍等消耗体力的活动）。具备良好的沟通技巧也非常重要，除此之外，儿童照护员还要能正确地预估可能出现的问题，并努力提高孩子的幸福感。

助教

助教承担着教学指导和事务员的双重责任（例如，在非学术活动如休息和就餐时，对学生进行监督管理），帮助教师并减轻教师的压力，让其有更多的时间备课和教学（Bureau of Labor Statistics，2010）。助教是一份极具价值的职业，它能极大地影响孩子们的学习和成长，而不用准备每天的教学课程计划，也不用像主管老师和教导员一样与学生、家长沟通。

助教这一职位很稳定并且需求量呈现稳定增长的态势，至 2018 年，此职位有望增长 10%（Bureau of Labor Statistics，2010）。尽管助教的薪酬相对较低，2008 年平均年薪仅为 22 200 美元，但随着受聘者受教育程度的提高及工作经验的增多，薪酬也会随之提高。实际上，高级助教的薪酬并不低于一年级的老师，他们的年薪为 35 284 美元（American Federation of Teachers，2008）。

幼儿行为专家

幼儿行为专家的工作对象主要是婴儿到 7 岁这一年龄阶段的，遭受各种行为困难折磨的孩子，并为他们提供行为干预服务。行为干预的工作内容主要包括与孩子的父母交流、日常看护、幼儿教育和观察孩子的行为等，这些工作的场所可以是家庭，也可以是教育机构。所照顾的孩子也许患有严重的精神疾病（如自闭症、阿斯伯格症、多动症等）并存在精神疾病引起的不良外在行为（如暴力倾向和自虐）。幼儿行为专家需要与孩子的父母和其他家庭成员进行沟通，并与患病孩子一起完成既定的行为干预计划。

尽管一些幼儿早期行为专家的职位需要硕士及以上学位，但大多数职位也可以提供给大学本科生。幼儿行为专家必须要了解有关幼儿发展的理论，其中包括社会、感情、认知和其他语言及非语言的主导诱因，并根据这些理论对幼儿进行治疗。

选择这项职业的优势包括远大的就业前景，正如1999年布朗所说，“幼儿心理健康专家职位的需求量极大”（Bryans，1999）。同时，这个领域的薪酬与其他工作相比更具竞争力，心理学专业毕业的大学生预计可拿到大概38 995美元的年薪（PayScale，2009）。这项工作的压力是来自服务对象（如受到虐待和忽视的孩子）的情绪压力，但是，当这些孩子有显著进步时，幼儿行为专家可获得的成就感（不论是学术上还是个人感情上）也是极大的。

心理学学士学位是从事众多与儿童有关的工作的敲门砖。表3—1展示了能够丰富工作资历的职业准备。我的职业历程3—1向我们介绍了一位从事儿童教育职业的心理学专业毕业生的工作经历。

表3—1　　本科生学校心理学职业准备

主修课程：
变态心理学/儿童精神病理学
儿童心理学
沟通学
发展心理学
早期干预课程
评估和干预教育课程
家庭体系研究
人类发展学/非心理学儿童发展课程
数学
儿童心理学实践应用课程
专业问题课程
特殊教育课程

续表

写作
实践经验：你可以在以下所列机构中做志愿者、实习生或带薪兼职
任何儿童或青少年心理健康机构
Big Brother/Big Sister 项目
儿童或青少年精神科室
日托学校或学前班
起跑线计划项目
智障儿童恢复中心
男孩女孩俱乐部
儿童行为紊乱康复治疗中心
助教（尤指特殊教育）
研究经历：你可以参与以下任何领域的研究*
儿童心理学或儿童精神病理学
早期干预研究
儿童行为问题研究
教育

*注：实践经验有助于提高推理能力、定量分析能力、写作技能和组织能力，因此实践比学术研究更重要。

我的职业历程 3—1　学校心理学：克里斯丁·米娜

我是谁？

我叫克里斯丁·米娜，女，今年 25 岁，得到了由宾夕法尼亚大学颁发的心理学学士学位。在大学期间，我参与了三个对患有心理疾病的孩子进行治疗的研究。我的工作包括对孩子的行为进行编码、录音、摄像、信息输入以及协助毕业生分析已采集到的数据。同时我也是学校唱诗班和清唱队的一名成员。

心理学的应用

在全郡儿童看护计划下，我已经当了将近四年的托儿所老师了，我的学校是隶属于弗吉尼亚州费尔法克斯郡的一所公立学校。我负责管理和组织幼儿园的孩子进行恰当的学习活动。另外，我还在学前班、幼儿园和学校课外课程中指导孩子。在学前班和课外课程中，我需要负责 80 个孩子。在幼儿园课外课程中，我要负责大约 25 个孩子。我的大部分学生均没有发展迟缓或其他问题，但我也遇到过一些有特殊需求的孩子。

我的工作经历

我的工作经历刚好符合这项工作的要求，在我拿到毕业证书之后很快就得到了这份工作。

我从事工作的多面性

工作中最令我感到高兴的是能够每天与孩子接触。看到一群孩子渐渐地成熟、成长，我感到很欣慰。同时，每年新一届到来的孩子都能让我备感惊喜。除此之外，我的工作时间较宽松，每天都有充足的时间计划好活动课程，而不用回家继续工作。然而，上交替班（上班比平常学校早，下班比平常学校晚）却是很艰难的一件事。这样的时间表意味着你要早出晚归。这项工作的另一个挑战就是需要监督一大群孩子，而不能如我所愿，与孩子进行一对一的接触。例如，一些有特殊需求的孩子需要更多的关注，并且与其他正常的孩子在一起，他们常常会感到不自在。我需要将我的注意力平均在每个孩子身上，并用积极的情绪感染他们。

我给你的建议

我的心理学学科背景，尤其是我研修的发展心理学课程，为我了解并鉴定儿童发展过程中不同的发展阶段带来了很大的帮助。同时，我在儿童临床实验室从事行为编码的工作经历使我有能力更准确地感受儿童的情绪。在研究试验期间，我也学会了怎样与孩子及其父母进行交流，这与儿童照护员的工作内容十分相似。我还认为高中时期多年的保姆经验也给我带来了不小的帮助，它使我与孩子在相处时更加快乐融洽。我现在的职业培养了我的耐心，照顾他人和引导孩子的能力。

我给心理学专业大学生的建议是，你需要明确最终的就业目标，并有意识地开展实践，积累经验。心理学的领域非常宽泛，尤其对于本科生而言。因此，你应该尽早决定在毕业后从事心理学哪个领域的工作。像我在学习过程中发现自己对普通心理学很感兴趣，便决定申请发展心理学课程并找到了一份儿童临床研究实验室的工作。

未来想从事儿童照护员这一类工作的同学都应该知道自己喜欢与孩子相处，但你也要知道这些孩子年龄各不相同，家庭背景也不一样。对幼儿园的孩子有效的教学方法，对六年级的学生也许并不凑效，你需要灵活地调整你的教学风格。依赖过去教育孩子的方法，孩子的行为也许不能达到老师的教学期待。由于教学环境的不同，你也许会和一大群孩子进行教学活动，这与一对一教学有着很大区别。

作为一名大学生，你应该尽早开展项目研究。这会让你有充足的时间涉足不同的研究项目，并找到最感兴趣的心理学分支。除此之外，越早获得实验室的研究经历，越能让你有更多的时间来确定你所感兴趣的专业。这些经历对于你大三制作求职简历很有帮助。另外，建议大家通过平日的课程多去了解你的心理学教授，他们的经历可以成为你日后工作上的参考。尽量多地参加各种各样的课程，体验心理学不同的领域。

研究生择业走向

如果你对学校心理学感兴趣，并且期望未来能有宽广的学术道路，那么你最好能获得学校心理学或学校咨询心理学专业的大学文凭（通常适用于教育行业各个部门）。学校心理学侧重于心理健康（例如，测评和咨询）、儿童发展、学校组织、学习/行为和动机理论的研究（National Association of

School Psychologists，n.d.）。像许多咨询和临床心理学家一样，许多学校心理咨询师也具备博士学位，同时，学校心理咨询师也可以具备硕士学位或国家学校心理学从业资格证书（National Association of School Psychologists），要想获得这个证书，你需要具备更高的学位——专业学位，专业学位在硕士和博士学位之间，还要在研究生阶段毕业后多修一个学期或一年的课程。因为学校心理学的从业资格证书要求从业人员必须获得专业学位，因此，如果你是硕士生并且对学校心理学感兴趣，提早计划并安排时间为攻读专业学位做准备吧。现在我们一起来看看研究生可以从事什么样学校心理学的工作。

学校心理咨询师

众所周知，学校心理咨询师的工作地点主要是学校，但他们也可以在各种各样的机构和私人诊所里任职。

学校。公立学校或私立学校中，学校心理咨询师最基本的职责都是提供咨询、评估、干预、保护、教育和培训、研究和规划心理发展的服务（National Association of School Psychologists，n.d.）。

提供咨询和教育服务是学校心理咨询师在学校里最基本的职责（Bardon，1989）。学校心理学家要向学校管理者、教师和父母提供咨询服务，来帮助他们更好地了解孩子的发展是怎样影响其学习和行为的（National Association of School Psychologists，n.d.）。例如，学校心理咨询师会促进并强化家长和学校之间的交流与合作，以确保影响孩子的各方面因素都能起到最积极的作用。同时，学校心理咨询师向学校管理者、教师和孩子的父母提供教育方面的咨询服务，帮助他们为孩子建立高效的学习环境，解决孩子的行为问题。教育咨询服务也许会采取班级授课的方式进行，让教育者了解新的学习策略和鉴别问题学生的方法。

学校体系中，学校心理咨询师的另一个主要工作是评定（Bardon，1989）。学校心理咨询师需要用各种仪器和技术手段评估儿童出现的问题并找到最合适的治疗方案。学校心理咨询师需要评估的内容有学生的学习能力、资质、性格和情感发展、社交能力、学习环境和学校环境，并鉴定学生是否需要特殊教育，并研究有效的干预计划（National Association of School Psychologists，n.d.）。换句话说，尽管学校心理学家提供直接的心理健康服务（如心理咨询），但他们更常做的是评估工作，并指导那些与孩子接触更紧密的人（如父母、老师）如何向孩子提供帮助。

学校心理学家也会通过预防及干预计划来提供直接的帮助。预防措施包括为鉴别心理疾病高危儿童并阻止其学习和行为问题发生而设计的方案；为鉴定儿童患有学习障碍或心理健康疾病而提供教师发展和培训课程；同时还有针对家长和教师的技能培训，来处理孩子的破坏性行为。除此之外，这些项目还会推动学校的主动性，巩固学校的安全性（如防止孩子之间的欺辱和破坏行为），提升对个体差异的包容性并倡导学生性格的多样化（National Association of School Psychologists，n.d.）。另一方面，干预措施是为帮助那些已经患有学习和行为障碍的孩子而专门设计的。学校心理咨询师提供的干预措施包括个体或集体咨询服务、技能培训（如社交能力、时间管理咨询师、学习能力、解决问题能力、应对策略等）、危机处理能力、悲伤咨询、家庭疗法和药物滥用咨询。

最后，学校心理咨询师需要研究学校体系，制定发展规划。学校心理咨询师须评估学校服务体系、学习课程和行为管理体系的有效性，同时开发新的项目（如最佳实践项目）来加快学生的学习和发展进程或促进学校的教育改革（National Association of School Psychologists，n.d.）。

中小学体系中学校心理咨询师的薪酬与咨询和临床心理咨询师比起来略高一些。2008 年，于中小学工作的学校心理咨询师的平均年薪为 65 710 美元（Bureau of Labor Statistics，2010）。不同学校为学校心理咨询师提供的基本福利也不尽相同。因为学校心理咨询师要参与大量的活动，他们每天的工作都十分充实。学校心理学家的另一个优越性是他们的工作与学校体系密切相关，可享受除周末以外的寒假和暑假。如果一些学校需要学校心理咨询师在暑假期间工作，那他在此期间的薪酬通常会高于平时。

学校心理咨询师在学校工作的负面影响就是缺少与同行间的交流。因为大部分校区只聘请一位学校心理咨询师（这与校区面积也有关，校区面积越大，聘请的人数也会越多）。学校心理学家在专业上感到孤立无助的情况时有发生。一所学校的心理学家要管理整个校区不同年级学生的心理健康问题，学生人数甚至可能数以千计，遍布几个校区。因此，学校心理学家需要经常往来于几个学校之间。在学校间往来也许会让学校心理学家们缺乏稳定的工作环境，然而，有时这也会带来耳目一新的感觉，避免在工作中产生无聊倦怠的情绪。

私人机构。在私人机构中，学校心理咨询师的工作与在学校体系中的工作内容是相似的。尽管学校心理咨询师在私人机构任职这件事颇受争议，但事实上，孩子在学校的表现并不总与学校或教育体系产生直接联系。因此，与学校心理学家一样，私人机构仍然可以对孩子的学习和行为问题提供咨询、评估、预防和干预服务。这样来说，不论是在学校体系中还是在私人机构中任职，学校心理咨询师的工作内容是基本一致的。

同时，在私人机构中工作的学校心理咨询师拥有其在学校体系中无法获得的独特优势。首先，在私人机构中拥有更灵活的日程安排。儿童前来咨询的时间大概在下午四点之后，因此常常需要上夜班。然而，这样的日程也许会给那些本来就不愿早起的人一个更宽松的工作时间。其次，任职于私人机构中的学校心理咨询师拥有自己的办公室来为病人提供服务，不会因频繁奔波往来于学校之间而烦恼。再者，私人机构中学校心理咨询师的客户群不受限制。因此，如果他们接受过专业的培训，他们便有机会开辟并扩大他们的服务范围（如人际关系咨询或成人个人问题咨询等）。除此之外，私人机构中学校心理学家的薪酬也略高于中小学。

然而，在私人机构工作的局限是缺乏了解孩子所在学习环境的有效方法。在学校，学校心理咨询师很容易便可了解孩子与他们所在的学习环境，而任职于私人机构的心理咨询师则需要得到允许和批准才可进入学校观察具体情况，在此之后还要等待学生来到机构进行咨询。另外一个缺点是，维持机构运营的开支过大（如办公地点、文书、评估仪器、办公设备等）。在学校里工作，学校心理咨询师就不必担心这些事，因为校方会提供办公地点、计算机设施和软件支持，用以打印报告和测试材料。而私人机构则需要考虑这些商业开销。

其他性质的机构。除了学校和私人机构，学校心理学家还可以在许多不同的机构工作，如诊所、医院、刑事司法机构、大学、医学院、公司和社区（D'Amato and Dean，1989，for a review of school psychologists in these settings）。与咨询和临床心理学研究生学位类似，学校心理学研究生学位在专业设置和肩负的责任上都有足够大的灵活性。不过，无论学校心理学家在哪里工作，其工作重点都是通过提供咨询、教育、评估服务，制订预防和干预计划，帮助儿童、学生和成人（National Association of School Psychologists，n.d.），促进他们学业的进步、情感的成熟和社交能力的提升。

学校辅导员

还记得你高中时的学校辅导员（通常被称为指导老师）吗？作为你值得信任的老师和朋友，他们在你需要了解学校相关信息时会帮助你，在你亟须指导的时候会及时与你沟通。这就是学校辅导员的工作内容。

正如《职业展望手册》（Bureau of Labor Statistics，2010）中所描述的那样，学校辅导员的工作是帮助学生了解并解决社交、行为和个人问题。学校辅导员的主要任务是在问题产生之前进行预防工作，并且通过咨询等方法促进学生个人、社交和学业的进步。学校辅导员也会提供更加特殊的服务，例如，药物滥用预防、冲突管理和育儿教育培训和朋辈心理辅导计划。

学校辅导员的工作对象可少至个人、小团体或多至整个班级。尽管学校辅导员的工作内容与学校心理咨询师的有重叠之处，但大部分是不同的。学校心理咨询师为有特殊需求的学生服务，而辅导员则与所有学生都接触且会在正常工作日中设有常规的咨询时间来帮助学生。与学校心理咨询师的另外一个不同之处是，辅导员在精神病理学、评估和咨询能力方面一般并未接受过特别正规的培训。当学生遇到很棘手的问题或苦恼时（学业问题、个人问题、行为和社交问题），学生会向学校心理咨询师寻求帮助，因为他们拥有专业的教育背景，知道如何处理这些问题。

学校辅导员的工作前景十分光明。到 2018 年，学校辅导员的岗位预计会增加14%（Bureau of Labor Statistics，2010）。选择辅导员作为职业的优势还包括较优厚的薪酬和灵活的工作时间。2008年，学校心理学家的平均年薪为51 050美元（Bureau of Labor Statistics，2010）。值得注意的是，这个数字是以9～10个月的工作时间为基准计算的。另一项优势是灵活的工作时间。和老师一样，每年辅导员都有2～3个月的假期来做一些自己感兴趣的事或进行兼职。除此之外，辅导员还享受大量的假期，其中包括重大节假日、春假、秋假和圣诞假期。

总之，学校辅导员的工作要求从业者具备硕士学位。美国各个州均要求学校辅导员具有辅导员资格证书（Bureau of Labor Statistics，2010）。一些州的公立学校要求辅导员不仅要具备辅导员资格证书，还要具备教学合格证（Bureau of Labor Statistics，2010）。每个州对于辅导员职业的要求均有所不同，所能得到的工作机会也各不相同。如果你想选择学校辅导员作为你的职业，那仔细研究一下你所在的州郡对于教育水平和证书的具体要求，并确保自己能够尽量满足所有要求。

测试3—1

你适合从事学校心理学专业的工作吗？

□你是否愿意改善心理疾病患者的现状？

□别人与你交流时是否会感到很舒服，并愿意向你吐露心声？

□你是否掌握了很好的倾听技能，当别人在倾诉时不会漠不关心？

□你是否乐于从事为人们提供测评的工作？

□你是否对应用研究感兴趣并愿意用此来促进人们更好地生活？

□你是否能够保护他人的隐私？

□你是否是别人眼中值得信任的人？

□当他人遭受痛苦时，你是否会产生同情？

□与成年人相比，你是否更喜欢与孩子工作？

□你是否愿意在学校里工作？

□你是否更愿意剖析人们所面临的问题的根源，而不是直接面对工作对象一起解决问题？

□你是否喜欢与孩子一起工作？

□你是否有勇气检举虐待孩子的行为？

□你是否愿意陪伴和观察孩子的成长？

□你是否喜欢发展心理学学科？

□你是否喜欢观察孩子玩耍？

□你是否认为孩子的身心问题与成年人一样重要？

得分：选项越多，表示你越适合从事学校心理学专业的工作。

推荐读物

Burden, K. (2000). Psychology in education and instruction. In K. Pawlik, & M. R. Rosenzweig, (Eds.), *International handbook of psychology* (pp. 466–78). Thousand Oaks, CA: Sage.

Esquivel, G. B. Lopez, E. C., & Nahari, S. G. (2007). *Handbook of multicultural school psychology: An interdisciplinary perspective*. Mahwah, NJ: Erlbaum.

Fagan, T. K., & Warden, P. G. (Eds.). (1996). *Historical encyclopedia of school psychology*. Westport, CT: Greenwood Publishing Group.

Gilman, R., & Teague, T. L. (2005). School psychologists in nontraditional settings: Alternative roles and functions in psychological service delivery. In R. D. Morgan, T. L. Kuther, & C. Habben (Eds.), *Life after graduate school in psychology: Insider's advice from new psychologists* (pp. 167–180). New York: Psychology Press.

Jimerson, S. R., Oakland, T., & Farrell, P. T. (2006). *The handbook of international school psychology*. Thousand Oaks, CA: Sage.

Moffatt, C. V., & Moffatt, T. L. (1999). *How to get a teaching job*. Boston: Allyn & Bacon.

Renolds, C. B., & Gutkin, T. B. (1999). *The handbook of school psychology* (3rd ed.). New York: Wiley.

Saklofske, D. H., & Janzen, H. L. (1993). Contemporary issues in school psychology. In K. S. Dobson, & D. J. C. Dobson (Eds.), *Professional psychology in Canada* (pp. 313–350). Seattle, WA: Hogrefe & Huber.

Talley, R. C., Kubiszyn, T., Brassard, M., & Short, R. J. (Eds.). (1996). *Making psychologists in schools indispensable: Critical questions & emerging perspectives*. Washington, DC: American Psychological Association.

网络资源

American Academy of Child & Adolescent Psychiatry (AACAP)
http://www.aacap.org/

Canadian Association of School Psychologists (CASP)
http://www.cpa.ca/CASP/

Division 16 of the American Psychological Association (School Psychology)
http://www.indiana.edu/~?div16/index.html?

Division of Educational and Child Psychology of the British Psychological Society
http://www.bps.org.uk/decp/decp_home.cfm

European Agency for Development in Special Needs Education
http://www.european-agency.org/

International School Psychology Association (ISPA)
http://www.ispaweb.org

National Association of School Psychologists (NASP)
http://www.nasponline.org/

American School Counselor Association
http://www.schoolcounselor.org/

Selections from: A Complete Guide to the Advanced Study in and the Profession of School Psychology
http://www-gse.berkeley.edu/program/sp/html/spguide.html

Becoming a School Psychologist
http://www.nasponline.org/certification/becoming.aspx

第四章
法律心理学

本章导读

什么是心理学与法律?
本科生择业走向
警察
监狱惩教官
缓刑监管和假释官
少管所教管员
法证技术员
研究生择业走向
矫正心理学家
法证鉴定员
警察心理学家
审讯顾问
政客
测试 4—1　你适合从事法律或法医心理学专业的工作吗?
推荐读物
网络资源

心理学家持工作证抵达犯罪现场，对现场进行分析，侦查犯罪嫌疑人的犯罪动机，并最终协助警察逮捕犯罪嫌疑人——心理学就是这样和法律衔接起来的，对吧？当我们联想到和法律心理学相关的职业时，受好莱坞电影中塑造的犯罪心理学家形象的影响，我们会马上想到为犯罪心理画像这样的工作。正如许多电影发烧友所说，犯罪侦查工作让人兴奋。也正因如此，根据我们和他人的经验来看（Fulero et al.，1999），越来越多的心理学专业的学生想要成为犯罪心理学家。因此学校开设了比以往更多的心理学和法学的课程（Bartol & Bartol，2008；Fulero et al.，1999；Liss，1992）。但犯罪心理学家究竟是个什么样的工作呢？在著名电影《八面埋伏》《沉默的羔羊》，电视剧《再现犯罪的人》《法律与秩序：犯罪倾向》《千年追凶》中，犯罪心理学家做的都是协助或亲自逮捕危险犯罪分子的充满刺激的工作。可以想象，这些惊险的剧情激起了无数心理学学生对这一职业的兴趣。然而，虽然犯罪心理学家和法律心理学相关职业在这些戏剧情节中看起来是那么刺激，事实却并非如此。那么，心理学与法律到底是什么呢？本章将为那些对心理学与法律感兴趣的心理学专业的本科生和研究生解析该领域的职业发展前景。

什么是心理学与法律？

心理学家研究人类行为，而法官和律师则研究法律体系。显然，心理学和法律是两个不同的领域。但他们研究的都是如何提高人类生存质量。例如，心理学研究人类行为，是为了帮助人类了解自己的行为，并且使身体机能最大化运作；而法律则制定规章制度来确保公民的平等共存。因此，心理学与法律是将二者衔接或结合的一门学科。

在讨论心理学与法律的职业选择之前，我们先来看看该领域的另一门学科——法律心理学。法律心理学的研究内容是将心理学准确地应用于法律体系中。尽管很多心理学专业的学生对犯罪心理学家这一职业感兴趣，渴望从事为犯罪心理画像这样的工作。然而，为犯罪心理画像并不是常见的工作内容，极少有犯罪心理学家从事这一工作。因为法律心理学是和心理健康有关的学科，而犯罪心理画像则属于刑事侦查技术（American Psychology-Law Society，2004）。所以对于那些对犯罪心理学画像特别感兴趣的学生，我们鼓励你们在执法机关追求自己的职业生涯。

虽然法律心理学工作并不都包括犯罪心理画像这一工作，但法律心理学领域仍在不断地发展和变化，充满了挑战。任何一名在安全司法部门、拘留所、监狱、法院/社区心理健康中心、其他心理学专门机构及私人机构（提供司法鉴定和心理治疗服务）等法律部门工作的心理学家（通常接受过临床心理学或者咨询心理学的培训）都可以称为犯罪心理学家（Brigham，1999）。犯罪心理学家也可以称为法律工作者。而研究员（如法律咨询师、陪审团成员）和教育工作者（如大学教师、医学院教师、执法机关工作人员）也同样可以从事法律心理学相关工作。法律心理学指的是相关从业者（由具有博士学历的心理学家）将心理学应用到法律体系中，而心理学与法律则包含了更为广泛的应用范围，如社会/公共政策、审判咨询及执法机关等。

本科生择业走向

司法部门或刑事司法机关并不要求从业者必须具备博士学位（见表 4—1）。在心理学与法律领域，心理学学士可以谋求执法机关的警察、监狱惩教官、缓刑监管和假释官、少管所教管员等职位。我的职业历程 4—1 介绍了一名心理学学生的实习经历。很少有职业在社会运行中像执法机关或法律技术支持部门这样既体面又重要。警察和监狱惩教官的工作是在法律范围内确保法律法规的正常实施。在刑事司法体系下心理犯罪日益增加的当今社会，心理学在法律实施过程中越发重要（Hodgins，1995；James & Glaze，2006；Steadman，Morris，&Dennis，1995；Torrey，1995）。警察、监狱惩教官、缓刑监督员和假释官、少管所教管员需要监控犯罪嫌疑人的行为，随时阻止不稳定局势的恶化。考虑到心理学对人类行为的研究，心理学对这类人员工作的顺利进行和自身安全的保护有至关重要的作用。

表 4—1　　本科生心理学与法律及法医心理学职业准备

主修课程：
变态心理学或精神病理学
沟通
社区心理健康
刑事司法或犯罪学
访谈、咨询或帮助技巧
未成年人犯罪
法学
案例分析
心理测评
精神病药物学
社会活动研究
药物滥用

续表

写作
实践经验：你可以在以下所列机构中做志愿者、实习生或带薪兼职
心理健康中心或刑事司法部门
Big Brother/Big Sister 项目
童群益会
精神病院
问题少年辅导机构
房屋纠纷调解机构
药物滥用治疗中心
研究经历：你可以参与以下任何领域的研究*
反社会人格障碍
矫正心理学
法律心理学
未成年人犯罪
变态行为研究
攻击性行为研究
药物滥用

*注：实践经验有助于提高推理能力、定量分析能力、写作技能和组织能力，因此实践比学术研究更重要。

警察

保护公民的人身和财产安全是警察的基本职责，因此维护治安是所有服务岗位里要求最高，也是最辛苦的工作之一。根据警察的资历及晋升空间，他们的工作包括例行巡逻，呼叫应答服务，必要时（如火灾现场）指挥交通，侦查犯罪现场，或第一时间为事故受害人提供帮助（Bureau of Labor Statistics，2010）。成为正式警察后，晋升空间将更大。例如，一个在犯罪现场侦查工作中肩负首要职责的警察有可能晋升为警探。同样，随着工作经验增多，警察可以担任分队队长、大队长或警察局长等诸如此类的行政工作，更直接地影响或参与某一社区的治安管理。在高级警察部门，也有可能给警察分配一些特殊任务。很多城市的警局都越来越多地参与到社区治安活动中去，促进警察和当地群众建立良好的关系，从而发动群众力量抵制犯罪活动。由于任务的多样性和服务公众的本质特征，了解支配人类行为的本质因素（心理学）有利于执法机关工作人员顺利执法。

虽然执法机关工作人员的收入与他们承担的职责和压力并不成正比，但他们拥有较高的社会地位。例如 2008 年，警察的平均年薪只有 51 410 美元（Bureau of Labor Statistics，2010）。如果你对犯罪心理画像感兴趣，这可能是你成为一名警探的优势，因为警探常常在侦查过程中运用犯罪心理画像技术。晋升除了带来更多的职业机会外，还意味着收入的增加。2008 年警察主管和警探主管的平均年薪是 75 490 美元（Bureau of Labor Statistics，2010）。众所周知，担任警察最大的弊端就是要承受巨大的工作压力（Anshel，2000）。除此之外，警察不仅要担忧自身安全，还要承受公众的偏见。但是，相对其他行业来说，执法机关工作者能更直接地服务于公众，因此警察比从事其他工作的人更能影响他人。预计到 2018 年，警察的雇佣率将增长 10%（Bureau of Labor Statistics，2010）。

我的职业历程 4—1　法医与法律心理学：卡瑞萨·乔森

我是谁？

我叫卡瑞萨·乔森，是一名 27 岁的女性，已在宾夕法尼亚州切斯特的威得恩大学获得心理学艺术与科学和刑事司法双学位。在校期间，我加入了刑事司法俱乐部和黑人学生会。还担任校园福音唱诗班的协调人和学生事务处的管理员。我积极参加学校社团活动，还加入了几个专业组织。

心理学的应用

目前我是宾夕法尼亚州伯克郡监狱的一名心理治疗顾问。我的职责包括将囚犯记录（如犯人心理辅导记录、报告、囚犯编程等）分类归档，组织心理辅导团队对他们进行心理疏导（如压力和情绪管理、心理教育等），为出现不同精神状况的囚犯安排单独的心理咨询辅导，通过个案管理人员解决每个牢房囚犯所关心的问题，以及和囚犯社群提供者保持联系，以帮助他们重新融入社会。我的主要任务是纠正这些囚犯的反社会行为，并帮助他们重新融入社会。我在囚犯改造中心工作了五年。一开始我在这所监狱当办案员，主要负责和囚犯进行面谈以考量其住宿条件，给新来的囚犯介绍牢房的情况，并观察他们是否需要心理辅导或心理治疗。

我的工作经历

在成为心理咨询师之前，我曾在英国伯克斯女性危机援助中心（一个为遭受家庭暴力和性虐待的女性提供咨询服务的社区避难所）工作。我还在伯克郡地区检察院实习，在那里，我了解到了刑罚系统下法官的职责，协助信贷工作人员完成了一些文书工作。在我拿到本科学位证书真正进入心理矫正领域之前，我做过许多像服装店业务员这样的“奇怪工作”。一开始喜欢研究心理学是因为我的家人中有人患有精神疾病，他们激发了我对心理学的兴趣。我认为也是因为这一点，成就了我现在的工作。从那时起我决定努力学好心理学知识，这使我不仅能看到他们的问题所在，更知道他们需要什么帮助。因为他们，我变得更加有耐心，对别人也更有同情心。

我从事工作的多面性

我很热爱我的工作——帮助需要的人，改变他们的行为习惯，让他们更好地适应社会，更积极地面对现实生活。然而，这样的工作环境有时会很压抑。监狱的工作氛围常常让人喘不过气来，甚至有时我觉得自己也是其中的囚犯。工作中最具挑战性的是和那些受到自己原有生活环境负面影响的人交流。他们为了迎合你，常常隐藏真实的自己。如此一来，他们便不能正确看待自己存在的问题，从而无法做出必要的积极改变。

我给你的建议

心理学培训让我认识到人与人是不同的，他们的生活条件、背景和当时的处境使他们变成现在这样。我学会客观地倾听他们的想法，并形成了一套治疗方法，让被辅导者愿意接受不同于自己的观点。心理学教会我从另一个角度来看待事物，处理问题。我辅导过的很多犯人都不具备这种换位思考的能力。通过心理学学习，我掌握了更多的知识和技巧，来向那些有心理问题的人灌输新的世界观，以帮助他们更有效地解决问题。

我建议心理学本科的同学们继续深造读研。拥有文科学位或理科学位，固然不错，但是，更高的学历意味着你有更多的就业机会，以及在心理学某一领域做出成就的更大的可能。我建议你们努力探索自己感兴趣的心理学领域，继续攻读研究生学位。尽管帮助犯人融入社会让我很有成就感，但我还是希望自己拥有更高的学历，毕竟在我看来，心理学本科毕业生在这一领域的职业并不如我所想的那样有较高的收入。

监狱惩教官

和警察一样，监狱惩教官的职责也是保护公民的安全。但他们还负责犯人的人身安全。嫌犯在被捕并被关进监狱后，监狱里的犯人和工作人员都承受着压力，随时可能有危险事件发生（Keinan & Malach－Pines，2007；Morgan，Van Haveren，& Pearson，2002）。监狱惩教官通过监管犯人的劳动地点和活动，搜查犯人身上或房间内是否有违禁品（如毒品或武器），执行监狱纪律，调解囚犯之间的冲突和纠纷，例行检查牢门锁、窗条、牢门和监狱大门等是否存在安全隐患，这些工作维护这个充满暴力因子的环境的安定。

由于监狱惩教官要在犯人的生活圈里工作，因此了解心理学，正确认识心理学对他们的工作是很有帮助的。例如，有时监狱惩教官可能需要调解犯人之间的纠纷，安抚不能出席亲人葬礼的囚犯的情绪，或者帮助改正他们的行为，让他们争取减刑。监狱惩教官需要具备较强的人际沟通技能和人类身心健康的知识来处理这些棘手的问题。

监狱惩教官为那些为社会所遗弃的人服务，同时防止社会受到不法分子的破坏。因此他们的工作格外神圣。因为犯罪分子人数的增加，所以相对其他职业而言，监狱惩教官这一工作相对稳定。但是监狱比其他职业环境更具挑战性。监狱随时可能发生危险状况。这样的工作看似充满刺激，极具戏剧性，但却要承受巨大的压力，让人精疲力竭（Anson & Bloom，1988；Cheek & Miller，1983；Harris，1983；Lindquist & Whitehead，1986；Morgan et al.，2002）。2008 年，监狱惩教官的平均年薪为 38 380 美元，略低于警察，但其工作岗位需求量却很大，预计到 2018 年岗位数将增长 9%（Bureau of Labor Statistics，2010）。

缓刑监管和假释官

缓刑监管和假释官的工作也要在刑事司法制度下和囚犯打交道，只是他们不在监狱工作，也不像警察那样负责执法。缓刑监管和假释官的工作是监督犯罪嫌疑人在社会中的一切活动，确保他们遵守缓刑和假释的相关法律法规。

缓刑监管和假释官有时也负责执法工作（如犯罪嫌疑人违反了缓刑或假释的相关法规时，缓刑监管或假释官必须将其送回监狱或送上法庭），但他们的主要职责还是为犯罪嫌疑人提供其社会生活中所需的帮助或心理治疗。这项工作要求工作人员必须掌握人类行为规律，了解犯罪嫌疑人的心理健康状况和心理需求。尽管缓刑监管和假释官属于执法机关职位，但却比维护治安的工作安全性更强。然而，正如所有执法机关职位一样，这一职位也要承受巨大的职业压力。2008 年，缓刑监管和假释官的平均年薪为 45 910 美元，与其他执法机关工作人员不相上下（最低年薪 29 490 美元，最高年薪 78 210 美元；美国劳工统计局，2010）。

少管所教管员

少管所教管员和监狱惩教官一样，也在监禁单位工作，但他们的工作对象是未成年人（即未满十八岁的犯罪嫌疑人）而非成人。少管所教管员的工作职责和监狱惩教官、缓刑监管和假释官相同，但由于他们相信未成年罪犯在其帮助下会有所转变，因此他们的工作并不那样压抑。有人提出，监狱对成人罪犯而言，不过是关押他们的地方，刑事司法体系不会让他们发生本质改变（Martinson，1974）。但这一说法并不完全正确，因为劳改让更多的犯人提前出狱（Andrews & Bonta，2010），少管所教管为不那么冷血的未成年罪犯提供帮助和辅导，能更容易地对他们进行改造。未成年人想法幼稚，容易冲动，使得他们常常陷入困惑，认为自己毫无价值，而少管所教管员的职责就是要持续耐心地开导他们。少管所的工作待遇和工作优势和监狱惩教官的差不多。

如果你对以上执法机关的职位感兴趣，可以选择主修心理学专业，选修刑事司法和政治学。犯罪学、越轨社会学、刑事司法制度、治安制度以及行为矫正社会学课程能向你传授背景知识，帮助你判断自己是否适合在执法机关工作。政治学课程中的法律和司法系统则能让你更全面地了解法律和司法制度的运作。同样，在当地警察局或相关部门，或在当地的监狱实习（为修学分的实地实习），不仅能让你积累经验，也能帮助你确定这份职业是否适合你。

法证技术员

法证技术员在执法机构工作，协助执法人员侦查犯罪现场，分析物证并破案（Bureau of Labor Statistics，2010）。学习法证技术可从事刺激的工作，有机会专攻犯罪类型证据学（如 DNA 分析、枪支弹痕鉴定等），从而协助破案或以鉴定证人的身份出席法庭作证（Bureau of Labor Statistics，2010）。尽管《犯罪现场调查》这样的热播剧美化了法证技术科学，但它只是为执法机构提供刑事侦查技术。

法证技术员除了可以接受充满刺激的专业挑战和执行高知名度的案件任务，还拥有一份丰厚的收入。2006 年法证技术员年薪为 49 857 美元，处于中等水平（Bureau of Labor Statistics，2010）。法证技术职业正蓬勃发展，预计 2018 法证技术员就业率的年增长率将创新高（Bureau of Labor Statistics，2010）。从事法证技术工作要承受来自执法机关工作的种种压力（执法机关工作被评为工作压力最大的职业之一）：需要以鉴定证人身份出席法庭作证，承受高负荷的工作量，面对令人恐怖的证据（如腐烂或残缺的尸体等）。

研究生择业走向

心理学研究生在心理学与法律领域有更多的就业机会，包括法医学鉴定、为囚犯提供心理治疗及协助执法人员工作等。研究心理学家也可以通过审判咨询进行可影响法律制度的研究（如儿童的发展水平及其能否参与法庭审理等），进而寻求进入法律体系工作的机会。无论咨询/临床心理学家、发展心理学家、社会心理学家，还是认知心理学家，他们都会往政治生涯方向发展。联邦立法机构和州立法机构会招选心理学家（Newbould，2007；Sullivan，2001），公共政策研究中心也针对心理学专业的研究生设置了许多职位。心理学博士在心理学和法律领域的就业范围则更广。例如，心理学博士，尤其是咨询或临床心理学博士，在法律心理学领域可获得的职位比心理学硕士多得多。

矫正心理学家

随着监狱囚犯数量持续增长（Minton & Sabol，2009；West & Sabol，2009），越来越多对司法感兴趣的心理学家选择从事矫正心理学工作。事实上，政府一直鼓励心理学家从事监狱工作（Hawk，1997）。因此，随着犯人入狱率的不断攀升，监狱成为越来越多的心理学家的主要工作地。调查显示，矫正心理学家对他们的工作普遍很满意（Boothby & Clements，2001；Ferrell，Morgan，& Winterowd，2000）。然而监狱的矫正工作无论是对囚犯（Hassine，1996；Toch，1992）还是对工作人员（见 Keinan & Malach－Pines，2007；Morgan et al.，2002），包括心理学家（Brodsky，1982；Inwald，1982；Senter & Morgan，2010）都充满了压力。但矫正心理学家可以帮助和影响那些弱势群体，因此他们的工作是非常愉快、非常有价值的。

心理学硕士就业情况。尽管许多心理学和法律相关职业都要求博士学历，但仍然有部分职位，尤其是法律心理学相关职位只要求硕士学历。临床心理学硕士或咨询心理学硕士通常在监狱之类的心理矫正机构工作（Boothby & Clements，2001；Morgan，Winterowd，& Ferrell，1999），为囚犯提供心理治疗。这类心理矫正机构为所有的囚犯或病患提供基本的心理诊断和心理治疗等心理健康服务，帮助他们缓解症状或消除他们在这样的环境下的反常表现（Morgan，2002）。尽管雇用心理学硕士学历的临床医生备受争议（Morgan et al.，1999），但这些争议并未对心理学硕士的就业产生影响，尤其是在州级心理矫正体系下。这给心理健康专家们提供了工作保障。

心理健康矫正工作的待遇略高于非心理矫正机构的工作（Boothby & Clements，2001）。2009年，硕士学历的心理学医生的收入处于中等水平，平均年薪约45 000美元（Finno & Kohout，2010），而同等学历的在心理矫正机构的工作人员平均年薪约50 000美元。在心理矫正机构工作，除了要求工作者具备心理疗法和心理诊断的知识和工作经验，几乎不需要专门的培训。但如果有过为囚犯、精神病住院患者、需要他人陪同治疗的严重的心理疾病患者治疗的实习经验，那在这些机构找工作将容易得多，甚至还可能得到推荐。

心理学博士的就业情况。在心理矫正机构工作的心理学博士和临床心理学硕士一样，直接为心理疾病患者提供服务（Boothby & Clements，2001；Ferrell et al.，2000），但随着治疗的深入，心理学博士有更多机会参与病人的康复练习（Morgan et al.，1999）。也就是说，心理学硕士一般负责提供心理治疗服务，而博士则主要参与嫌犯心理研究项目和评估这些项目的有效性。在心理矫正机构工作的心理学博士每周只需工作40小时，不仅收入颇丰，福利也很好。随着美国入狱人数持续增长，稳定的就业保障也成为这些心理学博士的一大工作优势。但这份工作需要承受巨大的工作压力。心理学家的任务是让精神疾病患者康复，而监狱管理人员的任务则是在必要情况下监禁这些患者，这在一定程度上疏远了心理学家和管理员的关系（Morgan et al.，1999）。

从《心理监测》等分类广告中不难看出，近年来矫正心理学的就业情况还是相对乐观的。临床心理学硕士在矫正机构的平均年薪为50 000美元，而同等职位的心理学博士的年薪却要高得多。博士学历是进入美国联邦监狱局的必要条件，工资起薪约为 62 000 美元（U. S. Office of Personnel Management，n.d.）。矫正心理学工作不要求从业者必须具有专业的工作经验，拥有博士学位即可。当然，有工作经验会更有优势。因此，如果你对这类工作感兴趣的话，可以考虑在心理矫正机构进行博士或博士后实习，如美国联邦监狱部门目前就有十个官方认可的博士实习点。你也可以选择在司法安全机构实习。

法证鉴定员

许多法律心理学家希望从事法证鉴定相关职业。实际上，许多心理学博士都被委派到指定司法部门进行实习，参与刑事犯罪量刑，包括刑事责任判定或精神障碍防御量刑等（Ax & Morgan，2002）。心理学硕士和博士也办理其他类型的诉讼案件，如离婚诉讼案、儿童监护案、儿童家庭案件、民事关系案、人身伤害案件及反歧视和权力法律案等（Ackerman，1999；Melton，Petrila，Poythress，Slobogin，& Lyons，2007）。

很多心理学学生通过欣克利刺杀案或智能炸弹案等知名案件，了解心理学家在刑事案件中扮演的角色。在刑事案件中，心理学家需要判断被告是否能接受审讯，或诊断控诉时被告的精神状况（诊断被告是否精神失常）。但在其他案件中，心理学家要做的是在刑事司法过程中观察被告的承受力。例如，心理学家可能会被询问被告是否同意搜查或拘捕，是否供认，是否认罪，是否放弃请律师的权力，是否核实没有精神问题，是否同意检测，是否对判决或死刑处决无异议等。

法律心理学家很大程度地参与一些非刑事案件，其中以儿童监护权判决案和人身伤害认定案最为常见。这类案件不同于刑事案件，被告不会被剥夺人身自由。原告希望通过调停纠纷获得某种权力或利益，如儿童监护权、人身伤害的经济赔偿等。通常在离婚诉讼案件中会牵涉儿童监护权的判决。此时，心理学家需要做出判断，夫妻双方谁更适合监护儿童，以协助法院判决。10%的监护权听证会都需要心理学家通过实际调查、分析，最终协助法院和陪审团做出最后判决（Melton et al.，2007）。

心理学家越来越多地参与到人身伤害诉讼案件调查中（Butcher & Miller，1999）。人身伤害案件指的是原告受到身体或心理的伤害，并向被告提出经济赔偿（Ackerman，1999）。在工伤赔偿案件、医疗事故诉讼案件、性骚扰等人身伤害案件的法律程序中，都需要对受害人进行心理测评。在这些案件中，心理学家需要协助法庭判断这些事件是否对原告造成了心理伤害。这种心理评估和精神病诊断相同，心理学家都需要进行回顾性研究（Melton et al.，2007），也就是心理学家需要对比原告在案件发生前后的心理状况，以判断原告是否受到了精神伤害。

许多心理学家在私人诊所就职，而一些刑事司法心理学家则在安全单位、社区精神健康中心和医院等国立单位工作。为医院和社区服务机构提供法律服务的初级心理学家一般能获得在其他机构工作的临床和咨询心理学家一样的起薪（见第二章）。然而，由于专业工作的服务性质不同，私人诊所的法律心理学家的时薪通常为125～300美元。司法鉴定工作的最大好处在于大多数司法鉴定员都有较大的职业满足感，并且工资有较大的提升空间。而缺点在于需要接受除学术课程外的进修，如实习和（或）专业司法鉴定的博士后进修等。还存在被起诉或申诉的风险（Kirkland & Kirkland，2001）。而这些起诉或申诉将耗费心理学家大量的金钱和时间，使其承受巨大的压力，还可能对其职业形象造成破坏。

在从事司法鉴定之前，从业者必须接受人格测试、智力测试或心理状况测试等心理学相关测试的培训，以及法律案件相关的专门培训。大多数法律心理学家是在博前实习（读博前接受的实地实习）或在法律心理学的博士后培训项目中接受培训。因为很少有项目能提供专业的法律心理学实地培训，所以博前实习和博士后实习所积累的工作经验十分重要。有些心理学硕士在工作中可以接受心理测试的相关培训，但在很多州，如果没有博士学位和从业证，只有培训经历是不能获得法证鉴定员一职的。

警察心理学家

尽管执法人员不太重视心理辅导（Max，2000），但警察心理学却越来越重要（Birmingham & Morgan，2001）。警察心理学家的工作多种多样，如管理咨询（针对重大行政决策进行咨询）、入职前心理测试和工作责任测试（用以辅助判断一个人是否适合在执法机关工作或是否适合长时间工作）、特殊部门内部评估［帮助参与特殊武器及战术（SWAT）、战术反应（TRT）及人质谈判（HNT）等特殊任务的人员做升职决定评估］、人质谈判小组咨询（咨询和协助人质谈判）、致命武力案件调查（协助调查执法人员使用武力致执法对象死亡是否合适）、现场咨询［如协助警察逮捕精神病犯罪嫌疑人，或确保其安全（Super，1999）］。随着犯罪心理画像等案件调查量的增长（Bartol & Bartol，2008），有时警察心理学家也要参与案件调查（Bartol，1996）。

执法机关工作人员普遍承受着很大的工作压力（Anshel，2000），而警察心理学家的任务就是为他们提供心理辅导，帮助他们缓解压力。入职前测试是警察心理学家最常做的工作（Super，1999），即对准职员进行测试，判断其性格是否能承受较大压力，胜任执法工作。通常，警察心理学家都拥有博士学位，可以在执法机构做顾问或受雇于某一机构作为执法人员（Bartol，1996）。警察心理学家的起薪和其他博士心理学家的相同。如果对警察心理学感兴趣，可寻求专业的博前实习或博士后实习，因为在校生很少有机会接受正式的警察心理学培训。

审讯顾问

心理学博士还可能成为审讯顾问，享有和心理学从业者及其他心理学家同样的待遇。实际上，社会心理学家和认知心理学家能把自己专业的知识和技能娴熟地运用到审讯咨询中（American Psychology-Law Society，2005）。审讯咨询指在审讯过程中提供的任何形式的咨询服务，如团体研究专题讨论探索性调研、实验研究、准实验研究、对比实验研究、模拟审判及审判前案例分析等服务（Andrews，2005）。审讯咨询包括案例分析、报告和法证检查、专家证人身份鉴定、直接检查和交叉检查，为专家证人和普通证人出庭作证做准备（Drogin & Barrett，2007），旨在帮助其更好地了解法官和陪审团是怎样获取和处理信息的（Andrews，2005）。

审讯顾问可以进行一些对审讯过程能产生影响的调查，如审讯者（法官或陪审团）判决调查、证据心理学法律研究影响调查、目击证人身份鉴定及召回等（American Psychology-Law Society，2004；Andrews，2005；Huss，2001）。除上述调查工作外，心理学家还可能就陪审团的人员挑选为律师提出建议，并说明其在法庭审讯过程中对最后判决的影响（Andrews，2005；Huss，2001）。例如，审讯顾问常通过模拟陪审团或模拟陪审员（Andrews，2005；Huss，2001），帮助律师制定打动陪审团的审讯对策。刑事审判和民事审判都需要审讯顾问。

审讯顾问最大的职业优势在于工资的提升空间大。但刚工作的前几年，工资很低，而且要在私企站稳脚跟并不那么容易。如果有一定的经验，对法律有一定了解，并且运气好能负责一些知名案件的话，审讯顾问的年薪将超过百万美元。但这只是最高工资，审讯顾问的起薪和其他心理学相关职位的起薪差不多。和大多数职业一样，心理学博士相对硕士有更多的机遇和选择空间。

政客

少数的心理学本科生可能会进入政坛，心理学硕士也有类似就业机会，而博士则有更多的选择。越来越多的心理学家选择从政，并且在政坛很活跃。事实上，到 2004 年，有多达 17 名全职心理学家从事美国立法会议员工作，12 名从事州立法委员工作，5 名在国会谋职（Sullivan，2005）。尽管 2006 年心理学家从事政治工作的人数有所减少（国会工作者 3 人，州立法委员 14 人；Newbould，2007），但心理学家此前对政治做出的贡献仍然是巨大的。但仍有许多工作亟待推进，或者更准确地说，是必须推进。心理学家应充分运用自己的专业技能（DeLeon，1988），服务更多公众。从社会和公共政策的角度来说，这不仅是机会，更是我们的职责。正如职业心理学家（如临床心理学家、咨询心理学家、心理咨询教师等）不断追求为顾客提供更优质的服务一样，政治心理学家也应运用心理学原理更好地服务公众。

心理学家在政坛都做些什么工作呢？他们可以帮助公众建立信仰，进行心理学法律研究，或参与政策规划或起草法律。为了培养政治心理学家，美国心理学协会于 1974 年成立了国会研究交流项目。该项目旨在培养高度熟悉国家政策的心理学家，帮助政府更有效地运用心理学知识，以及加强心理学者和联邦政府对心理学和政府交流重要性的认识（American Psychology-Law Society，2005）。参加该培训项目的心理学家将跟随一名国会议员或国会委员会成员进行为期一年的实习，并有机会协助完成国会听证会、国会辩论及准备简报等任务（Fowler，1996）。该项目起初是专门针对初级心理学家开设的，但现在也面向资深或中级心理学家开放（Fowler，1996）。

在政治领域就职的心理学家的薪资是由美国政府或所属的州政府发放，根据具体情况，工资有所不同。通常，美国参议院的年薪为 17.4 万美元，公务员的年薪根据其所在政府部门和其职位的级别不同而变化。在美国心理学会奖学金项目就职的初级心理学家的年薪约为 75 000 美元，随着工作经验增多和职位晋升，年薪可升至 9 万美元（Amenican Psychologycal Association，2011）。工作期间还能收到安家费或旅游补贴。任何一个美国公民都能参与政治活动或相关的专业培训，如由美国心理学会奖学金项目提供的丰富心理学知识和工作经验的专业培训，这些培训对日后从事政治活动有直接的帮助。

本章我们为心理学学士及硕士分析了法律与心理学相关领域的就业前景。心理学家接受的专业科学培训，在许多案件调查分析中为解决犯罪和社会问题提供了方法。在这些案件中，传统的学术培训起到了非常重要的作用。此外，本章中提到的职业都介绍了其职业保障以及不同职位的薪资。尽管心理学与法律专业的工作很少涉及犯罪现场分析或案件分析等工作内容，但却能提供充满刺激的就业机会和不错的待遇。

测试 4—1

你适合从事法律或法医心理学专业的工作吗?

□你喜欢《法律与秩序》《犯罪现场调查》或《警察故事》这类电视剧吗?

□你对政治感兴趣吗？

□你认为罪犯有权要求，也应该受到公正平等的对待吗？

□一个严重的精神病患者做了坏事，你是否觉得他不应受到法律制裁？

□你愿意帮助杀人犯或强奸犯吗？

□你喜欢破案吗？

□你关注当地报纸上的犯罪报道吗？

□你喜欢去了解知名罪犯的生平吗？

□你愿意在监狱工作吗？

□你喜欢研究精神疾病吗？

□你喜欢激烈的辩论吗？

□你乐于接受别人挑战自己的思维和观点吗？

□你喜欢写作吗？

得分：选项越多，表示你越适合从事法律心理学专业的工作。

推荐读物

American Psychology-Law Society. (2004). *Careers in psychology and law: A guide for prospective students*. Retrieved August 19, 2011, from http://www.ap-ls.org/students/careers%20in%20psychology.pdf

American Psychology-Law Society. (2005). *Careers in psychology and law: Subspecialties in psychology and law: A closer look*. Retrieved July 28, 2008, from http://www.unl.edu/ap-ls/student/careers_closerlook.html

Andrews, C. K. (2005). Trial consulting: Moving psychology into the courtroom. In R. D. Morgan, T. L. Kuther, & C. J. Habben (Eds.), *Life after graduate school in psychology: Insider's advice from new psychologists* (pp. 257–274). New York: Psychology Press.

Andrews, D. A., & Bonta, J. (2010). *The psychology of criminal conduct* (5th ed.). Cincinnati, OH: Anderson.

Fagan, T., & Ax, R. K. (2003). *Correctional mental health handbook*. Thousand Oaks, CA: Sage.

Fagan, T., & Ax, R. K. (2011). *Correctional mental health: From theory to best practice*. Thousand Oaks, CA: Sage.

Huss, M. T. (2001). Psychology and law, now and in the next century: The promise of an emerging area of psychology. In J. S. Halonen, & S. F. Davis (Eds.), *The many faces of psychological research in the 21st century*. Society for the Teaching of Psychology.

Retrieved August 27, 2011, from http://teachpsych.org/resources/e-books/faces/script/Ch11.htm
Kuther, T. L. (2004). *Your career in psychology: Psychology and the law*. Belmont, CA: Wadsworth.
Melton, G. B., Petrila, J., Poythress, N. G., Slobogin, C., & Lyons, P. M. (2007). *Psychological evaluations for the courts: A handbook for mental health professionals and lawyers* (3rd ed.). New York: Guilford Press.
Stern, R. (1988). *Law enforcement careers: A complete guide from application to employment*. Tarzana, CA: Lawman Press.
Weiner, I. B., & Hess, A. K. (2006). *The handbook of forensic psychology* (3rd ed.). New York: Wiley.

网络资源

American Psychology-Law Society
http://www.ap-ls.org/

Criminal Justice and Police Psychology sections of Division 18 (Psychologists in Public Service)
http://apadivision18.org/

American Society of Trial Consultants
http://www.astcweb.org

Federal Bureau of Prisons
http://www.bop.gov/

Corrections Connection
http://www.corrections.com/

Law and Society Association
http://www.lawandsociety.org/

National Criminal Justice Reference Service
https://www.ncjrs.gov/

National Institute of Corrections
http://www.nicic.org/

National Institute of Justice
http://www.ojp.usdoj.gov/nij/

Police Stress
http://www.policefamilies.com/

Police Psychology Online
http://www.policepsych.com

第五章
健康心理学

本章导读

2011 年春季的强降雨量导致密西西比河流域爆发 74 年来最大的洪水。伊利诺伊州、密苏里州、肯塔基州、田纳西州、阿肯色州、密西西比州和路易斯安那州部分地区都遭受洪涝灾害，因灾死亡 400 多人，还有数以万计的人们流离失所。2011 年 5 月，乔普林州和密苏里州多个城市被龙卷风摧毁，这是自 1974 年以来最致命的一次龙卷风。这些创伤性事件引发当地甚至整个国家的民众陷入混乱、焦虑、恐惧和愤怒的情绪中。伴随这些创伤性事件而来的是美国人民的健康问题。他们当中不仅有直接受创的人，还有在救援过程中暴露在有毒物质、疾病和其他危险之下的人员。这些创伤性事件正是健康心理学家研究的重点。人们是如何应对这种改变生活的医疗形势呢？什么样的引导措施才可以帮助那些因遭受灾难、伤害或者其他医疗困难而患病的人们呢？这些问题都是健康心理学研究的核心问题。

健康心理学

健康心理学研究心理学对健康的影响，如为什么人们会生病，生病后又有何反应，还有预防策略和旨在帮助人们保持或改善健康的指导性措施的应用（Taylor，1999）。健康心理学家研究生物性、环境和行为因素对健康和疾病的相互影响（American Psychological Association Pivision 38，n.d.）。换言之，他们要检测情感、思想、行为和社会交际是如何影响我们的身体健康（也就是保健和健康），又是如何导致疾病的。健康心理学家的研究可以改善健康行为的方法，如帮助人们戒烟，治愈防晒霜强迫症，提升健康饮食。他们还研究如何利用行为管理、心理压力和应对技巧来防治疾病。压力对健康有何影响？会引发疾病吗？健康心理学家研究了心理因素和社会因素在疾病发展过程中所扮演的角色，如压力和社会支持。

在深入探讨健康心理学领域可从事的职业之前，让我们梳理一下可能引起混淆的术语。健康心理学是心理学的一个分支，人们经常称之为行为医学、医学心理学和身心医学；但这些术语都不够精确和恰当（Belar & Deardorff，1995）。行为医学是最常使用的术语，但它是一个跨学科的术语（包括行为科学和生物医学）。心理学家研究的是心理学，而非行为医学。因此，用健康心理学这个术语来概括这个专业领域是再恰当不过了，这个术语将贯穿整章。

本科生择业走向

如果你对健康心理学很感兴趣，那么幸运的是，健康心理学专业的本科生有很多机会从事高薪职业，可以将心理学所学知识和健康心理学的专业知识运用到实践当中。机会是留给有准备的人的，只要你做好充足的准备，那么在应聘与健康心理学相关的工作时，你将稳操胜券。健康心理学领域的工作就有娱乐治疗师、职业治疗助理、理疗助理和健康教育者。

娱乐治疗师

娱乐治疗师在不同的环境下给生理或情感上有缺陷的个人提供治疗和娱乐活动，如医疗所、社区活动中心（如公园娱乐、针对学生的专业教育、成人生存教育和社区心理健康中心）和监狱（Bureau of Labor Statistics，2010）。娱乐治疗师不同于娱乐工作者，他们是提供医疗服务，帮助身心存在缺陷的患者的人，而娱乐工作者一般都是与健康人士或是残疾人士共事的人，目的是培养这些人的兴趣，而非解决他们的身心问题。此外，娱乐治疗师的一个典型特点就是拥有学士学位。

娱乐治疗师会评定那些身心存在问题的个人，并对其进行治疗。他们通过专业的评定标准和观察，以及医疗记录和简介信息来判断病人的问题所在，并针对客户的生理、心理或情感上的幸福感来制定治疗方案（Bureau of Labor Statistics，2010）。比较典型的治疗活动就有艺术和工艺、动物（如宠物疗法）、园艺、体育、游戏、跳舞和运动、戏剧、音乐、团体郊游等，还有特殊方案，如压力管理和身心放松（Bureau of Labor Statistics，2010）。娱乐治疗师一般都是就职于医院、护理院、社区项目［如老年生活助理中心、身体和精神康复门诊中心、居住与惩教中心、成人日托所（托儿所）以及社会服务机构］（Bureau of Labor Statistics，2010）。

2008 年统计娱乐治疗师的平均年薪是 38 370 美元，预计到 2018 年其就业率将增长 15％（Bureau of Labor Statistics，2010）。考虑到快速增长的老龄化趋势，就业机会可能比估计的还要高得多，因此对于很多人来说，娱乐治疗师是一个很吃香的职业。这个职业还有一个优势，那就是提升空间大。治疗师可能会对每天的治疗接触和娱乐治疗要求的充沛体能而渐感厌倦，尤其是随着年龄的增长，倦怠感会越发强烈。不过这个领域有晋升高管职位的机会，或成为一名该领域的教师可能（追求教书育人的梦想）（Bureau of Labor Statistics，2010）。心理学强调理解个体行为及与娱乐治疗相关的培训的重要性，这一点非常适合你从事这个职业。

表 5—1　　本科生健康心理学职业准备

主修课程：
- 变态心理学或精神病理学
- 解剖学
- 生物学
- 流行病学
- 健康（健康导论或高级健康学）
- 健康教育
- 健康心理学
- 面试、咨询或助人技巧
- 数学
- 药物滥用
- 写作

实践经验：你可以在以下所列机构中做志愿者、实习生或带薪兼职
- 医疗所
- 烧伤科
- 康复中心
- 大学健康中心
- 健康/时尚中心
- 理疗诊所/职业治疗诊所

研究经历：你可以参与以下任何领域的研究*
- 健康心理学
- 健康
- 健康行为，如吸烟、肥胖
- 危险行为，如不安全性行为、药物滥用
- 睡眠失调
- 行为决策或卫生决策

*注：实践经验有助于提高推理能力、定量分析能力、写作技能和组织能力，因此实践比学术研究更重要。

职业治疗助理

职业治疗助理的主要工作内容是协助职业治疗师为身体、发育或心理上有缺陷的人提供康复治疗服务（Bureau of Labor Statistics，2010）。职业治疗助理的工作对象不单单只是那些期望再就业的病人，确切地说，职业治疗助理的工作范围要宽广得多，它侧重于病人生活的方方面面（比如，培养独立

生活的技能，像烹饪、清洁和搭乘交通工具等）。其协助工作不仅包括帮助那些因伤（如交通事故）残疾病人各个方面的康复，还包括帮助那些有发育缺陷（如有智力障碍）的人学习独立生存技能。

职业治疗助理可以和职业治疗师同在医院、门诊、诊所共事。如果在私人诊所工作，那么工作时间是不定的，因为有时晚间或周末也要工作，这样才能灵活地配合顾客（患者）的时间。而如果在诊所和医院工作，工作时间就要更固定些。职业治疗助理这份工作有很好的就业前景。未来 8 年内，职业治疗助理的市场需求量预计比其他职业增长得更快。职业治疗助理的薪水也非常诱人，平均年薪可以达到 48 230 美元。但该职业也有劣势，那就是对从业者身体素质的要求。职业治疗助理身体要足够强壮，才能挪动患者（包括肥胖的患者），帮助患者站立、跪倒、弯腰，并长时间地帮助患者做复健活动。

要想成为一名职业治疗助理，只拥有学士学位是不够的，还需要考取职业治疗资格证书（Bureau of Labor Statistics，2010）。最好在大学花两年时间，在学习心理学的同时，完成职业治疗助理资格证书课程的学习。

理疗助理

和职业治疗助理相关的职业就是理疗助理。理疗助理协助理疗师为遭受疼痛、行动不便或有身体缺陷的人的治疗做准备。这份工作的要求很高，包括身体要强壮，便于帮助移动行动不便的人，但因这份工作是亲身治疗，所以薪酬也很高。像职业治疗助理一样，成为一名理疗助理也要求资格证书，不过大部分培训都是在职培训（Bureau of Labor Statistics，2010）。因此，以健康心理学相关课程为主，主修或辅修心理学的研究生，其专业的培训能够满足需要理疗的病人的情感和学习需要，所以在就业市场上非常受欢迎。

对于想成为一名理疗助理的学生来说，他们的职业很有前景，因为这个领域预计比其他领域发展得更为迅速。此外，该职业的薪酬也非常可观，2008 年的平均年薪为 46 140 美元，50%从业人员的工资都在 37 170～54 900 美元之间（Bureau of Labor Statistics，2010）。

健康教育者

健康教育者向个人和群体传授有关健康生活方式和养生的知识。在教育宣传和传播信息方面，健康教育者致力于防御疾病和改善健康生活方式。比如，他们传播和健康相关问题的知识与信息，如饮食和营养、睡眠和体育保健、问题行为（如不正当性行为和滥用药物等危险行为），还有健康与卫生（如牙齿保健、乳腺癌或睾丸癌定期检查、健康检查）。健康教育者会确定不同个人或群体的需求，并尤为关注那些缺少资源的群体，如老年人群、低收入家庭等，然后设计并实施教育项目（如课程、宣传手册、社区活动）来满足人们对健康相关信息的求知欲。

健康教育者这个职业提供了许多激动人心的机会，如不断变化的工作环境，从办公室转移到个人或团体活动中心（如私人住宅、社区中心）。健康教育者这份职业的报酬较为丰厚。从专业和私人的角度来说，它提供了接触并帮助边缘和偏远人群的机会。这份职业还要求从业者拥有创造力，以设计和实施能影响行为的项目。尽管这个工作可能还要求健康教育方面的培训和教育，但是双修心理学或辅修心理学专业的本科生在市场上极具竞争力。如果你想成为一名健康教育者，一定要对文化差异加以了解，包括行为变化的态度和原理，因为当你试图教育病人改变某种行为，而遇到反抗行为的时候，对文化差异的了解将发挥很重要的作用。健康教育者这份职业的较高报酬也是一大优势。2008 年这一职业的平均年薪为 44 000 美元，50％的从业人员年薪为 33 170～60 810 美元。健康教育是个蒸蒸日上的行业，预计其职业增长率比一般的职业高得多。

健康教育这个职业的劣势在于工作时间不固定。因为为了配合客户（病人）的学习和工作时间，很多项目都是在晚间或周末的时间完成的。此外，鉴于工作性质和目标客户在基层工作的原因，一些家庭和（或）社区中心（交友心理治疗小组）显得穷困而脏乱。但是这样的环境正是需要健康教育者直接开展教育项目的场所。

研究生择业走向

健康心理学的特殊性质要求从业者接受过博士水平的培训（也就是说，获得哲学博士学位或心理学博士学位）。健康心理学家一般都拥有一个心理学博士学位，多为临床心理学或咨询心理学（Belar，1997），并且实习和博士后培训期间的工作也是有关健康心理学的。

健康心理学方面的科学知识在过去20年中有着迅速的发展，因此健康心理学家的就业面非常广阔，而且扩大健康心理学临床实践的可能性也是巨大的。实际上，健康疾病管理是职业心理学（专业心理学）领域内发展最迅速的研究和实践领域之一（Levant et al.，2001）。健康心理学家在各种各样的环境下工作，所从事的职业活动也是由所处的工作环境来决定的。他们可能会参加一些应用活动（如提供心理服务以防止健康相关的问题与行为）或研究与学术活动（如研究调查健康类的问题与行为或在大学任教）。健康心理学家还会出现在医疗环境下，比如基层医疗项目、医疗单位、医学院和专门的医疗保健项目（如疼痛科中心、长期看护单位或康复中心）。现在让我们详细地了解一下健康心理学家具体的工作环境及他们从事的活动。

学术与研究机构

在学术与研究机构中，健康心理学家通过研究来了解并治疗疾病，并开展防治项目，避免或降低健康问题的出现。在学术机构工作的健康心理学家和其他教授一样，需要向本科生和研究生传道授业，并通过研究来拓展这个领域。

尽管参与研究的健康心理学家并没有直接接触客户的治疗，但是他们的工作对客户接受的治疗有着深刻的意义。健康心理学家进行的研究为实践人员提供了有关生活方式和人格因素的颇具价值的信息，还有社会心理因素对健康的影响（Sarafino，2006）。研究人员开发评估旨在改善健康功能或降低疾病病发可能性的治疗项目（如戒烟项目），以及治疗现有问题（如针对冠心病患者实施的减压项目）。因此，研究人员在影响当前内科病人的健康和治疗上扮演着不可或缺的角色。

注重项目研发的健康心理学家积极地创造并评估健康和健康类项目的功效，如戒烟项目、健康饮食和锻炼项目以及压力管理项目（在此仅举几例）。这些项目的目的在于提升高危人群（如高血压的病人）或有危险行为的人群（如吸烟者）的健康水平。

第十三章可以找到在学术机构任职的优势信息和该职业的认证信息、工作职责及薪酬信息。我们在此说明，健康心理学家这一岗位趋向于接收那些接受过专项培训的求职者，比较普遍的是具有博士后的教育经历，有了这个，你的工资就会比其他大部分的助理教授高一些。

服务提供机构

健康心理学服务提供者多在医院、长期看护单位、康复中心、医学院或私人诊所就职。健康心理学家在每个单位都会提供评估和指导服务，通常他们都与其他的医疗保健专家合作，如医生、牙医、护士、医师助理、营养师、社会工作者、药剂师、理疗师、职业治疗师和牧师（Committee on Education and Training，Division 38，n.d.），共同为患者提供综合全面的医疗。健康心理学家的临床活动一般都包括评估活动、预防或指导服务。

健康心理学家经常与其他的医疗专家通过评估来确定健康生活和健康问题的原因和相关性。他们所作出的评估可能涵盖了认知评估和（或）行为评估、精神物理评估、性格评估、人口调查和诊断面谈，还有临床方案（Committee on Education and Training，Division 38，n.d.）。

另外，医疗服务还提供预防与指导服务。预防的目的是为了帮助人们改善生活方式，以避免出现重大疾病或并发症；而指导服务的工作重点是帮助人们解决或调整健康问题（Kaplan，Sallis，Jr.，& Patterson，1993）。预防保健项目包括教育高危人群的项目（如 DARE 项目）和帮助群众改善生活方式的项目（如提倡锻炼和营养饮食的健康之益的项目）。指导服务包括针对高血压患者的血压管理，以及针对事故受伤患者的疼痛管理。健康心理学家不仅要制定治疗措施，还要深入研究，评估预防和指导项目。

健康心理学服务提供者这个职业的好处是其工资比其他心理学家的要高，尤其是那些在医疗机构工作的心理学家，而且这个职业还可能会在短期内直接影响病人的生活质量和健康（健康心理学治疗的成果可能比心理学家治疗其他问题的成果显现得更为迅速，如严重的精神疾病）。成为一名私人诊所的健康心理学家或是成为一名心理咨询师的好处在于医学界对该类职业的从业者不要求必需的临时工作经验。作为这些服务提供机构的心理学家，医学博士要更受欢迎（与哲学博士或心理学博士相比）。但是，心理学家对人类健康及健康生活所做出的贡献越来越被人们所认可，尤其随着医疗界对健康和疾病的生物心理社会模式更为普遍的接受。

公共卫生机构

健康心理学家还就职于公共卫生领域。该领域的心理学家可能从事的是健康问题研究，对未来的专业人员进行教育与培训，提供公共卫生服务或者为卫生组织及专业人员做心理咨询（Baskin，2005）。例如，心理学家在公共卫生领域所做的工作可能是为公共卫生组织开展或评估项目，抑或是积极参与社会政策制定。就像我们所讨论的一样，项目开发者的任务就是在社区内开发并实施健康问题项目，以此来改善群众健康，提升其健康生活，或治愈其健康问题。

以社区为基础的艾滋病教育和受助项目就是一个项目开发者一同参与的项目。另外，响应社会政策的健康心理学家制定、起草法例和提案来完善有关健康和身心的联邦及国家立法法案。如要求烟草生产在包装上印刷警告标语，以此来提醒顾客吸烟对身体的危害性。

在公共卫生环境下工作最大的好处就是可以直接对社区和个人提供有效的服务。但弊端在于花在制定和实施服务上的时间过长，如果有很多需要帮助的人或有紧急问题需要处理，则相关从业者很容易感觉沮丧。这种工作相比本章所讨论的其他心理学方面的职业来说，工资待遇也还算不错（更多有关政策类职业的信息可查看第十一章）。

健康心理学这个学科领域向学士和硕士都提供相应的知识和培训。学士层次的职业选择倾向于多学科性。如果你想以学士学位来竞聘一个健康心理学类的职业，那么你就得补充其他健康领域的心理学培训课程，如健康教育、营养课和安全教育课。而要求博士学位的职业则更加专业。如果你想在健康心理学领域从事某个研究生水平的职业，那么你需要在研究生期间，接受最全面的培训（如临床心理学项目或咨询心理学项目），然后需要在实习或博士后工作期间争取获得专业的健康心理学培训。

测试 5—1

你适合从事健康心理学专业的工作吗

□你想在医疗机构工作吗?
□你想更好地了解医学难题吗?
□你想实施研究来帮助有健康问题的人们吗?
□你喜欢阅读有关健康问题的文章吗?
□你想帮助他人生活得更健康吗?
□你想知道压力和生活方式对健康的影响吗?
□你对全球日益增多的健康问题感兴趣吗?
□你想知道心理是如何影响身体的吗?

得分：选项越多，表示你越适合从事健康心理学专业的工作。

推荐读物

Baskin, M. L. (2005). Public health: Career opportunities for psychologists in public health. In R. D. Morgan, T. L. Kuther, & C. J. Habben (Eds.), *Life after graduate school in psychology: Insider's advice from new psychologists* (pp. 241–256). New York: Psychology Press.

Belar, C. D., & Deardorff, W. W. (1995). *Clinical health psychology in medical settings: A practitioner's guidebook*. Washington, DC: American Psychological Association.

Boll, T. J., Johnson, S. B., Perry, N., & Rozensky, R. H. (2002). *Handbook of clinical health psychology: Volume 1. Medical disorders and behavioral applications*. Washington, DC: American Psychological Association.

Cohen, L., McChargue, D., & Collins, E. (2003). *The health psychology handbook: Practical issues for the behavioral medicine specialist*. Thousand Oaks, CA: Sage.

网络资源

American Psychological Association, Division of Health Psychology (Division 38)
http://www.health-psych.org/

Society of Behavioral Medicine
http://www.sbm.org/

Health Psychology and Rehabilitation
http://www.healthpsych.com/

The Health Psychology Network
http://www.healthpsychology.net/

第六章
运动心理学

本章导读

什么是运动心理学？

本科生择业走向

健身教练和娱乐活动的组织者

体育老师

体育指导员和教练

体育记者

运动心理学家职业

学术和研究背景

工作性质

测试 6—1　你适合从事体育心理学专业的工作吗？

推荐读物

网络资源

2001 年"9·11"事件使美国华盛顿和纽约陷入一片混乱之中，美国民众感到各种恐惧、焦虑、愤怒。事后几日，所有重大体育赛事都被取消。这直接引发了人们对体育运动员在鼓舞美国民众士气和激发爱国主义精神方面所起到的作用的激烈讨论。例如，体育运动——不论是观看还是参与其中——都能帮助我们应对人生中的重大事件或减轻压力吗？3 天过后，第一场美国职业棒球大联盟比赛开赛。当整个国家甚至是整个世界的人们都在关注这次恐怖事件时，而这些职业运动员们是如何专注于他们的体育赛事的呢？是什么样的心理因素使得这些职业运动员能专心投入比赛的呢？诸如此类的问题均是运动心理学讨论的核心问题。

什么是运动心理学？

运动心理学"研究的是体育心理"（Anderson，2000，p. xiii）；然而，运动心理学不只局限于体育运动，它还包含任何形式的体育活动和体育锻炼（American Psychological Association Division 47 Practice Committee）。因此，运动心理学服务会涉及体育运动员或参赛者生活的方方面面，以便能在比赛和生活中帮助他们（Anderson，2000）。

运动心理学家会对一些方法进行研究，例如运动员运用可视法来提高技能，运动员在参赛的过程中如何控制焦虑，运动员如何在体育团队中更有效地合作。和其他心理学家一样，某些运动心理学家会在学术界、临床医学、政府和商业界做研究。其他一些则会从事临床心理学或咨询心理学工作，帮助个人和团队提升他们的竞技能力，参训心理教练们帮助运动员在卓越的体育团队中变得更高效，取得更多佳绩。这不难看出，为何学生们会对体育心理学感兴趣。提升技能的原理不仅仅只是对运动员奏效——对其他领域的人员也同样适用。

本科生择业走向

你若是对运动心理学感兴趣，那么了解以下内容也许会对你有帮助。因为有心理学学士学位的人会得到许多高薪行业的就业机会。而这些行业则需要他们必须在工作中运用心理学常识，并在体育运动中用到任何与心理学相关的专业知识。需要特别指出的是，以前是否是运动员这一条件并不能成为在运动心理学领域谋得一职的硬性条件。然而，有运动员经历的人也许会发现，从事这些职业会使他们对独特的运动员文化有更深的理解，因为他们既能保持竞争性，又能对其他运动员的比赛感同身受。获得心理学学位的毕业生都可以从事许多与体育运动相关的工作，因为主修心理学的人更能发现自身所具备的竞争性。例如，可从事的行业有：健身教练和休闲娱乐活动的组织者、体育教师、体育教练和体育记者（见表6—1）。

表 6—1　　本科生运动心理学职业准备

主修课程：
- 变态心理学及精神病理学
- 生物学
- 沟通学
- 运动及体育学
- 面试、心理咨询及助人技巧
- 身体健康学
- 体育指导原则
- 动机（或态度）心理学
- 体育管理学
- 运动心理学

实践经验：你可以在以下所列机构中做志愿者、实习生或带薪兼职
- 大学体育部
- 青少年/成年人体育节目（例如美国少年棒球联合会、公园以及娱乐场所）
- 大学活动中心

研究经历：你可以参与以下任何领域的研究*
- 体育心理学
- 运动心理学
- 领导能力心理学
- 目标设置心理学
- 行为强化心理学
- 动机心理学

*注：实践经验有助于提高推理能力、定量分析能力、写作技能和组织能力，因此实践比学术研究更重要。

健身教练和娱乐活动的组织者

健身教练和娱乐活动的组织者要为孩子和成年人筹备、组织以及指导他们开展一些娱乐性活动，例如有氧运动、手工艺术、表演艺术、野营或是娱乐的体育活动等（Bureau of Labor Statistics，2010）。也就是说，健身教练和娱乐活动组织者不仅仅只是局限于为某个客户或个人提供特别有关健康的服务。他们还可以在教育机构和大学里工作，也可以在看护室、公园和娱乐中心、社区活动中心、健康俱乐部、健身中心、国家俱乐部以及医疗康复中心等地工作。虽然健身教练和娱乐活动组织者主修娱乐学（例如休闲学或公园

娱乐学）或其他相关专业（比如健康科学）（Bureau of Labor Statistics，2010），但如果那些心理学专业的求职者又选择主修或辅修娱乐学或其他相关专业的话，则心理学专业的求职者在求职中是非常具有竞争优势的，因为它会在人类发展和培养积极心态方面进行广泛的训练，而这些训练在健身和娱乐工作中又是非常必要的。

健身教练和娱乐活动组织者的工作内容将根据工作场合和客户的不同而有所差异。例如，公园主管和娱乐节目编排人员就会长时间待在公园、操场或其他儿童娱乐区域筹备并开展活动。主管会负责管理公园里筹办娱乐活动的预算，但有时他们也会亲自参与到活动中。

另外，露营顾问也属于娱乐工作者，他们“带领并指导”儿童和青少年在户外开展游泳、划船、骑马、野营、远足、运动、欣赏音乐、观看戏剧、鉴赏艺术以及使用计算机等活动（Bureau of Labor Statistics，2010）。娱乐活动组织者在居民的生活中还扮演着帮忙医治他人的角色，他们为缺乏日常生活能力、社交能力、解决问题能力的人提供技能培训。健身教练则培训个人在体育运动中有目的地发展各种技能，使其保持身体健康并拥有健康的生活（Bureau of Labor Statistics，2010）。

2008年健身教练和娱乐活动组织者的薪资处于中等水平，分别为29 210美元和21 960美元（Bureau of Labor Statistics，2010）。但这些职业的优势在于他们有机会晋升为主管或是再兼一份私人教练的工作，这两份工作提供的薪资都是相当丰厚的。健身教练和娱乐活动组织者的工作市场是很有发展前景的（Bureau of Labor Statistics，2010）。这些工作的优势在于其特殊的工作环境。工作性质决定了他们大部分时间都得待在户外，如公园、野外或近水的地方，以及像旅游和度假胜地等优美的工作场所中。想象一下，如果你是一名娱乐活动组织者，你就有机会在观光船上、在巴哈马群岛上的一个度假胜地或是在一个隐蔽大山中的温泉浴场享受工作的快乐。虽然像这样的工作很诱人，但竞争也很激烈。如上所述，选择这份职业主要的劣势就在于薪资不高，处于中等水平。而对于娱乐活动组织者来说，进入该行业的竞争是很激烈的。然而，不得不承认对于那些持有心理学学士学位的人来说，他们获得工作的可能性更大，因为许多想应聘娱乐活动组织者一职的应聘者们往往只有大专或高中文凭。

体育老师

学校里的体育老师很少是主修心理学的。然而，心理学知识（例如主修或是辅修心理学）对体育老师来说是一笔宝贵的财富。学习强化原则和学习为培养技能而过量学习的价值等学习策略能使体育老师变得高效，他们能帮助学生养成健康的生活习惯。学习认知学和心理学课程中的心理发展规律有助于体育老师与学生们更有效地沟通交流。此外，体育老师不只在体育馆里上课，大部分体育老师还要上健康课和其他课程。如果你有心理学学位，而且又主修体育心理学，那么无论你是一名体育老师还是上心理学课程的老师，你都具有在工作中展示自我的巨大优势。

像其他老师一样，体育老师也得要有国家颁发的合格证书才能上岗。大部分老师都是学教育学的本科毕业生，但如果你还选修了心理学或者拥有心理学的双学位，在求职中你会更具竞争优势。而且，许多大学还为那些想成为教师的大学毕业生设置了一年的实习项目。体育老师的薪资、优势以及劣势和其他老师没什么不同。你可以参考第三章所述的内容。

体育指导员和教练

随着人们对青年体育运动项目越发地感兴趣，体育教学成为一个新兴领域。为提高运动技能，体育指导员会对个人和团队进行指导。体育指导员通常会成为顾问，被聘去教一些专业的技能（例如，棒球联盟队的击球教练、青少年网球队的发球教练）。教练则是带一个队（例如网球或足球队）或是带一组运动员（例如高尔夫球运动员或是越野跑步运动员）参加比赛。体育指导员会和各年龄段的体育运动者打交道，然而教练则通常会在中学或层次更高的学校任教。在中小学，教练身兼两职，他们既要教授教材中的内容还要训练运动队（在一些较小的学校，一个教练训练多个队）。

拥有心理学学士学位的体育指导员和教练有不少的优势。人类行为研究（包括态度和动机）可以帮助体育指导员和教练激发运动员不断进取。除此之外，研究心理学中的学习和动机能使体育指导员和教练掌握必要的知识，以便更好地训练运动员。不同年龄、不同水平的运动员学习的内容是不同的。为了更好地融入运动员团体中，有责任心的体育指导员或教练会根据学生的需求，相应地调整自己的教学方法。学习心理学并取得心理学学士学位可以发展人的技能组合并积累相关知识，除此之外，还能为教练提供在高等学校上各种趣味课程的机会（如心理学、社会学）。像学校这样的用人单位，对体育教练的需求一定很大，因此它会雇用一个有潜在优势的人才，也就是说他会聘用一个既懂得如何训练也懂得如何上课的教练。

教练和体育指导员这两种职业较其他职业而言，有更大的职业优势。首先，专业运动员的积极性较高，进取心较强，因此在训练过程中他们的逆反心理就很小。其次，体育指导员和教练经常会在户外工作，这对很多人来说是很诱人的工作环境，而且经常运动和授课对身体素质就有一定程度上的要求，所以该职业可以长期健身也是一大好处。最后，体育指导员和教练通常情况下会教授他们自己所擅长的运动项目，因而他们的教学兴趣一般都很高。但美中不足的是，他们的工资通常很低，特别是刚刚开始步入这一行业之时，而且要花很长时间来建立业内声誉。教练平均年薪为 28 340 美元（Bureau of Labor Statistics，2010）；然而，随着教练就职层次的提高，工资通常就会相应地大幅上涨（一般情况下，高中教练比初中教练的收入高，大学教练比高中教练的收入高，而专业教练比大学教练的收入高）。但是，从事体育指导员和教练这两种职业，工作时间极不规律（Bureau of Labor Statistics，2010）。学生一放学，他们就开始工作了。因为只有在放学后运动员才有时间参加训练。此外，他们还要频繁地参加晚间和周末的体育赛事，同时教练的出差预算通常也很少。有运动就免不了会受伤，因此体育指导员和教练也有可能在运动中受伤（Bureau of Labor Statistics，2010）。

体育记者

虽然在新闻界要成为一名体育记者（包括电视或报纸新闻记者），相关学位是先决条件，然而辅修心理学也是一个优势。特别是心理学领域要求具备写作、统计和数据分析能力，通过辅修心理学即能为体育新闻的播报提供极好的能力储备。体育记者需要收集信息（数据）、准备新闻素材（类似于基于收集到的信息来写一篇研究报道）、发布信息（就如在一个研究会议中发布心理学报告或是专业的心理学陈述）。随着媒体对体育明星的行为关注度越来越高，有了一定的心理学背景知识（特别是关于研究群体行为、态度以及决策的社会心理学）能使记者对个人或团队的行为有独到的见解。因而，如果编辑要求记者写一篇关于“为何体育团队会出现某种行为”或“为何某个团队要比其他团队表现更出色”的特别报道，具有心理学背景知识的记者就会优先得到这一特殊任务。

体育记者的工作时间会根据四季的不同而有所变化。例如，在秋季和冬季，他们经常需要在周末加班，因为大学和高中的足球、排球、篮球以及摔跤比赛通常都是在周末举行。除此之外，他们的工作安排也常常让人抓狂（Bureau of Labor Statistics，2010），因为记者们常常要在前期工作准备不充分的情况下疯狂赶稿，要赶在截稿日期前进行实况转播报道或者发行报纸。然而，选择做一名体育记者会遇到很多令人振奋的事情，因为在进行体育赛事的报道时，常常会在现场观看一些竞争激烈、引人入胜的比赛。体育记者还能近距离并深切地体会到在场运动员们所承受的紧张压力。体育记者的收入十分可观。2008 年，他们的平均年薪就达到了 34 850 美元，其中 50％的体育记者年薪在 25 760～52 160 美元之间（Bureau of Labor Statistics，2010）。

如果你既有心理学学士学位又有相关从业经历，那么你在体育相关行业的发展前景一定不错。我的职业历程 6—1 介绍的就是一个心理学毕业生在该行业的从业经历。

我的职业历程 6—1　运动心理学：凯特·卡文

我是谁?

我的名字叫凯特·卡文，今年 21 岁。我是莫斯科爱达荷大学的一名女大学毕业生。在校期间，我加入了校排球队、学生校友关系委员会及伽马女性大学生联谊会。

心理学的应用

我目前是华盛顿西雅图一家私人健身房的总经理兼健身主管。我担任这一职务有将近一年的时间。我主要的工作就是完成每月普通会员的目标销售额，进行人员培训以及管理 25 名员工（5 名销售人员和 20 名私人教练）；负责促进员工和顾客之间的积极交流，保障顾客的安全；以及给职员上健身课，以提高他们的身体素质。

我的工作经历

大学毕业后，我就直接申请了这份工作。虽然在大学实习后我并没有任何相关的工作经历，但在完成大学四年的本科学习后还是选择进入了健身行业。在大三和大四这两年，我担任爱达荷大学休闲娱乐中心的学生经理。作为一名学生经理，我要负责主持召开人员培训会，调整健身计划。我还获得了各种个人培训和团体健身的资格认证。

我从事工作的多面性

这份工作最大的优势是有机会帮助人们改善他们的生活。但是我的工作时间很长。我每周会在健身房里待 50 多个小时。对不同顾客的各种需求，做到了如指掌并非是件易事。每天都有形形色色的人来到健身房，他们都希望这里能改变他们的生活。我的职责就是了解这些人来到我们健身房想得到什么样的服务。一旦我弄明白顾客的需求以及如何最大限度地满足他们的需求时，我就可以和他们建立有效的联系。

我给你的建议

在处理职员和顾客之间的人际关系时，我的心理学知识帮了我很大的忙。心理学在销售方面就为我的成功增势不少，因为我可以以一种真诚的态度来帮助职员，使他们能有效地和客户交流。而且在训练中掌握到的解决问题的能力还提高了我的工作能力以及处理职员之间矛盾冲突的能力。

对于那些想在心理学领域发展的大学生们，我的建议是认清自己最终想要涉足的领域，要在选择职业和整个大学学习的过程中建立一种有效的联系，也就是说，你在大学的实习最好要与你就业的目标相关联。对我而言，我对体育健康很感兴趣，所以在大学毕业之前我就选择在健身房这样的地方实习。这样的经历有助于大学一毕业就可以真正进入这一行业。在进入这一行业之前，我是多么希望自己能早点明白心理学在健身行业发挥的重要作用，包括销售、个人训练、团体健身以及管理方面的知识。所学到的有关心理学的技能和知识几乎在每个领域都可应用上。我多么希望在完成本科学习之时就已经建立了这些联系，那么当我真正开始工作时就会有更加充分的准备。

运动心理学家职业

运动心理学是一个“充满刺激”的领域，会有各种各样的工作机遇（Cater，2005）。一般来讲，运动心理学的教育要求比其他心理学职业的要求更灵活。体育系、心理学系、心理咨询系以及体育科学系都可授予心理学学士学位。实际上，体育心理学是一个多学科领域，课程设计中应该包含心理学和心理咨询、运动学、运动科学或自主选修的一些像生理学、体育社会学和生物医学这样的课程（American Psychological Association Division 47 Practice Committee n.d.；Van Raaalte & Williams，1994）。虽然运动心理学家的许多岗位是需要博士学位的，但也有一些机会是留给取得硕士学位的人（只是在一个很有限、更具竞争力的就业市场中）。即使没有心理学学习的背景，但也要有在运动心理学领域提供监督经历的专业训练（例如在实习期间），然而像这样的机会是很有限的。

运动心理学家有三个主要的任务：实践、研究以及教学（Van Raalte & Williams，1994）。然而运动心理学是一个非常专业的领域，它的职业多样性不及其他的心理学领域。大多数的运动心理学家会在学术机构工作（47%）或私人开业工作（37%）（Meyers，Coleman，Whelan，& Mehlenbeck，2001）。以下是对运动心理学家从事的各种各样的工作进行的讨论。

学术和研究背景

在学术上，运动心理学家与心理学系、体育运动项目以及体育课程有着密切的联系。在学术界，运动心理学家的大多数时间是用于教学和研究活动，也会抽一些时间来进行心理咨询或服务传递，对于这一点并不会让人感到惊奇（Meyers et al.，2001）。运动心理学研究的目的在于弄清参加体育运动（包括锻炼和其他体育活动）对人一生的发育和健康的影响（Van Raalte & Williams，1994）。这项研究主要是在研究如何提高运动能力。但运动心理学家对运动员和参赛者的整个人生也很感兴趣。因此，生活中的趣事、退伍运动员的职业规划以及感情问题等都是体育心理学家们的研究兴趣。

和其他心理学专业一样，在运动心理学专业上做学术，将会有机会与其他专业的运动员合作。而且还有个好处，即通过大学的体育队也可能有机会接触到运动员，并且工作安排或是心理咨询都很灵活。事实上，许多大学体育系正朝着雇用全职运动心理学家的模式发展，这样就会有很多机会进行研究合作和咨询关系的培养。对于搞学术研究的运动心理学家来说，他们的主要劣势在于工作职位稀缺，因为不论在哪一年，高等学校提供的职位也是有限的，并且竞争还非常激烈。然而，确实许多学术工作或多或少都还是会运用到心理学知识。做学术研究的运动心理学家薪资和其他心理学家差不多(Meyers et al.，2001)。

工作性质

运动心理学家的工作目的在于运用心理学原理帮助运动员在体育运动中达到最佳的表现（American Psychological Association Division 47 Practice Committee)。通过放松、心理意象、目标设定以及自我对话等方法可达到以上目的（Anderson，2000)。把放松的策略传授给运动员和参赛者能帮助他们减少焦虑和压力，这样就能使他们的技能最大化地发挥出来（Sherman & Poczwardowski，2000)。运动心理学家指导运动员在比赛前、中、后运用心理意象（Simmons，2000）和自我对话（Perry &Marsh，2000）的方式来集中精力和保持头脑清醒，从而提高运动员的技能发挥水平。运动员和参赛者可以运用目标设定的方式来增强个人控制能力和表现（Marchant，2000)。

运动心理学家的工作环境很灵活。他们可以在办公室里会见某个运动员，也可亲临比赛现场进行指导。例如，某位运动心理学家与一名打高尔夫球的人一同在高尔夫球练习场或是推杆区，将之前在办公室里讨论过的如何做到专心打球的策略付诸实践。运动心理学家也许会和篮球运动员在赛场上碰面，教他们在投球时如何做到放松心情。因此，从事运动心理学职业需要提供灵活且赋有创新的服务。提供服务的运动心理学家会在大学里的心理咨询中心、运动医学诊所、咨询机构工作或私人开业工作。

私人开业工作的运动心理学家为顾客提供提高性能培训、生活技能培训、咨询技巧培训、心理疗法和心理咨询干预培训以及帮助客户康复等（Danish，Petitpas not Petit-pas & Hale，1993)。但是私人开业的运动心理学家没有学术运动心理学家的收入高，工作也没有他们稳定，所以从业者得经常通过提供与体育不相关的心理服务来增加收入（Meyers et al.，2001)。但是私人开业的运动心理学家收入一旦增加，就与同行业的其他心理学家的收入相同。此外，那些有幸和大学校队或是专业运动员合作的运动心理学家比那些没有和精英团队或运动员合作的运动心理学家的收入高。

从这章内容中我们了解到，运动心理学的知识和培训与许多行业都有关联。如果你想利用你的大学学士学位来谋得一份与体育相关的职业，那么就还得学习像健康教育、营养学以及安全学这样的与健康、娱乐相关的课程来增加你在心理学方面的学术修养。博士水平的职业会更专业。如果你正考虑在运动心理学方面从事一份研究生水平的工作，老实说没有适合的工作。大多数的运动心理学家都有临床或心理咨询的心理学学位，而且他们在研究生毕业后就专门从事运动心理学工作。你若是对运动心理学的职业很感兴趣，那么在研究生学习期间（学习临床或心理咨询的心理学）就得进行多方面的学习，在实习或获得博士后学位的工作期间就需要在健康或运动心理学方面进行专业的培训。

测试 6—1

你适合从事体育心理学专业的工作吗?

□你想帮助人们最大限度地发挥他们的体育才能吗?

□你喜欢和运动员在一起工作吗？想帮助人们过上更加健康的生活吗?

□你喜欢运动吗?

□你想和运动员一起工作吗?

□你喜欢做研究吗?

□你想要了解更多有关运动表现的技能吗?

□你是否经常会思考为何有的人能成功而有的人会失败?

□你想要知道心理是如何影响人的身体的吗?

得分：选项越多，表示你越适合从事运动心理学专业的工作。

推荐读物

Anderson, M. B. (Ed.). (2000). *Doing sport psychology*. Champaign, IL: Human Kinetics.

Carter, J. E. (2005). Sport psychology: Locker room confessions. In R. D. Morgan, T. L. Kuther, & C. J. Habben (Eds.), *Life after graduate school in psychology: Insider's advice from new psychologists* (pp. 275–278). New York: Psychology Press.

Cox, R. H. (2006). *Sport psychology: Concepts and applications*. New York: McGraw Hill.

Karageorghis, C. I., & Terry, P. C. (2011). *Inside sport psychology*. Champaign, IL: Human Kinetics.

Van Raalte, J. L., & Brewer, B. W. (2002). *Exploring sport and exercise psychology* (2nd ed.). Washington, DC: American Psychological Association.

网络资源

Association for Applied Sport Psychology
http://www.appliedsportpsych.org/

European Federation of Sport Psychology
http://www.fepsac.com/

Sport Psychology OverSite
http://www-personal.umich.edu/~bing/oversite/sportpsych.html

Athletic Insight: The Online Journal of Sports Psychology
http://www.athleticinsight.com/

The International Society of Sport Psychology
http://www.issponline.org

第七章
生物心理学、认知神经心理学和临床神经心理学

本章导读

儿童喜欢争强好胜是因为他们遗传了一种好胜基因，还是他们在早期生活中习得了好胜行为？内向的人天生就害羞，还是在早期环境下形成的？毫无疑问，你现在需要在大学期间好好考虑"先天和后天"的问题。你可能会发现很难找到一个令人满意的答案，不过别担心，其他人也同样得不出答案！实际上，整个心理学就是研究这些问题的一个方面——对行为的生物基础的研究。

技术突破是生物科技中发展最为迅速和超前的科学知识（如 DNA 研究、克隆技术、干细胞研究）。这些进步对心理学来说有什么意义呢？随着越来越多的技术和精确的研究方法的形成，我们就能够更准确地确认影响人类行为的生物进程和神经系统功能。因此，生物心理学、认知神经心理学和临床神经心理学在改变我们对人类行为的理解方面有着巨大的潜力，这不仅仅可以提高

我们的知识水平，还能影响心理学在实际生活中的应用。在探讨生物心理学、认知神经心理学和临床神经心理学的应用前，让我们来区分一下这几个领域。

生物心理学、认知神经心理学和临床神经心理学

生物心理学或生理心理学是心理学的一个分支，主要研究生物与行为的关系（Meyers，2004）。生物心理学结合了神经系统科学的很多方面（如神经解剖学，也就是神经系统结构研究；神经化学，即对神经活动化学成分的研究；神经内分泌学，即神经系统和内分泌系统相互影响的研究；神经病理学，即对神经系统紊乱的研究；神经药理学，即对药物是如何影响神经活动的研究），从而解释行为的生物基础。比如，一名生物心理学家可能会研究遗传学和社会经历是如何相互作用来影响我们行为的。其他人则研究荷尔蒙和其他化学因素对行为的影响（如有“爱”的荷尔蒙吗？或是赌博或其他危险行为会释放脑啡肽进入血液吗），生物心理学家多是研究者和大学教师，在大学、政府、研究机构和制药公司就职。

认知神经心理学是认知心理学的一个分支，其目的是从大脑的角度来了解认知能力——这代表了认知心理学和生物心理学的融合。认知神经心理学通过研究大脑来了解思维过程的神经基础，如思考、记忆、注意力和语言（Carpenter，2001）。认知神经心理学可能会通过脑成像技术来研究人们在处理数学问题时大脑做出的反应（Murray，2000）。有阅读障碍人的大脑的运作为什么与正常人的大脑不同？大脑的哪个区域负责语言，哪个区域负责短时记忆，哪个区域负责决定制定？认知神经心理学通过研究来检测神经活动是如何转变成心理活动的：神经元组是如何交流的？并且我们又是如何解释交流就是思考呢？你可能会猜测，认知神经心理学最初就是一个研究型的领域，而且认知神经心理学在很多研究和学术机构都有运用。

鉴于认知神经心理学代表着认知心理学和生物心理学的结合，临床神经心理学就将生物心理学中的发现应用到临床和咨询服务上。临床神经心理学是心理学评估与干预基于人类行为与中枢神经系统关系的研究的应用（The

Houston Conference on Specialty Education and Training in Clinical Neuropsychology，n.d.）。换言之，临床神经心理学结合了生物心理学和临床/咨询心理学，从而帮助遭受大脑功能障碍的病人（如创伤性脑损伤引起的失忆）。

临床神经心理学通过神经心理评估来确认脑损伤的范围或病人受伤的严重程度。他们还采取干预措施来帮助病人适应或恢复功能，从而最大限度地实现独立生活和优质生活。和其他心理学家一样，临床神经心理学家受雇于应用型机构，如医院、诊所和私人医疗所，还有大学的学术型职位或学术机构、政府或工厂的研究型职位。

本科生择业走向

尽管研究生阶段有许多生物心理学或神经心理学的培训课程，但是对该领域感兴趣的本科生还是有许多适合他们的就业选择，这就包括科学技术员、精神病学技术员、医学检验师和药品剂师。这些岗位都让学生有机会带着生物心理学的知识储备和对生物心理学的兴趣，来实际应用心理学知识（见表7—1）。

表 7—1　本科生生物心理学、认知神经心理学和临床神经心理学职业准备

主修课程：

- 变态心理学
- 解剖学
- 生物心理学
- 大脑与行为
- 化学
- 认知心理学
- 基因学
- 数学
- 微生物学
- 神经心理学
- 心理评估
- 写作

实践经验：你可以在以下所列机构中做志愿者、实习生或带薪兼职

续表

医生办公室
医院
智力缺陷治疗中心
制药公司
药房（柜台助手）
研究经历：你可以参与以下任何领域的研究*
生物
化学
认知心理学
神经心理学
精神病理学

*注：实践经验有助于提高推理能力、定量分析能力、写作技能和组织能力，因此实践比学术研究更重要。

科学技术员

科学技术员一般都是从事实验室研究，并利用科学和数学原理及理论来解决研究和发展中的问题（Bureau of Labor Statistics，2010）。他们可以说是科学家的“手”。他们要维护科学实验室，操作并维修实验室器材和装备，监督实验，观察并记录数据，还要和科学家共事，这些科学家根据实验和实验室工作来得出结论。科学技术员分为很多种，因为许多领域都需要技术援助。因此，职业头衔是根据特定的领域来指定的（如农业技术员、法医技术员、原子能技术员）（Bureau of Labor Statistics，2010）。对生物心理学感兴趣的心理学专业本科生可能会担任生物技术员或研究技术员。

与生物学家共事的生物技术员要研究生物体，而且可能要进行医学和药学研究、微生物学或生物技术实验室研究（Bureau of Labor Statistics，2010）。这样的研究包括生理病害治疗的研究（如老年痴呆症或艾滋病）或对有机物质和化学对精神病治疗影响的研究。其他的研究技术员可能要帮助生物心理学家进行研究工作。科学技术员一般都是在研究实验室工作，但是他们偶尔也会出现在其他环境当中（如法医技术人员的“实验室”可能就是调查当中的犯罪现场）（Bureau of Labor Statistics，2008）。

科学技术员的就业前景预计到2018年一直保持稳步增长（Bureau of Labor Statistics，2010）。该职业的优势之一就是工资高。例如，2008年，在政府工作的生物技术员平均年薪是55 527美元（Bureau of Labor Statistics，2010）。和其他职业领域差不多的是，科学技术员的工资根据老板（私企比政府所付工资要高）和科技工作的类型不同（法医技术员的工资略高于生物技术员）而有差异。除了薪酬之外，这份工作的其他优势就是舒适的工作环境（实验室的环境一般都很安逸）、休闲简便的着装（实验室会变得脏乱，所以大部分科学技术员都穿牛仔裤和便装上班）、每周40小时的上班时间（正常的上班时间）。而该职业最大的缺陷就在于开展和设计自己感兴趣的研究项目的机会很有限。尽管科学技术员在科研领域有一定的投入，但是真正主导研究的是他们的老板或任职的机构。如果你对这个职业有兴趣，那么你就有必要参加生物心理学的职业培训，以及学习额外的研究和实验室课程，如生物、化学和物理。实验室经验越丰富，你就越具有市场竞争力。

精神病学技术员

精神病学技术员主要是协助精神病医生或其他精神病专家对精神病患者或心理有问题的病人进行治疗。精神病学技术员要根据内科医生的指导和医院的相关规定，监控病人的身心健康状况，并将情况及时反馈给医护人员，他们可能还要提供治疗服务，执行药物治疗（Bureau of Labor Statistics，2008）。精神病学技术员可能还要培养专业技能，如给诊所或私人执业医生提供生物反馈，或在治疗睡眠障碍的诊所内提供脑电波扫描服务。

从事精神病学技术员这个职业是非常有价值的，因为你可以直接和病人接触，并有机会真正影响到某个人的一生，还有机会和各个学科的团队一起共事（JobProfiles，2003）。当然，有好就有坏，这份工作面临的压力很大，工作机会和晋升机会很少。和其他医疗专家相比，精神病学技术员的薪酬是处于底层的；成为一名精神病学技术员，你赚取的可能就是初级职位的薪酬，大约27 865美元（Salary. com，2008）。如果你有兴趣成为一名精神病学技术员，那么就有必要参加心理学相关专业的职业培训，如护理，还要考取一个精神病学技术员的证书（很多学院和大学都可以考取这个证书）。

临床实验室技师或医学检验师

对生物心理学感兴趣的毕业生有时可以在临床实验室内求得职位，比如临床实验室技师或医学检验师，他们在检测、诊断和治疗疾病方面扮演着非常重要的角色。他们在工作中对病患的试验样本进行分析（如体液、组织和细胞）（Bureau of Labor Statistics，2010）。临床实验室技师和科学技术员的工作类似。他们在医学检验师或管理者的监督下工作并在医疗过程中起到辅助作用。实验室维护、实验准备和使用手动或自动化分析仪器进行基础测试都是他们工作的内容（Bureau of Labor Statistics，2010）。

临床实验室技师监督技术员并完成复杂的医学检验，包括"化学、生物、血液、免疫、微观的和细菌学方面的检验"（Bureau of Labor Statistics，2010）。换言之，临床实验室技师在给患者做例行检查时，要完成医生要求的所有复杂的医学检验（如血糖和胆固醇水平检查），或为疑似病患进行全方位的检验（如检验血液和组织样本中病理的微观迹象）。临床实验室技师根据培养体液和组织样本来观察细菌、真菌、寄生虫和其他微生物是否存在（Bureau of Labor Statistics，2010）。

预计到 2018 年，临床实验室技师的就业增长迅速，前景良好（Bureau of Labor Statistics，2010），年薪将达到 53 500 美元（Bureau of Labor Statistics，2010）。临床实验室工作的弊病主要是会导致健康受损，因为工作人员可能要治疗携带传染病的病人，而且还需要长期站立工作，并暴露于存在有害气体的环境里。

如果你考虑谋求一份在临床实验室环境中工作的职业，你的心理学学位就能让你谋得技术员职位。若期望得到技师职位，则需要额外学习生物、化学和医学技术课程，从而在该职业选择上更具竞争力。许多州需要，同时许多雇主也青睐于招募那些经过认证、注册或持有从业执照的技术人才（Bureau of Labor Statistics，2010），若想进一步了解更多的相关信息，可咨询当地的卫生部门。

药品技师

药品技师通常在零售药店工作，他们主要帮助药剂师向顾客分发药品及其相关信息。药品技师要查证顾客的症状和处方药的信息，同时处理文书工作。他们还要为病人准备药品，清算药品并准备药瓶标签（Bureau of Labor Statistics，2010）。

药品技师这个职业的优势包括拥有良好的就业市场，预计该职业的发展要比全职和兼职工作的平均水平都更迅速（Bureau of Labor Statistics，2010），同时还有直接与大众共事的机会（公共关系是这个职业的一个非常重要的方面）。药品技师这个职业还提供了一个非常舒适的工作环境和常规的上班时间。不过药品技师的薪酬不高，2008 年的平均年薪大约是 27 705 美元。此外，该职业的晋升机会也很有限。该职业的高薪人群多集中在医院和杂货药店（Bureau of Labor Statistics，2010）。

尽管有正式的药品技师培训和职业资格证书考试，而且很多雇主也看中这个，但是许多药品技师还是在职接受培训的（Bureau of Labor Statistics，2010）；因此，主修生物心理学专业的毕业生在这个职位上非常具有市场竞争力。附加的化学方面的课程也有助于你获得该职位。一旦被录用了（如果你尽可能拿到了能拿到的证书，那么你可能会被优先录取），你可能会需要参加药品技师证董事会（PTCB）举行的国家职业资格考试来考取相关证书（Bureau of Labor Statistics，2010）。尽管很多州市没有硬性规定必须参加这个考试并取得证书，但一些州市还是有要求的，尤其要求药剂师要考取证书。

研究生择业走向

生物心理学、认知神经心理学或临床神经心理学的研究生学位是非常实用的，它提供了教学与研究相关职业的课程培训，有了这样的学位还可以应聘应用型的职业。尽管有些职业机会也适用于本科生，但是如果你对应用型工作感兴趣，那么最好是拥有博士学位。你可以在完成认知神经心理学的项目研究或注重神经心理学研究的临床心理学/咨询心理学项目研究，并在随后为期一年的实习期或博士后训练期间接受临床神经心理学的专门训练后，获得生物心理学、认知神经心理学或临床神经心理学的博士学位。

诚然，对于所有心理学家来说，生物心理学家、认知神经心理学家和临床神经心理学家多是在学术研究机构任职。我们会在第十三章详细地介绍学术方面的职业，但是学术机构内的生物心理学家、认知神经心理学家和临床神经心理学家要面临资金挑战：他们通常都要求使用昂贵的实验装备来进行实验研究。由于缺乏资金和空间，所以建立实验室并运作起来是非常困难的。尽管大学能够提供资金帮助建立一个精神生理或神经解剖学实验室，但是还是需要额外的资金来完备实验室和维持实验室的运作。这些心理学家经常会申请上级拨款以资助他们的研究，但是拨款申请耗时耗力，而且还会使得他们无法专心做研究和发表研究成果。一旦获得拨款，科研人员便可以从中获得许多特别待遇。包括加薪（假期加班费）、上课时间减少、带薪助研，还可以在部门身居要职。预知更多学术方面的职业，可查阅第十三章。现在让我们详细了解一下学术机构之外的生物心理学家、认知神经心理学家和临床神经心理学家的工作。

药物和生物技术研究

除了学术机构外，生物心理学家、临床神经心理学家和认知神经心理学家还可能在制药公司或生物技术公司任职（还有政府部门，见第十三章）。制药公司研究人员的工作就是进行新药品研发和评估已有药品的效用。而生物技术公司研究人员的工作则是通过利用生物机体来进行产品研制（如食品和药品），以造福人类（美国北达科他州粮食及农业组织）。在生物技术机构或公司就职的心理学家可能要评估产品的效用或帮助开发新产品。

制药公司或生物技术公司内的研究工作非常有意义，因为你有机会开发和评估产品，无论是食品还是药品，都是在造福于人类。制药公司的研究人员的起薪远远高于其他初级职位。你可能会预料到你第一份工作的年薪高于80 000美元，短时间内薪酬上升为6位数（与 Lee Cohen 的个人对话，2008

年 7 月 29 日）。另外，制药公司和生物技术公司的职业压力很大，因为股票市场的波动和产品开发都会不断督促研发者和评估者生产更新、更好的产品。从事这个职业，你的工作就永远做不完，因为你时刻都要寻求新的方式来提高现有产品，或者生产新的、更有效的产品。

实践

在本章所探讨的心理学分支中，临床神经心理学属应用型职业领域。临床神经心理学家最常规的工作是通过神经心理诊断评估来鉴定脑损伤的范围或受伤程度。例如，他们可能要通过评估来鉴定神经系统症状和精神症状，从而确定神经系统障碍或帮助鉴别不同的神经疾病，又或是帮助确认病变部位（Lezak，Howieson，& Loring，2004）。神经心理评估的其他理据包括病患护理和计划（包括认知能力）、康复及治疗评估和研究目的（Lezak et al.，2004）。

临床神经心理评估的目标与一般的心理评估不同。神经心理评估有四个主要目标：一是定位和诊断皮质损伤和功能紊乱；二是帮助病患治疗和康复；三是识别其他检测程序中未鉴定出的不明显的干扰；四是根据以往经验检测病人的脑功能障碍（Kolb & Whishaw，2008）。除了以上目标之外，神经心理评估对心理健康病人的治疗有四个主要作用：诊断、制订治疗计划、康复评估和研究（Lezak et al.，2004）。

作为一名心理学家，临床神经心理学家对行为很感兴趣；临床神经心理学职业中的“行为”指的是认知能力、情绪性和执行功能。Lezak 和他的同事认为，认知能力就包括接受功能（也就是说，“选择、获取、分类和整合信息”的能力），还包括表达功能（如口头表达）、记忆、建构能力（如堆积木）、注意力和集中力、意识和精神活动（精神活动的速度）。情绪性指的是因脑损伤引起的性格或情感变化。最后 Lezak 等人于 2004 年将执行功能比作是行为表达能力（也就是，使人参与独立的、有目的的、私自行为的功能）。转诊问题可能包括这些行为中的一个或几个，转诊问题决定所需进行的神经心理评估的类型。

检查程序可能包括下列某些或所有内容：临床咨询，详尽病历，心理状态检查，标准的神经心理学评估（神经心理学成套测试 HRB、神经心理学成套测验 LNNB），标准的心理治疗仪，如智力测验（如韦氏成人智力量表、韦氏儿童智力量表、斯坦福-比奈智力量表第五版）、记忆测试（韦氏记忆量表），其他简要的评估特别缺陷的检测仪器（如雷伊听觉言语学习测试、雷伊复杂图形测试、手指敲击测试），性格评估（明尼苏达多项人格测验），以及职业评估。一个完整的临床神经心理评估只需要 4～6 小时来完成，但测试时间却需要 8～12 小时。因此全职的神经心理学家可能要花大量的时间对评估结果进行研究和报告。

临床神经心理学家可能还要提供治疗和康复服务。因此他们要提供治疗服务来帮助病患面对他们的疾病，或帮助他们学习新的技能来弥补缺陷。尽管心理疗法或咨询服务偶尔可以帮助病人和他们的家庭坚强地处理因脑损伤给生活带来的改变，但是临床神经心理学家提供的治疗服务在本质上就是从认知方面起作用。换言之，先前讨论的作为神经心理评估目标的行为和脑损伤引发的需要治疗的行为是同一种。例如，因心血管突发疾病（如中风）引起的暂时性失忆的病患可能需要记忆法来进行治疗（如串组记忆法，将信息存储在组块当中而非单个的信息单元内）。此外，还要鼓励病患参与到游戏中来（如“集中注意力”或“记忆”卡片游戏），这些游戏要求在过程中记忆信息。

干预式治疗，尤其是康复治疗正成为临床神经心理学家工作的主要手段（Golden，Zillmer，& Spiers，1992）。康复心理学就是将心理学原理应用到身体、感官、认知、发育或情绪上有问题的人身上（Americem Psychological Association Division 22，n.d.），以帮助病人“重新学习”或发展失去的功能，或改变环境以让他们的生活质量得到最大化提高（Golden et al.，1992）。

临床神经心理学的应用工作有诸多好处。首先，临床神经心理学是一个非常专业的领域，通常都是按小时收费，相比一般的心理学收费高很多；因此，临床神经心理学家的薪资常常比其他非专业领域心理学家的高（见第三章）。再者，临床神经心理学家通常在医疗单位有很特殊的地位，因为他们要协助医生的工作，在所有的心理学专业人士中，他们与医学领域的关系最近。他们可能要求出席脑科手术，如指出认知功能区，或定位受损部位或某个特定的认知功能。最后，就用人单位而言，临床神经心理学培训要根据心理学家进行灵活安排，临床神经心理学家多在医疗单位就业（如医院、康复中心，特别是医疗卫生室、医学院）。私人诊所、私人和公共机构，以及其他主要进行咨询机构的临床神经心理学家都未受过临床神经心理学培训。

临床神经心理学的应用工作也有不好的地方，因为他们要花大量时间撰写报告。每一次评估都需要撰写报告，并且撰写报告时间紧，内容又多。例如，你可能需要花6个小时来写一篇报告（2005年10月27日与Dan Johnson的个人交流）。这份工作的另一个劣势在于持续面对严重受到损伤的病人，包括儿童，压力非常大。车祸事故、暴力犯罪、恐怖袭击等都可能使人神经受到伤害，而临床神经心理学家必须要处理这些事件以及这些事件对病人产生的持续影响。从积极的方面来说，临床神经心理学是职业心理学成长最迅速的领域之一，并且随着社会的进步将继续成长。事实上，在21世纪的今天，临床神经心理学职业是许多人考虑的主要职业之一。

测试 7—1

你适合从事生物心理学、认知神经心理学或临床神经心理学专业的工作吗？

- □你喜欢生物课吗？
- □你记忆中的生物课上的解剖青蛙是一次愉快或不让你反感的经历吗？
- □你喜欢阅读关于人类大脑功能的读物吗？
- □你对人类解剖学和生物功能有极大的兴趣吗？
- □你认为你会喜欢进行识别特定大脑功能的实验吗？
- □你想在接待大脑损伤病人的医疗单位工作吗？
- □你喜欢解决疑难杂症吗？

□你想在医院工作吗?

□你对技术类工作感兴趣吗?

□你相信许多人类行为都有生物起因或生物成分吗?

□你想要进行神经评定吗?

□你想帮助别人战胜大脑损伤或神经问题吗?

□你喜欢科学吗?

□你想继续读研深造吗?

□你喜欢在动物身上做实验吗（如精神科外科手术)?

得分：选项越多，表示你越适合生物心理学、认知神经心理学或临床神经心理学专业的工作。

推荐读物

Adams, R. L., Parsons, O. A., & Culbertson, J. L. (Eds.). (1996). *Neuropsychology for clinical practice: Etiology, assessment, and treatment*. Washington, DC: American Psychological Association.

Banich, M. T. (2011). *Cognitive neuroscience* (3rd ed.). Belmont, CA: Wadsworth.

Frank, R. G., & Rosenthal, M., & Caplan, B. (Eds.). (2009). *Handbook of rehabilitation psychology* (2nd ed.). Washington, DC: American Psychological Association.

Kolb, B., & Whishaw, I. Q. (2008). *Fundamentals of human neuropsychology* (6th ed.). New York: Bedford, Freeman, & Worth Publishers.

Lezak, M. D., Howieson, D. B., & Loring, D. W. (2004). *Neuropsychological assessment* (4th ed.). New York: Oxford University Press.

Snyder, P. J. (2002). An interesting career in psychology: A neuropsychologist prospers in the pharmaceutical industry. Retrieved August 25, 2011, from http://www.apa.org/careers/resources/profiles/snyder.aspx

Snyder, P. J., & NassbaumP. D. (Eds.). (2006). *Clinical neuropsychology: A pocket handbook for assessment* (2nd ed.). Washington, DC: American Psychological Association.

网络资源

Biopsychology.org
http://www.biopsychology.org/

American Board of Clinical Neuropsychology
http://www.theabcn.org/

American Academy of Clinical Neuropsychology
http://www.theaacn.org/

American Board of Professional Neuropsychology
http://abpn.net/

International Neuropsychological Society
http://www.the-ins.org/

National Academy of Neuropsychology
http://nanonline.org/

Behavioral Neuroscience and Comparative Psychology
http://www.apa.org/divisions/div6/

Rehabilitation Psychology
http://www.div22.org/

Clinical Neuropsychology
http://www.div40.org/

Neuropsychology Central
http://www.neuropsychologycentral.com/

第八章
工业心理学、组织心理学和人类因素心理学

本章导读

工业心理学
组织心理学
人类因素心理学
本科生择业走向
人力资源职位
商业或工业设计师助理
行政助理和业务经理
研究生择业走向
人力资源专业人员
顾问
可用性专员
设计心理学家或环境设计师
测试 8—1　你适合从事工作心理学专业的工作吗？
推荐读物
网络资源

随着越来越多对人类行为的研究，心理学可以囊括所有的领域。一些心理学的分支就是对应商业和工业的需要而形成的，如工业心理学、组织心理学和人类因素心理学。同样，这些分支有时候又被称为工作心理学（Patterson，2001）。心理学学位持有者多是与商业和工业老板、经理和员工共事，他们主要负责员工招聘、培训和管理工作，设计并销售产品，组织工作环境。对工业心理学和组织心理学感兴趣的人将心理学原理应用到工作场所，对人类因素心理学感兴趣的人则将原理运用到设备设计、工作室和计算机软件当中。在本章中，你将学习到这些心理学的领域，并找到心理学与商业、工业相结合的职业。

工业心理学

工业心理学又称“人事心理学”，它研究的是人们在工作中的行为。一些工业心理学家通过研究来了解影响人们工作效率的因素。而其他的一些工业心理学家则将研究结果与某些活动相结合：员工选择和分配、业绩评估、员工培训和人事方面的诉讼参与。

一个工业心理学家通过科学方法选择分配员工，来确保员工工作的满意度和生产能力。分配员工要求辨别什么样的工作适合员工的技能和兴趣，就像通过问题和采访来进行评估（Muchinsky，2006）。工业心理学家制作、验证并挑选测验和访问求职者，以此来决定是否雇用及分配给他们适合的岗位（Kasserman，2005；Kuther，2005）。分配人员之后，工业心理学家会跟踪这些人员来评判评估测验是如何预测员工未来工作表现的。

工业心理学家参与员工工作表现的评估，并由他们来决定评估标准。用什么来定义员工取得的成功呢？在工业心理学方面通过培训可以帮助选择、制定和验证衡量员工成功的标准。他们可能会培训管理人员如何评估员工的能力和表现，并提供员工工作质量和数量的反馈和文件，以此来作为加薪和升职的标准（Aamodt，2009；Muchinsky，2006）。除了选择和评估员工表现，工业心理学还应用于员工的培训和发展，尤其是通过需求分析来决定员工的技能与技术要求，并开展培训项目传授这些技能。工业心理学家创建全面的员工考核方案，收集问卷调查，来评估员工解决问题的技能，以及模拟工作情景评估员工的实际工作技能（Aamodt，2009；Tenopyr，1997）。培训内容可能包括帮助员工适应向工作职场的转变，及时提升员工当前的技术水平，赋予员工新的责任，以及提供多元化的培训以对员工的工作态度、偏见和陈旧想法进行再教育（Kasserman，2005；Muchinsky，2006；Scrader，2002）。培训内容可能还包括制定政策，定期进行培训以创建一个积极的工作环境，并防止导致消极工作环境的骚扰和其他问题的存在。

关于诉讼，接受过工业心理学培训的个人可能会通过解释公司雇佣和晋升政策来向公司律师提供建议（也就是评估测试和面试的有效性或正确性）（Aamodt，2007；Tenopyr，1997）。他们会帮助公司律师准备诉讼，来应对各个联邦州市和当地员工和前雇员的抱怨（Tenopyr，1997）。正如出庭作证的专家所说，工业心理学家解释了人事决定是如何形成的。例如，一个雇佣案件方面的鉴定证人，如关注歧视问题的人，可能会分析信息来判定是否存在歧视，并作出相应的证明。

组织心理学

工业心理学和组织心理学的区别很小，因为工业心理学家和组织心理学家的工作性质和内容差不多（而且很多研究生项目都是工业一组织心理学类）。因此，这两个领域经常被称为工业/组织心理学。正如我们所讨论的，工业心理学家通常将研究重点放在员工上：招聘、分配岗位、培训和评价。组织心理学家则从组织层面来了解员工、政策制定和组织结构是如何帮助公司走向成功的。从另一个角度来看，工业心理学注重微观（个人）层面，而组织心理学注重宏观（组织）层面。

组织心理学家主要研究工作满意度和与之相关的因素，如员工离职、旷工、年龄、工资、工作积极性和对组织的态度。他们还研究员工服务（如厂办托儿所、体育设施）是如何影响员工士气、工作满意度和生产能力的。组织心理学家通过奖励工作表现好的员工这种开发和评估系统来提升工作满意度，并且通过重新设计工作以使工作变得更具挑战性、更有意义、满意度更高（Muchinsky，2006）。提升工作满意度需要了解员工的需求，还要创立工作的奖惩制度。例如，受到组织心理学培训的专业人员可能会试图了解这代员工与前一代员工如何不同，公司要如何才能制定员工奖惩制度来增加他们的满意度（Cohen，2002）。

组织心理学家研究领导层及其如何有助于一个组织的运作。他们能够指出有能力的领导者的特点并认定哪种类型的领导者最适合哪个特殊的岗位。组织心理学家创建个人和群体培训项目，以提高管理人员和经理的领导能力和交际能力（Williams，2005）。有些人员可能担任的是高管教练，他们以一对一的形式对高管进行培训，以帮助他们成为更出色的领导和商人（Kilburg，1996；Witherspoon & White，1996）。

组织会随着时间的推移而壮大和改变。受过组织心理学培训的专业人员会帮助公司分析组织的整体运作，并决定什么时候对组织做出改变（Muchinsky，2006）。他们会识别问题，研究潜在的解决方案并提出相关建议（Aamodt，2007；Kasserman，2005；Tenopyr，1997）。组织心理学家帮助组织管理和解决人际关系问题（Williams，2005），如使用冲突解决技巧，为长期存在冲突的部门或团队成员制定解决方案。另一个任务可能需要检查权力线或通信线，并在需要的时候重新组构。工业心理学和组织心理学适用于所有工作环境——商业、咨询公司、政府、军队和大学。简而言之，组织心理学家帮助公司评估工作流程，决定什么时候需要做出改变，建议如何改革，还帮助公司转型，适应改变。

人类因素心理学

人类因素心理学又称工程心理学，研究的是人与环境的相互关系，尤其是人机关系。人类因素心理学家设计工作环境使生产能力、员工满意度和安全系数达到最优化，并减少压力、疲倦和失误的出现。他们还会进行产品设计。有些心理学家专门研究人机相互关系，或研究人与机械是如何相互作用，从而提高计算机应用和硬件设计（Chapman，2005；Day，1996）。人类因素心理学家可能还研究如何使网站用起来更方便（Clay，2000），或检测设备，设计新产品并为产品制定警语和标签（Callan，2004）。其他人可能会实施研究并发展有关军事命令、飞机轮船控制系统，或网络系统的项目。

对人类因素感兴趣的心理学家通常研究人为误差，从而通过绝妙的设计来预防误差。对人们如何使用产品和他们普遍会犯的错误的了解有助于设计防止错误和误用的产品。例如，一个专业人员可能会通过信息软件来提高在进行外科手术时或其他医疗程序之前记录的正确性、简化报告程序或反复核对的可及性来减少医疗中的人为误差（Kao & Thomas，2008；Woods，2002）。该职业的另一个领域是流量管理，寻找减少事故和伤害、死亡，还有高速路上财产损失的方法。人类因素对于提高飞行安全和防止飞行员失误也非常重要（Landwehr，2001；Lauber，1997；Tyler，2000）。人类因素心理学家在通过制止未来恐怖组织直接威胁航空旅行来提高国家安全方面也扮演着重要角色，因为他们分析并有工具评估装备、程序和条例的提议变化，并研究他们是如何影响员工操作及系统本身效率的（Callan，2004；Hart，2002）。

人类工程学研究的是工作环境及其如何提高员工生产率，它是人类因素心理学的一个重要分支。人类工程学专家利用工作环境，包括计算机接口和其他设备，弥补员工的工作缺陷，提高安全系数，减少事故发生。他们研究环境因素，如光、噪声、温度和员工安全的工作进度表（如夜班或压缩工作周）、生产率和满意度（Muchinsky，2006）。其他的研究者致力于提高空间的安全性和舒适度。例如，检查飞机座椅的容量和舒适度，研究航空公司客户可以相互影响的用户界面。

本科生择业走向

拥有学士学位的毕业生可以在商业和工业领域中求得初级职位。由于固有的文科背景，对商业感兴趣的心理学专业学生可为在人力资源部门寻得职位而做准备，也可以在其他领域内谋得助理一职，下节将对此做出介绍。

人力资源职位

人力资源部门又称人事部，主要负责管理公司的员工：招聘、职位安排、薪酬和福利、培训，以及研究员工的需要和满意度。人事部的工作在于吸引最优秀的员工，分配最适合他们的工作，帮助他们在工作中取得成功，并保证公司遵守劳工法。根据自己的兴趣爱好和经验，商业企业、政府、私企及非营利性组织的人事部有各种各样的供所有教育层次人员选择的职位。要意识到机遇、责任、自由的水平随着专业知识、工作经验和教育程度变化而变化。处在初级职位的员工可能无法提供所有描述的功能，但是他们有机会去学习，有潜力晋升到更具责任性的职位上。

人力资源专员参与所有人事管理，包括招聘、录用、培训和开发。他们也经常管理薪酬和福利，并创立符合劳工法的人事政策。初级专员的职位典型的有人力资源助理、人力资源专员、人事助理、人事专员或员工关系专员。

就业招聘和安置专员的工作包括人员招聘，收集工作申请和简历，汇总申请人档案，执行背景考核，面试求职者，管理录用前的评估和测试，以及安置员工。简而言之，这些都是有关员工雇用的。他们还要使新员工适应环境，告知员工薪酬和福利问题，并评估部门内对职工的需求。刚刚毕业的应届生的初级职位可能更多地会要求做笔头上的工作，如文件归档，整理求职者档案等。有了一定经验后，他们才能去做要求较高的任务，如面试。初级职位一般包括面试官、招聘专员、就业代表、EEO（平等就业机会）专家。

培训和开发专员开展培训课程，提供在职培训，并保持员工培训和开发项目的参与度。他们帮助员工提高知识水平和职业技能（如销售技能、安全指南和生产能力），协助主管和经理提升其应对员工人际关系的能力。更高级的培训和开发职位涉及人力资源规划和组织发展。例如，培训专员能开发领导力培养项目，来培养员工的领导能力，为其晋升做准备。这个领域的初级职位包括培训专员和定位专员，有些还包括助理。

薪酬福利专员负责工作分析，编写职位描述，收集并整理福利项目的信息，执行福利计划，监督成本。相关职位有福利分析员、薪酬专员和薪水管理员。初级职位一般都是助理职位，通常他们所担负的责任不大，主要还要支持主管工作。

人力资源方面的职位有很多优势，包括办公环境、每周 40 小时工作时间，本科毕业有工作经验就会有很大的升职机会。作为人力资源从业人员，你有机会直接帮助人们解决实际问题，还能运用心理学的知识。你要灵活、耐心，还要有出色的交际能力来应对各种各样的人。有时候这份工作会充满压力和挑战。比如，你可能要应对那些因工作环境改变而愤怒的员工或下岗职员。人力资源职位也需要做行政工作，这要求细致认真，有时候也会很枯燥。尽管人力资源部的初级职位非常有竞争力，但是预计到2018年，这个领域发展要比其他行业会更快（Bureau of Labor Statistics，2010）。人力资源部适合本科生的职位包括福利分析员、员工关系专员、人力资源助理、人力资源专员、招聘专员和培训专员，2011年他们的平均年薪在45 000～49 000美元之间（Salary. com，2011）。

如果你想在人力资源这个领域求职，心理学能让你具备稳定的交际能力，除此之外，统计学、研究方法、演说技巧和行为科学，额外的交际、写作、企业管理、劳工法和会计学的课程可以增加你的就业机会。寻找实习机会来获得相关工作经验，并为你毕业后能找到一份人力资源的工作做人脉积累。

商业或工业设计师助理

商业或工业设计师助理协助设计产品和设备，如飞机、汽车、儿童玩具、计算机设备、家具、家用器具，还有医疗、办公和娱乐设施。设计师将艺术和研究相结合，满足消费者的需要，作用于产品的使用方法、消费者市场、生产物料和设计方法，使得设计出来的产品既美观又实用，在市场上具有不错的竞争力。设计师助理实施研究，并根据设计师的需要提供帮助。根据特定的领域或者工业，设计师助理要帮助设计师设计产品的包装和容器，或为成品设计外包装、插画或广告。他们还帮助设计师协调工程、市场营销、生产和销售之间的设计理念，从而生产出既安全又美观，同时还具备市场竞争力的产品。

设计师及其助理受雇于工厂、公司和设计单位。他们一般都是坐办公室，每周工作40小时。因是初级岗位，设计师助理经常要做一些行政工作，如文员，当具备了一定的工作能力之后，他们就要承担更多与设计相关的任务。

设计师助理的市场预期和一般职业一样，到2018年发展迅速，然而竞争还是很激烈（Bureau of Labor Statistics，2010）。2011年，本科毕业的设计师助理平均年薪是47 105美元（Salary. com，2011）。如果你想成为一名设计师助理，那么创造力是非常重要的，拥有绘图技能可以帮助你晋升为设计师。心理学注重研究方法和解决问题，这点对于你从事这个领域的工作非常适合。此外，你还需要学习推销、企业管理、工程、建筑和市场营销课程，并在艺术方面加以培训，尤其是计算机辅助设计（CAD）的课程培训。

行政助理和业务经理

从传统意义上来说，过去的行政助理就是指秘书，其（大多数是女性）工作就是在老式打字机（将纸张卷入机器，按键的时候字母就会戳到纸张上）上打印备忘录。而如今的行政助理（又称总经理助理或行政秘书）则有更多不同的职责，他们参与事务管理，配合行政人员开展工作。办公自动化和应用处理软件的应用减轻了行政助理的打字任务。除了协调办公室内的行政和信息管理事务之外，许多行政助理都要对新员工进行培训和调整，以便其尽快适应公司，他们还要在互联网上进行研究。行政助理要安排会议和预约，维护档案，做研究，管理数据库，创建报表和管理项目。

像业务经理和行政服务经理这样高的职位需要监督办公室内不同的部门，从行政助理和接待服务，到数据处理、会议策划、制作工资表和其他的办公职能。责任也根据职位和组织的不同而变化，不过其角色都是监督办公职能。

预计到 2018 年，行政助理和行政服务经理的就业发展和其他行业就业发展都很迅速（Bureau of Labor Statistics，2010）。行政助理这一职位有许多优势，包括办公环境，每周工作 40 小时，还有机会帮助他人解决实际问题。行政服务经理的优势也类似，还有机会领导其他人，行事具有一定的自主性。他们对于解决办公室问题具备创新能力。2011 年，行政助理的平均年薪是 40 030 美元，业务经理是 57 902 美元，行政服务经理是 72 001 美元（Salary.com，2011）。做行政必须能承担一定的压力，尤其是办公室任务到达最后期限的时候，或老板希望助理出差的时候。管理行政人员也非常有压力，因为为了达成目标就必须协调员工之间的活动，还要求出色的人际交往和策划能力。心理学专业所学到的组织能力、交际能力、研究和压力管理能力，还有对人类行为、领导和团体的了解，让他们在应聘行政助理和经理职位的时候很有优势。如果你想从事工业心理学、组织心理学或人类因素心理学的工作，那么你可以考虑一下表 8—1 中列出的主修课程和工作经验。我的职业历程 8—1 就举例介绍了一名从事工作心理学工作的学生所获得的职业经验。

表 8—1　本科生工业心理学、组织心理学和人类因素心理学职业准备

主修课程：

人力资源职位

会计

企业管理

交际

经济学

人力资源管理

劳动经济学

劳工法

管理信息系统或商业数据库应用

组织行为学

写作

商业或工业设计师助理职位

广告学

建筑学

美术：画图、设计和计算机辅助设计（CAD）

企业管理

工程学

工业设计

市场营销

数学

产品管理/品牌管理

由美国全国艺术与设计院校协会颁发的艺术与设计证书在一些机构都通用（美国约 250 所机构）

行政助理和业务经理职位

会计

企业管理

商业法

交际学

金融学

人力资源管理

管理信息系统或商业数据库应用

采购与销售

续表

写作
实践经验：你可以在以下所列机构中做志愿者、实习生或带薪兼职
广告部
任意办公室
建筑公司
人力资源部
领导者项目
产品设计公司
工程公司
研究经历：你可以参与以下任何领域的研究*
人类因素心理学
工业心理学
管理和领导
组织行为学
社会心理学

*注：实践经验有助于提高推理能力、定量分析能力、写作技能和组织能力，因此实践比学术研究更重要。

我的职业历程 8—1　工业/组织心理学：德布瑞·若玛妮

我是谁？

我叫德布瑞·若玛妮，女，60 岁。我本科就读于纽约布莱尔克利夫庄园的布莱尔克利夫学院。我以前参加过大学合唱队，做过校园日托中心的志愿者，还受雇于大学学生食堂。在日托中心的志愿服务期间，我参与了一项研究——和一名特殊的小孩一起，收集了有关他健康和认知发展的纵向数据。

心理学的应用

近期我被财富 500 强 ISI 公司（International Services Incorporated）聘请为高级主管，协助高级区域经理的工作，该公司是美国和加拿大最大的商业开发公司。它主要是与中小型企业合作。我在这个职位上已经工作7年了。我工作的主要职责就是在员工有特殊问题或抱怨的时候，在公司各个部门之间做联络和协调工作。我手下管理的员工大约有280人。

我的工作经历

在此之前，我为露华浓化妆品做过模特，经营过几家零售商店（如珠宝店、GAP公司），还待在家里做了10年的家庭主妇（我有两个儿子，一个是经美国心理学协会认证的咨询心理学项目的在读博士，另一个是刑事学专业的在读本科生）。最初我在ISI做销售代表，随后我开始在公司做销售培训，不久以后我就晋升到了现在的职位。

我从事工作的多面性

如果我没有学过心理学，我就不会知道如何完成我的工作！大部分工作时间里，我都在帮助那些因各种原因不满现状，而找我解决问题的人。我所学知识教会我要如何帮助他人，不要加入个人因素，不要意气用事，当完美地处理好一件事后，给自己放个假或稍作休息。我解决问题的能力与技巧每天都得到检验，每个问题我都能想到可行的解决方案！我对于帮助他人解决问题不会退缩，反而充满热情，也正是我的这份热情让我在工作中取得了成功。我享受那种找到应对挑战的恰当措施的成就感。我认为我在剧院的演唱表演，还有公开演讲的经历给予了我很大的自信，这份自信让我实现了事业目标。

我对于有机会去完成不同的任务，去接触不同的人而感到欣喜。每一个问题都是独一无二的，我喜欢帮助他人塑造他们的生活。但是这份工作也有不尽如人意的地方，那就是我无法帮助所有寻求帮助的人。我发现工作中最具挑战性的部分是要弄清楚如何与员工相处，他们在很多方面都不一样，比方说，和我共事的有博士学位的、硕士学位的，还有高中辍学的。

正如要以不同的方法来管理不同员工，每一个部门亦是如此。有时，记住这些差异并调整我的行为和反应还是有一定难度的。

我给你的建议

我建议获得一个心理学专业的学士学位，因为其应用范围很广。心理学是一个非常好的领域。它对你的工作、婚姻和任何一种关系，包括你的小孩都很有帮助，我真希望我能够早点意识到这些。心理学并不是我最初所学的专业，所以我不得不花更多的时间来完成更多的课程，因为需要转换专业。我认为即使心理学专业的本科生不选择在心理学方面进行深造，学士学位也足以让他们受用一生，它甚至可以帮助他们更好地认识自己。

研究生择业走向

拥有心理学学士学位的毕业生可以从事初级职位，拥有硕士学位的话晋升概率就会大大增加。要想在人力资源、可用性和市场研究这样的领域和部门晋升高管的话，拥有硕士学位是基础。博士学位获得者又会拥有相对更多的工作机会，尤其是在高级管理、咨询，以及产品设计和开发领域。积累丰富的工作经验后，硕士学位持有者也可以应聘博士生等级的职位。

人力资源专业人员

一般来说，拥有心理学硕士学位的人都可以在我们之前讨论的人力资源部门就职，只要增加一些职责和报酬。拥有硕士学位使得员工可以执行人力资源部门的管理和执行职能。

研究生毕业的人力资源专员要参与人力资源的各项事务，包括制定和执行人力资源政策，收集分析数据，向管理部门提意见，并在项目中起领导作用。同样地，专门研究就业、招聘和分配的研究生要设计评估方法，选择和分配员工，收集评估效益的数据，监督其他的员工。专门研究培训和开发的硕士学位持有者要制作培训项目，开展对项目有效性的研究，并监督其他员工。其他人力资源专业人员总体上是研究组织的培训和开发需求，这些专业人员通常被称为组织开发专员。

积累了丰富的工作经验之后，硕士研究生也可以晋升到管理层，或具有监管组织内所有人力资源职能的高层，如人力资源经理或人力资源主管。2011 年统计，培训专员的平均年薪是 68 781 美元，而人力资源高管职位（包括员工关系专员、组织发展专员、高管招聘人员和培训专员）的平均年薪在 73 000～79 000 美元之间（Salary. com，2011）。下列管理层的平均年薪在 68 000～95 000 美元之间：员工关系经理、人力资源经理、组织发展经理、招聘和培训经理。

顾问

顾问是对解决组织内部问题一类人的涵盖性术语。顾问在很多领域都有所研究，包括员工管理或组织资源管理、策略发展和长期规划、培训、组织发展以及人才招聘。每个领域的顾问都有相同的基本任务：为组织如何解决问题提出建议。例如，开拓一个新的市场，重组组织结构，聘请高管人员，或提高生产力。顾问通过将科学方法应用到检验假设和数据分析来解决问题（McCracken，1998）。他们为客户提供观点和洞察力（对事情的重点和要处理的问题加以了解），对病人的问题进行分析（检验出可能的解决方法），提出意见（解决问题的战略性计划）（Boulakia，1998；Kasserman，2005）。

顾问分为很多种。管理顾问通过分析方法来提高组织竞争力和效率（Bureau of Labor Statistics，2010）。猎头顾问是高级别的招聘人员，经常被称为“猎头”，他们使用工业心理学的知识来进行招聘，评估和安置高层的职位。企业发展顾问帮助公司进行团队建设，培训，应对变化和专业建设。营销顾问帮助公司进行广告宣传，销售产品和服务。中介顾问帮助组织解决工作上的人际冲突（也就是人与人之间的冲突，以及部门之间及其内部、团队之间及其内部的冲突），传授交流与冲突管理技巧。一些顾问注重培养高管的领导能力，这些顾问近期被称为高管教练（Kilburg，1996）。一个高管教练帮助主管人员辨别出个人优势和劣势，致力于提高高管人员的能力和企业的发展（Witherspoon & White，1996）。

在研究生院所学习的高级分析能力使得硕士学位拥有者非常适合顾问这个职位。他们知道如何分析数据，管理数据库，还可以通过使用表格和图标简明地呈现数据。他们的计算机软件和统计学知识对于任何一个组织来说都是一笔财富，还有他们的沟通能力，经过了论文写作、做会议报告等的不断磨炼后，他们能够更加轻松地应对办公室的工作（Sebestyen，2000）。

顾问这个职业有很多优势。这是一个学习商务的好机会，因为大多数公司会通过培训班、研讨会和辅导计划提供许多专业发展的机会。作为一名顾问，你要和有不同教育和经验背景的人才共事。你要提出并实施有效地解决问题的办法。刚从学校毕业的学生可能会发现缺乏经验会让自己在工作中备受挑战，所以不得不加倍努力以赶上他人。竞争很激烈，所遇到的问题也在不断变化：有一天你可能要分析新产品的潜在市场，而第二天你却又要考虑重组组织的管理结构。

顾问这个职业的主要劣势在于它要求的工作时间很长，且要长期出差。但是许多人也会因工作时间长而得到比较高的工资。随机取样的在顾问公司就业的、工作经验不超过 5 年的博士学位的工业或组织心理学从业者，2009 年的平均年薪是 86 000 美元，50％的人其年薪在 77 272～100 000 美元之间。预计到 2018 年，顾问这个职业的发展要比其他职业快得多，预计届时就业率能增长到 83％，可见顾问是发展比较迅速的职业之一。

可用性专员

许多工业、组织心理学或人类因素心理学硕士研究生都从事与产品设计与开发相关的职业，他们经常研究提高产品的可用性，或使用的舒适度和愉悦感的方法，以确保产品设计适合使用者，这就是可用性专员的工作职责。他们研究各种各样的产品：玩具、计算机硬件和软件、电子设备、汽车等。

心理学硕士学位的毕业生对人类的能力和局限性的了解是从事可用性专员（将可用性应用到产品设计和生产中去）职业的有利条件（Day，1996）。

可用性专员充当的是用户的代言人，因为他们的目标是创造满足用户需要的产品。他们研发一种产品，创造产品原型，并根据潜在用户的意见进行测试和修改。例如，在设计汽车内部配件时，他们可能会创造一个与实物大小一样的原型，在这个原型内所有的仪器和控制装置都可以移动（如在这些零件上附上维可牢）。然后潜在用户对每个仪器和控件的最佳位置提出反馈，必要之时商家可以依此做出改动。可用性专员还进行可用性研究来设计满足飞行员需求的飞机，从而降低飞行员的失误（Lauber，1997；Tyler，2000）。心理学家还受雇于美国国家航空航天局（NASA），他们将人们如何感知感官刺激的信息应用到用于驾驶宇宙飞船的设备和控件设计上，进而应用于航天飞机（McCann，2001）。

可用性专员还可在计算机软件行业就职。认知心理学的知识可以解释为何特别的软件界面设计会让用户感到困惑（Chapman，2005；Diddams，1998）。心理学家通过使用计算机软件产品（如电子数据表程序或计算机游戏）记录并分析用户试图完成一项任务时的行为。例如，用户要如何简易地操纵管理图片的软件程序？他们是如何管理数码相片的？有没有方法可以让用户更方便快捷地访问照片？心理学会采访用户使用产品的经历：使用便捷吗？界面有什么让他们感到困惑吗？然后将咨询的结果用于提高软件设计上。解决问题的方法应用到了许多文本当中。例如，人类因素心理学家可能会评估模拟医学手术的计算机程序的可信度，从而让医科学生和医生练习手术技巧（Haluck，2005）。

从事产品设计和开发的心理学研究者有机会参与改善人们使用产品的研究。他们的研究具有实际意义，而且他们开始看到研究的成果。该职业其他的优势是每周定期工作 40 小时，硕士学位级别的心理学研究者机遇更多、更好，还有高薪酬。可用性专员 2009 年的平均年薪是 83 000 美元（Usability Profess ionals Association，2009）。设计与开发行业预计到 2018 年和其他行业一样发展迅速。

设计心理学家或环境设计师

受过工业/组织心理学或人类因素心理学培训的专业人员经常担任设计心理学家。他们研究的是环境与人类行为的相互关系，并试图弄清为什么人们会觉得某些场所很舒适，而有些则让人感觉坐立不安，为什么有些场所更容易操控。设计心理学研究者会运用这些信息设计并改善环境，如改变办公室陈列，对办公楼、商场，甚至是街区和社区进行设计，以此来降低人们的压迫感，创造高效工作的环境，并将事故发生的可能性降到最低（Winerman，2004）。

设计心理学研究者通常在公司、地方和联邦政府，以及咨询公司就职。有一些会参与城市和社区的规划、建筑设计和改善现有结构的室内布置。环境设计领域的职业要求出色的交际能力和团队工作能力。承接大型项目的设计心理学家要与许多不同领域的专业人士密切合作来完成项目，这些专业人士就有政治家、建筑家、城市规划师、经济学家和工程师。和具备不同学科知识的人合作会很有意思，但同时也倍具挑战。要想在这个领域取得成功，良好的倾听技巧和研究能力至关重要，因为环境设计师要花大量的时间与消费者、社区成员和其他专业人士互动，例如，当一个城市计划重建破败的街区，那么环境设计师就可能要访问该街区的住户，获取他们对如何改善区域的想法和观点。

设计心理学家这个职业的一大优势在于有机会参与到大型项目当中。但该项工作本身也有不为人们所控制的一面。例如，一名参与社区新的住房建造计划的设计心理学家可能会发现他们的工作会影响居民的日常生活。要完成大型工程项目的团队工作有时候会遭受挫折，因为参与的人多了，决策制定就要花很长时间。而且，项目执行一般都要花上很长时间，这对于那些期望尽快见到工作成效的人来说具有一定的挑战性。能虚心接受批评，并轻松应对压力的设计心理学家在这种压力充斥的环境下有明显的优势。2011 年，工作经验不超过 5 年，在商业和工业行业就业的工业/组织心理学家的平均年薪为 71 500 美元，其中 50％的年薪在 59 750～97 250 美元之间（Salary.

com，2011）。如果你有兴趣成为一名设计心理学家，那你还要接受交际、研究设计和统计、经济、城市规划、建筑等相关内容的培训。而且最好还要在环境设计公司、城市规划办公室或相关场所实习，以获取该领域的实践经验。

正如我们所看到的，对商业感兴趣的心理学专业学生有许多就业机会。心理学本科毕业生在经过了相关课程培训并在相关领域有一定的实践经验后可申请初级职位。硕士研究生的择业机会更多。工业/组织心理学和人类因素心理学研究者除了在以上领域求职，还可以选择出版和学术方面的职业，见第十三章，在第九章中你也可以获取有关拥有一定技能毕业生的职业选择信息。

测试 8—1

你适合从事工作心理学专业的工作吗？

□你对商业感兴趣吗？

□你想知道心理学方法是如何提高员工择取和安置能力的吗？

□你想帮助他人获得技能吗？

□你想设计评估员工的方法吗？

□你想提升办公室环境下的团队合作吗？

□你想学习领导能力，了解一个出色的领导所具备的品质，并帮助主管和经理提升他们的领导能力吗？

□你有兴趣帮助组织转型和改变吗？

□你对环境塑造我们行为的方式感兴趣吗？

□你想设计并组织工作环境达到最优化吗？

□你有良好的沟通能力吗？

□你觉得团队工作安逸吗？

□你喜欢做研究吗？

□你能够灵活地处理模棱两可的事务吗？

得分：选项越多，表示你越适合从事劳动心理学专业的工作。

推荐读物

Aamodt, M. G. (2009). *Applied industrial/organizational psychology*. Belmont, CA: Wadsworth.
Chapman, C. N. (2005). Software user research: Psychologist in the software industry. In R. D. Morgan, T. L. Kuther, & C. J. Habben (Eds.), *Life after graduate school in psychology: Insider's advice from new psychologists* (pp. 211–224). New York: Psychology Press.
Kasserman, J. (2005). Management consultation: Improving organizations. In R. D. Morgan, T. L. Kuther, & C. J. Habben (Eds.), *Life after graduate school in psychology: Insider's advice from new psychologists* (pp. 183–196). New York: Psychology Press.
Kuther, T. L. (2005). *Your career in psychology: Industrial/organizational psychology*. Belmont, CA: Wadsworth.
Messner, M. (2008). *Human resource management*. Hoboken, NJ: Wiley.
Muchinsky, P. M. (2008). *Psychology applied to work*. Pacific Grove, CA: Wadsworth.
Pass, J. (2006). Industrial/organizational (I/O) psychology as a career: Improving workforce performance and retention. In R. J. Sternberg (Ed.), *Career paths in psychology: Where your degree can take you* (2nd ed.). Washington, DC: American Psychological Association.
Pond, S. B. (1999). Industrial-organizational psychology: The psychology of people working together. *Eye on Psi Chi*, *3*(3), 34–37.
Salvendy, G. (2006). *Handbook of human factors and ergonomics*. Hoboken, NJ: Wiley.
Tenopyr, M. L. (1997). Improving the workplace: Industrial/organizational psychology as a career. In R. Sternberg (Ed.), *Career paths in psychology: Where your degree can take you* (pp. 185–196). Washington, DC: American Psychological Association.
WetFeet. (2008). *Careers in management consulting*. New York: WetFeet.
Williams, S. (2005). Executive management: Helping executives manage their organizations through organizational and market research. In R. D. Morgan, T. L. Kuther, & C. J. Habben (Eds.), *Life after graduate school in psychology: Insider's advice from new psychologists* (pp. 225–238). New York: Psychology Press.
Wolgalter, M. S., & Rogers, W. A. (1998). Human factors/ergonomics: Using psychology to make a better and world. *Eye on Psi Chi*, *3*(1), 23–26.

网络资源

An Interesting Career in Psychology: Collection of Career Articles
http://www.apa.org/science/nonacad_careers.html

Society for Industrial and Organizational Psychology
http://siop.org/

Professional Industrial Organizational Psychologist Network
http://www.piop.net

Academy of Management
http://www.aomonline.org/

Society for Human Resource Management
http://www.shrm.org/

Human Factors and Ergonomics Society
http://hfes.org/

Getting an Industrial Design Job
http://www.idsa.org/sites/default/files/xiglafiles/GETIDJOB.pdf

Current Trends in Environmental Psychology
http://www.ucm.es/info/Psyap/iaap/evans.htm

Careers in Consulting
http://jobsearch.about.com/cs/businessjobs/a/consulting.htm

Consulting Career, Job, and Training Information
http://www.careeroverview.com/consulting-careers.html

第九章 实验心理学、认知心理学和定量心理学

本章导读

实验心理学

认知心理学

定量心理学

本科生择业走向

保险承保人

计算机程序员

计算机专家

预算分析师

研究生择业走向

运筹分析师

计算机系统分析师

数据库管理员

保险精算师

金融分析师

数据挖掘工程师

测试 9—1 你适合从事实验心理学、认知心理学和定量心理学专业的工作吗？

推荐读物

网络资源

提到实验心理学、认知心理学和定量心理学，大多数心理学专业的学生首先想到的是数字运算、实验手套、实验鼠以及智力测试等。而这些常常被描述成让人生厌的课题。但心理学的这些分支对理解心理学的定义，认识和预测人类思想和行为至关重要。因此，学习统计和研究方法论专业知识是有必要的，它能让毕业生灵活选择心理学领域的部分职业。

实验心理学

尽管所有心理学家都能进行实验研究，并对其解释说明，但实验心理学家才是这方面的专家。与其他心理学家相比，实验心理学家更详细地研究实验方法，并运用这些方法研究人是怎样认识世界、怎样思考、如何做出决定，以及有什么样的行为的。实验心理学家广泛地研究包括学习、感觉、知觉、人类表现、动机、记忆、语言、思考和交流在内的各种课题。一些实验心理学家研究动物，是为了把他们在动物身上取得的研究结论运用于人类，或者仅仅是因为动物行为非常有趣。

通常根据实验心理学家指导的研究所属的范围来区别实验心理学家（如知觉心理学家和学习心理学家）。例如，感知心理学家可能通过研究人的视觉、听觉、味觉、嗅觉、知觉或所有感官，来进一步研究人类是怎样用感官来认识周围的一切。学习心理学家研究学习过程，如经典条件反射和操作制约。实验心理学家可在不同的领域进行研究，因此实验心理学又有很多分支。

认知心理学

认知心理学家研究人类记忆的输入、加工、储存、信息恢复，以及做出决定和解决问题的过程，并通过这些研究来了解人类思维的本质。他们通过实验强调人头脑中已有的知识，并构建理论来解释这些知识是怎样指导当前大脑的活动。一些认知心理学家通过研究人类学习的过程来开发有效的教学方法。他们通过应用型研究，提出一些帮助人类学习记忆技巧和其他认知能力的方法，并运用这些发现为设计教学软件的个人或公司提供思路。与其他心理学家一样，认知心理学家通常专门研究一个或两个课题，如注意或记忆。值得注意的是，视觉和听觉感知、记忆、推理、恢复和忘记，以及问题解决等都是认知心理学家感兴趣的课题。人们每天从事各种活动，面对大量的信息，做出许多决定，这些都给认知心理学家提供了丰富的研究课题。

定量心理学

定量心理学家致力于量化（测量）人类行为。他们专门设计和指导实验研究，并对研究进行阐释，最终测量人类属性，获得心理学数据。一些定量心理学家研究心理统计学（一门测量人类特性的学科），他们设计调查和测试来测量人的行为、能力和在智力、情绪及社会中的发挥潜能。他们还制订和修改性格测试、智力测试和能力测试，并帮助其他心理学家制定干预措施、治疗方案和诊断方案。其他定量心理学家还研究数学心理学，创建数学模型来解释和预测感知、认知及思维转换过程。换句话说，他们构建数学方程和数学公式，并将其运用于人们表现出来的行为现象范围内。现在已有多种和心理学相关的数学理论，如认知数学理论、感知数学理论、社交数学理论、记忆数学理论、决策数学理论、反常行为数学理论，以及其他许多心理学现象的数学理论。

本科生择业走向

心理学本科毕业生在实验心理学、认知心理学和定量心理学领域有比较广泛的职业选择。但大多数心理学本科生毕业后先是任职于基层职位，主要负责文书、数据录入、实验指导等工作。随着工作经验的累积，他们将拥有更多的工作自主权，肩负更多的职责（下文将提到）。当然，心理学研究生拥有更多的职业选择。下文将提及美国心理学相关工作的前景和薪资等数据。值得注意的是，地区不同，工作性质和薪资也会有所不同。因此在求职前可听取一些建议，并对相关工作进行了解。

保险承保人

保险公司在和单位或个人签订合约前，需要保险承保人评估保险公司可能产生损失的风险，然后根据相应的保险费率，制定保单。保单中应包括客户产生损失的风险。承保人通过先进的计算机软件分析潜在客户在保险申请中提供的信息，加上从风险控制报告、医疗报告及其他数据中分析而得的信息，以决定是否能和该客户签订保险合同，然后根据分析结果收取保险费。基层承保人一般称为核保助理或信用分析师，其工作职责和薪资待遇随着工作经验的累积而增加。基层承保人也可能在资深承保人的指导下，搜集申请人的资料，帮助评估申请材料。

承保人通常每周进行 40 小时的室内工作，晋升空间较小。为寻求更长远的发展，资深承保人一般选择进入管理层。到 2018 年，预计承保人的就业率将呈现缓慢下降的趋势（预计将下降 4 个百分点）。但员工流动、离职等因素将使其就业前景良好（Bureau of Labor Statistics，2010）。相对其他职业而言，承保受到经济萧条和裁员的影响较小，因为不论是个人还是单位都有买保险的需求（Bureau of Labor Statistics，2010）。同时，该行业的待遇较好。2011 年，核保助理的平均年薪为 38 041 美元，基层寿险规划师的平均年薪为 42 882 美元，财产保险规划师的平均年薪为 45 828 美元（Salary. com，2011）。据《职业前景手册》统计，2008 年保险承保人的平均年薪为 56 690 美元（Bureau of Labor Statistics，2010）。

扎实的文科基础知识、娴熟的计算机技能、较强的定量分析能力都是心理学专业学生从事保险承保工作的有利条件。成功的承保人一般注重细节，具备较强的沟通和人际交往能力，与保险代理及其他职业相互协调合作，并做出准确的判断。由于评估风险的计算机软件常常更新，因此在承保职业生涯中，承保人要主动参加相关的计算机培训。如果对这个职业感兴趣，可选修一些如统计学、工商管理、金融，或会计学等额外的课程，以增强自己的心理学专业知识。也可以考虑辅修工商管理，或参加计算机职业培训。同时选择在保险公司实习，增加对这个行业领域的了解，获得更多工作经验，增加求职砝码。

计算机程序员

计算机程序员的主要工作是编写计算机运行时遵循的程序或详细的操作

指令，并安装、测试、调试这些程序，以确保组织服务器和计算机系统的正常运作。例如，网络能让一个组织通过计算机相互交流和运行网址，他们可能编写程序来维持和控制计算机系统和网络。程序员还能够运用相关技术解决问题，如编写新程序或调试已有程序，来帮助一个组织执行其任务（如编写程序来负责某项特定的工作，或查找库存）。如果喜欢编程，对编程和新编程语言创造同步的职业继续教育感兴趣的话，那么编程员将会是适合你的职业。

程序员通常每周有 40 小时的办公室工作时间，有时为了按时完成工作，或修复程序漏洞，工作时间还会延长。预计到 2018 年，程序员的就业率将维持不变或出现小幅度下滑（Bureau of Labor Statistics，2010）。尽管总体上来说程序员就业率将会下滑，但由于员工离职和流动等因素，将会出现大量的职位空缺。2008 年，所有程序员的平均年薪为 69 620 美元，其中处于中间段 50％的员工收入在 52 640～82 720 美元之间。2011 年，基层程序员的平均年薪为 54 074 美元（Bureau of Labor Statistics，2010）。

心理学专业学生对计算机的熟悉操作和批判性思维将会是他们在这个领域工作的优势。程序员编写程序和解决程序故障的分步骤方法与认知心理学家用以解释人类解决问题的分析方法类似。而数学、计算机程序设计和管理信息系统都是对这个行业有用的课程。辅修计算机科学或信息管理系统能让你更精通编程工作，如 Python，C＋＋，Java 等不同的编程语言相关课程能拓宽知识面。编程技巧和经验对程序员而言十分重要，他们主要对编程知识感兴趣，所以如果懂得编程语言并有过实践经历，计算机科学的学位就不是从事这一行业所必需的。对学生而言，要想积累经验，以便将来在计算机领域从事相关工作，实习和暑期实践是非常重要的。

计算机专家

计算机专家主要扮演故障检修工的角色，向用户说明问题所在，并向用户对硬件、软件及计算机系统出现的故障提供技术援助。计算机专家可分为两类：技术支持专家和微机技术人员。技术支持专家主要回复用户咨询，诊断和解决故障，也有可能安装、修改、清理、修理计算机硬件和软件。微机技术人员负责回答客户的电话和邮件咨询，为他们购买的硬件和软件产品提供技术支持。他们通过客户的描述，询问并诊断问题所在，然后一步一步指导客户解决问题。许多公司要求微机技术人员报告用户使用产品的感受、使用中最大的问题是什么，以及用户关注产品的哪方面等。

2010 年，计算机支持专家被《美国新闻与世界报道》评为最高端的工作之一。优厚的待遇、良好的工作环境、正常的工作时间、良好的就业前景都是计算机专家的职业优点。到 2018 年，计算机支持专家的就业预计将比其他职业增长更快（Bureau of Labor Statistics，2010）。2011 年，微机技术人员的平均年薪为 45 497 美元（Salary. com，2011）；技术支持专家的平均年薪为 49 195 美元。拥有计算机工作经验、良好的交往能力和沟通能力对心理学专业学生而言将会是在计算机支持领域就业的优势。完成额外的计算机课程也能增加就业砝码。

预算分析师

预算分析师的主要职责有：为组织领导者提供数据，帮助决定分配组织财务资源；改进和分析组织的预算；分析哪些支出能增强效率并增加组织的收益；为预算经理和部门主管在制定年度预算时提供建议和技术支持；根据组织程序、目的和预算限制准确、全面、一致性地检查预算（Bureau of Labor Statistics，2010）。预算分析师全年对预算进行监控，随时警醒管理层超支的风险，避免财政赤字。

预算分析师的工作优势在于拥有舒适的工作环境，可独立进行工作，还有丰厚的报酬。但是为赶进度完成工作，他们需要长时间、高强度地工作，承受较大的压力。心理学专业学生拥有熟练的沟通技巧、较强的定量分析能力和计算机使用能力，因此拥有心理学学士学位就能从事预算分析师工作。其他如商贸、会计学、经济学、财政学、统计学等额外课程也是十分有用的。拥有经验和（或）硕士学位也是这个领域的就业优势。2011 年，初级预算分析师的年度平均底薪为 48 741 美元（Salary. com，2011）。2008 年，所有预算分析师的平均年薪为 65 320 美元（Bureau of Labor Statistics，2010）。到 2018 年，预算分析师的就业增长率有望超过其他职业（Bureau of Labor Statistics，2010）。如果对这个领域感兴趣，可考虑表 9—1 中的建议，以做准备。我的职业历程 9—1 介绍了该领域一名心理学专业学生的工作经历。

表 9—1　本科生实验心理学、认知心理学和定量心理学与心理测量学职业准备

主修课程：
保险承保人
会计学
工商管理
商业法
沟通
财政学
统计学
数学
写作
计算机程序员
计算机科学
数据库系统，如 DB2 资料库，Oracle 和 Sybase
管理信息系统
数学
编程语言，包括 C＋＋，Java 和 Python 语言
计算机支持技术员
沟通
计算机科学
计算机软件应用
信息系统
写作
预算分析师
会计学
工商管理
沟通
经济学
财政学
统计学
数学
实践经验：你可以在以下所列机构中做志愿者、实习生或带薪兼职
会计师事务所

续表

评估、测量、估价部门或公司
金融企业
信息技术部门
保险公司
研究经历：你可以参与以下任何领域的研究*
认知心理学
实验心理学
人因学
项目评估
心理测验学
定量心理学
发展测试

*注：实践经验有助于提高推理能力、定量分析能力、写作技能和组织能力，因此实践比学术研究更重要。

我的职业历程 9—1　实验心理学、认知心理学及定量心理学：布莱恩·森

我是谁？

我叫布莱恩·森，男，今年 49 岁，在位于西雅图的华盛顿大学取得学士学位。我在联合包裹服务公司（UPS）工作，我通过上夜班，利用白天时间完成了大学学业。我还参加了学院足球队。在校期间，我曾为一名做记忆功能试验的教授当实验室助理。我的主要任务是管理关于刺激听觉和言语的记忆测试。同时我还为另外一位研究边缘型人格障碍的教授做助理。在实验室里，我主要负责和实验人员进行角色扮演。

心理学的应用

目前我受雇于西雅图儿童医院，当一名心理测试师。我于 1988 年进入这家医院工作，3 年前被提升为精神科和行为医学部门的高级心理测试

师。我的主要工作是为病人进行神经心理测试（如记忆容量、大脑管理能力、智力、学习成就等测试），并分析结果；同时也对所有相关的行为进行观察，并做记录。作为一名高级心理测试师，我还参与训练和指导刚入行的心理测试师，轮换心理学医生，并监督品质检查。

我的工作经历

在进入西雅图儿童医院工作前，我曾在华盛顿大学医院和港景医疗中心做了四年心理测试师。我在不同的科室工作过，包括这两个医院的康复医疗科和精神科。在那里我曾为精神受到严重伤害、头部受伤和精神残疾的病人分发测试电池。我还参与了几次大规模、得到资助的研究项目。

我从事工作的多面性

作为一名心理测试师，我工作中有许多积极的方面。客观地说，我很享受这种量化的工作（即将记忆、解决问题能力、智力等难以定义的问题概括成可测量的数值）。我研究的数据对病人的康复计划有着直接的贡献，这也让我很满足。并且这项工作可以独立完成。在完成心理测试后，得出结果，并进行记录，然后将数据交给神经心理学家。当这个过程结束，会有一种完成的满足感。也就是说，当天的工作当天完成，第二天又重新开始对下一位病人进行测试，同时也接受不同的挑战。

然而，工作中也有不尽如人意的时候。有时候遇到的病人不配合，情绪或精神不稳定的病人会让人有一种挫败感。一般我都能多少获得一些病人信息。我发现，成功挑战各种困难才是工作中最大的收获。重复的评估和数据录入工作也会让人觉得单调乏味，但这绝不是每天工作的全部内容。有时，我也会遇到一些监督神经心理学家，他们并不关注病人的能力，而是要求测试师加长对病人的测试时间。此外，要学习新的测试方法，并快速准确地应用于实践，这也是需要注重细节，并不断练习的。

我给你的建议

我的心理学专业背景是我应聘这份工作的优势。刚毕业申请这份工作时，我并没有理解什么是心理测试师。但最终他们还是没有因为这个拒绝我，给了我这份工作，并对我进行了综合评估训练。总的来说，毕业时我受到的心理学培训教会了我一些人际交往技巧，让我学会更注重细节，这些都是获得心理测试师职位所必备的。对儿童发展的相关知识的掌握也让我将年轻病人的行为和儿童联系起来，并恰当地管理这些行为。事实证明，写作和统计学知识对我的工作也是有帮助的。而我乐观外向的个性也推动了事业的成功。在测试评估过程中，让病人冷静下来，同病人建立一种亲和感是非常重要的。我之前当体育指导员和教练，这些经验都提升了我引导病人努力表现的能力。

我对心理学专业即将毕业的学生的建议是，要确定自己对这个行业是不是有强烈的兴趣，如果是，对所有可能的各类职业都进行了解、评估，最后在工作中才能表现你能力最佳的部分。也可在毕业前即准备从事全职工作前对这个领域进行调查，甚至实习了解。做实验研究助理或在医院做义工都能让学生接触到心理学的各类工作，包括心理测试师。我也建议拓宽选择范围，抓住眼前的每一个机会。

研究生择业走向

拥有心理学研究生学位，也就能更轻松地进入各个领域发展，如果还学习过相关课程，就更有优势。总之，拥有研究生学位，更多、更好的就业机会也就随之而来。

运筹分析师

运筹学（也称“经营管理学”）是一门运用数学、统计学和计算机科学来进行行业研究和决策的科学方法。运筹分析师通过研究问题，搜集数据，分析数据，最后给出实用的解决问题的方案。例如，运筹分析师进行数据研究，并通过和工程师探讨生产水平、采购水平和采购安排，以及仓储成本，决定存多少货对公司最有益。在公共部门，运筹分析师可能做的工作包括决定公车路线和营运安排。他们设计出管理不同功能和资源的部门的方法，为营运公司提供富有建设性的信息。如果你选择做一名运筹分析师，将需要使用计算机建模的方法来预测选择不同的方法将产生怎样的效益，并作出最正确的决策。

在各个工作部门，如军队、政府、商界和工厂等，都有运筹分析师，他们有着不同的名称，如操作分析员、管理分析师、政策分析员等。运筹分析师通常在室内工作，薪水丰厚；但同时也承受着限时完成工作的压力，在最后期限前加班。到 2018 年，预计运筹分析师就业率将快速增长，超越以往（Bureau of Labor Statistics，2010）。2008 年运筹分析师（包括不同学历、不同经验层次）的平均年薪为 69 000 美元，处于中间段 50％的员工年薪收入为 51 780～92 920 美元（Bureau of Labor Statistics，2010）。

在实验心理学、定量心理学、心理测试学及认知心理学领域，心理学研究生在数学、统计分析方面具有应聘运筹相关岗位的优势。运筹分析员不仅要有数量分析能力，还要具备超强的沟通技巧和计算机技能，包括数据软件包和编程。计算机科学、商贸、信息系统等课程都很有用。研究生心理学培训内容中，对人类思维的工作过程进行了深入了解，这对想要在以后工作中最小化人为误差的运筹分析员也是很有用的，也就是说，了解工作人员可能出现的各种错误能帮助分析师做出更好的决定。

计算机系统分析师

计算机系统分析师根据公司或组织已有的技术资源，帮助其有效地达到某种目的。例如，在已有的系统中安装新技术。一个组织通常会使用各种各样的软件，系统分析师的工作一般是兼容组织内的计算机软件，使其实现信息共享。系统架构师专门为组织选择基本的计算机资源和信息管理资源所需要的软件和基础计算机设备。系统设计师主要负责根据各种定量技术和数学技术，设计出能满足组织对计算机需求的系统，如数据建模、建立数学模型、信息工程等。但有的计算机系统分析师同时涉猎这两个领域。

系统分析师平均每周在办公室内工作40小时，但有时为了赶进度，或是处理突发事件，也需要晚上和周末加班。拥有实验心理学、定量心理学和认知心理学方向研究生学位，有计算机编程经验，会使用数据库，思维清晰有逻辑，工作中能一心多用，并且能集中精力在细节上，注重细节，以上这些都是聘用系统分析师的单位所看重的。应聘人员还需具备人际交往和沟通技巧，尤其是团队合作做大项目的能力。另外一些课程，如计算机科学、管理信息系统，或是某种计算机软件的使用，如C＋＋语言和Python，都是推荐学习的课程。到2018年，和其他职业相比，系统分析师就业需求将急剧增长（Bureau of Labor Statistics，2010）。2008年无论经验丰富与否，所有系统分析师的平均年薪为75 500美元，处于中间段50％的员工年薪在58 460～95 810美元之间（Bureau of Labor Statistics，2010）。2011年，刚毕业进入基层岗位的系统分析师的平均年薪为66 519美元，可见系统分析师的薪酬较为可观（Salary. com，2011）。

数据库管理员

数据库管理员的工作包括：通过数据库管理系统决定怎样组织、存储和检索数据；决定组织和用户的需求，然后设计、完善、更新、测试和修复计算机数据库；确保数据库的正常运行；随着计算机网络的普及，信息归档和备份也变得越来越重要，以确保数据库安全。

很多老板需要掌握计算机系统分析技能的定量心理学和认知心理学研究生人才。所以如果对数据管理感兴趣，可先积累相关经验，如参与Oracle，SQL或Sybase等比较著名的项目的培训。很多学校和学院也开设这些项目的课程，但如果你所在学校未开设这些课程，你也可以选择参加由软件开发商提供的课程获得证书，或购买相关软件和相关书籍自学；同时辅修计算机科学、信息科学或管理信息系统。老板们希望找到的职员拥有出色的解决问题的技巧和人际交往技巧，以及他们在心理学学习中学到的一些技能。

从事数据库管理员工作的好处在于可以不断挑战你的智力，随时保持学习，因为技术是在不断变化的。数据库管理员与计算机系统分析师一样工作地点都在室内，但常常需要工作很长时间来解决出现的问题和修复数据库。数据管理是个很热门的工作。到 2018 年，预计数据库管理员的就业增长速度将大大超过其他职业的就业增长速度（Bureau of Labor Statistics，2010），薪资也很高。2011 年，数据库管理员的平均薪资为 86 725 美元（Salary. com，2011）。

保险精算师

保险精算师的主要工作是运用统计学和数学模型计算某种风险的可能性，如死亡、意外伤害、财产损失或金融风险等。保险精算师主要受雇于保险公司。他们搜集和分析数据，以决定保险责任范围，以及根据包括索赔和保证收益在内的保险范围来收取费用。一些保险精算师也在金融业工作，帮助组织和单位管理信用，制定投资方针以增强竞争力。保险精算师也从事咨询工作，工作范围和其他保险精算师差不多，但通常需要先签订合同后再开始工作。

心理测试、实验心理学、认知心理学和定量心理学研究生扎实的数学基础和统计学基础都为其以后从事保险精算师事业的成功奠定了基础。保险精算师还需要有极强的沟通技巧和计算机技能，包括制作电子表格、数据库、统计分析软件等。学习计算机编程语言，如 VBA，SAS 或 SQL 等都是非常有用的。选修商务、经济学和财政学能为你的求职加分。如果想要从事保险精算师工作，就要先通过一系列考试获得由精算师协会（SOA）颁发的证书，拥有这些证书后能从事以下单位相关工作：人寿保险、医疗福利制度、退休管理系统，以及财政和投资，或美国产险精算学会；还可成为财产保险、汽车业、房屋保险、医疗事故、工伤赔偿和人身伤害责任认定的精算师。大多数保险精算师在工作时公费参加执照考试取得证书。

保险精算师拥有舒适的室内工作环境，每周工作 40 小时，工作可自主安排。到2018年，预计保险精算师就业将比其他职业就业增长更快（Bureau of Labor Statistics，2010）。2001年和2002年，保险精算师以其高报酬、舒适的工作环境、可观的就业前景、稳定的工作保障及较轻的工作压力分别被《美国新闻与世界报道》和《华尔街日报》评为最顶尖职业之一，可想而知行业竞争非常激烈。刚毕业进入基层岗位的保险精算师的平均年薪为68 245美元（Salary. com，2011）。2008年所有保险精算师的平均年薪为84 818美元，处于中间段50%的员工年薪在62 020～119 110美元之间（Bureau of Labor Statistics，2010）。

金融分析师

金融分析师（也称“证券分析师”或“投资分析师”）为组织或单位（通常指银行、保险公司、投资公司和证券公司等）提供投资指导。他们结合财务报表、产品价格、销量、成本、开销和税率等数据来综合考量财务信息，决定一个公司的价值。金融分析师也为组织或单位提供管理金融资产的最佳方法和为规避风险出谋划策。

实验心理学、定量心理学和认知心理学在研究生教育中提供的统计学知识是学生今后在金融分析业就业的财富。因为这些领域的心理学家能将数学和统计学方法应用于实践解决问题。由于金融分析包含做出假设并根据现有数据设计测试，以证明假设，得出结论（Attfield，1999）。因此从事金融分析工作，科学方法迟早派上用场。研究生专业训练如陈述、沟通技巧和独立工作的能力都有益于今后的工作。财政学、工商管理、会计学、经济学、金融分析方法、风险管理等课程能扩大知识储备，激起学以致用的兴趣。一些金融分析师需要持有由美国金融业监管局（FINRA）颁发的从业许可证。考取从业许可证的费用由单位承担，因此一般在就业前没有人会自己去考证。

从事金融分析行业有挑战个人智力，拥有舒适的工作环境，工资高等优势。但也常常为了完成任务加班，还经常出差，承受巨大的工作压力（Attfield，1999）。到2018年，预计金融分析师的就业将比其他职业就业增长更快速（Bureau of Labor Statistics，2010）。然而，即便在就业增长的前提下，还是有着很强的就业竞争。2008 年金融分析师的平均年薪为 73 150 美元，处于中间段 50%的员工年薪在 54 930～99 100 美元之间（Bureau of Labor Statistics，2010）。2011 年，进入基层岗位的毕业生的平均年薪为 59 574 美元（Salary. com，2011）。年终奖在很大程度上提高了年薪，年终奖一般远远高于基本工资。但是年终奖和组织、单位的效益成正比。

数据挖掘工程师

定量心理学研究生和实验心理学研究生是最适合做数据挖掘工作的人才。数据挖掘是指使用统计方法和计算算法从大量的数据中抽取出有用的信息，这个过程也称“掘金”。这是一项相当于大海捞针的工作，这根针就是组织或单位所需要的信息，而大海就是存储所有信息的数据库。数据挖掘通过统计分析，在庞大的数据库中找到传递消费者习惯的信息，然后制定潜在市场的营销策略。

数据挖掘适用于所有行业。例如，通过数据挖掘寻找新的模式和趋势能帮助银行高管“更准确地预测消费者对利率调整的反应，哪一类消费者更愿意接受新产品，哪一类消费者最有可能拖欠贷款，以及如何做到让双方都获益”（ Fabris，1998）。数据挖掘分析师，有时也叫“数据库专业分析人员”或“数据分析师”，是发展目标市场项目，分析经济走势，识别信用欺诈和预测金融市场急需的人才。这是一项富有挑战性的工作，要求善于分析思考，有较强的解决问题的能力。如果对数据挖掘工作感兴趣，可学习最知名的数据库，如 SQL，DB2 和 Oracle 等。数据挖掘工作和数据仓储工作最具挑战性的是要承受种种压力，要求用有限的经济和人力，在规定的时间内达到目标，升级数据库，学习新型分析技术，分析数据，并得出结论（L. Smith，2002）。2011 年，中层职位的研究生毕业生的平均年薪为 68 338 美元（Salary. com 2011）。

如上所述，有很多职业要求实验心理学、认知心理学和定量心理学的统计专业知识，本科毕业生和研究生毕业生都可以谋求这些职业。除了心理学课程，广泛学习其他课程，丰富自己的技能将为你在这些领域中求职增加砝码，要知道很多人都在研究心理学研究生的就业方向（见第十三章），谋求学校心理学（见第三章）、工业心理学、组织心理学和人类因素心理学（见第八章)，以及社会心理学和消费者心理学（见第十章）领域的工作。在当今世界，拥有越多的技能，越能在工作中站稳脚跟。除职业兴趣外，心理学专业的统计学和方法论知识也为各种职业（无论是硕士研究生还是博士研究生应聘的职业）奠定了良好的基础。

测试 9—1

你适合从事实验心理学、认知心理学和定量心理学专业的工作吗?

□你喜欢做实验吗?

□你喜欢团队合作吗?

□你喜欢解决问题吗?

□你喜欢科学吗?

□你觉得从事需要使用计算机的工作有趣吗?

□你会进行分析来了解问题吗?

□你会使用计算机语言吗?

□你是个注重细节的人吗?

□你喜欢撰写调查研究报告吗?

□你喜欢挑战自己的智力吗?

□你喜欢解决计算机问题吗?

□你喜欢数学吗?

□你认为研究方法课程有趣吗?

□你喜欢统计学吗?

□你喜欢使用新的计算机程序吗?

得分：选项越多，表示你越适合从事实验心理学、认知心理学和定量心理学专业的工作。

推荐读物

Bramer, M. (2007). *Principles of data mining*. New York: Springer.

Fitch, T. (2007). *Career opportunities in banking, finance, and insurance*. New York: Checkmark Books.

Henderson, H. (2011). *Career opportunities in computers and cyberspace*. New York: Facts on File.

Hillier, F. S. (2009). *Introduction to operation research*. New York: McGraw-Hill.

Info Tech Employment. (2011). *Information technology jobs in America: Corporate & government career guide*. New York: Information Tech Employment.

Linoff, G. S. (2011). *Data mining techniques: For marketing, sales, and customer relationship management*. Hoboken, NJ: Wiley.

Schrayer, R. M. (2007). *Opportunities in insurance careers*. New York: McGraw-Hill.

Wise, S. (2002). The assessment professional: Making a difference in the 21st century. *Eye on Psi Chi*, 6(3), 20–21. Retrieved July 25, 2011, from http://psichi.org/Pubs/Articles/Article_14.aspx

Zelle, J. (2010). *Python programming: An introduction to computer science*. Sherwood, OR: Franklin, Beedle & Associates.

网络资源

Insurance: Overview
http://www.careers-in-finance.com/in.htm

Is a Career in Operations Research/Management Science Right for You?
http://www.informs.org/Edu/Career/booklet.html

Be an Actuary
http://www.beanactuary.org

Data Mining: What Is Data Mining?
http://www.anderson.ucla.edu/faculty/jason.frand/teacher/technologies/palace/datamining.htm

The Data Warehousing Information Center
http://www.dwinfocenter.org/

Budget Analysis as a Career: Information and Opinion from the Budget Analyst
http://www.budgetanalyst.com/careers.htm

Insurance Information Institute
http://www.iii.org/

Institute for Operations Research and the Management Sciences
http://www.informs.org/

第十章
社会心理学、消费者心理学

本章导读

社会心理学
消费者心理学
本科生择业走向
广告
房地产
零售
公共关系专员
研究生择业走向
市场研究分析员
产品开发顾问
管理人员
测试 10—1　你适合从事社会心理学或消费者心理学专业的工作吗？
推荐读物
网络资源

是什么导致暴力、偏见和刻板陈规等社会问题产生？我们要如何改变人们的态度？是什么影响着购买模式？人们为什么要买东西？社会心理学和消费者心理学探讨的就是各种各样有趣又重要的问题。从传统意义上来说，社会心理学是在学术机构谋求教授或研究员的职位；但是，随着社会心理学的应用，该领域的职业选择也越来越多。消费者心理学作为一门应用学科，与其相关的职业选择则更多。

社会心理学

社会心理学研究的是人与人之间、人与社会环境之间的相互作用。社会心理学家研究人的性格（如我们为什么要如此行事）、态度形成和改变、人际关系（如吸引力、偏见、集体动态、激进）。和其他心理学家一样，社会心理学家也要从事理论研究和应用研究。理论研究可以提升对基础问题的了解（增加基础问题的知识），例如，文化和环境如何塑造了我们？理论研究的目的在于增进科学知识。其应用价值并不是本身（价值）所固有的。换言之，一方面理论研究得出的知识也是为了理论更加完善。而另一方面，应用研究的目的是获得深刻的理解，解决日常问题。例如，应用型社会心理学家对实际问题进行研究，如我们要如何减少学校孩子之间的攻击行为？如何降低课堂或办公室内偏见的影响？注重理论研究的社会心理学家多在学术与研究机构就职，如第十三章所描述的。而对应用问题感兴趣的社会心理学家则出现在本章所讨论的场所内，还有社会政策制定机构（见第十一章），以及商业和组织场所（见第八章、第九章）。

消费者心理学

如果你对了解潜意识的建议和为什么某些商业广告和营销活动要比其他活动更成功感兴趣，那么你可能很适合研究消费者心理学。消费者心理学家研究的是我们如何处理信息，并做出购买产品和服务的决定（Beall & Allen，1997）。他们利用用这种信息来帮助企业和组织完善它们的营销策略（Carpenter，2000）。消费者心理学家可能会对消费者最可能购买的番茄酱容器类型（如是玻璃杯还是压缩塑料杯）进行研究。他们研究消费者的行为从而帮助公司制定营销策略。例如，消费者心理学家可能会研究有助于提升快餐广告有效性的因素，推断出人们在饥饿的时候更容易接受这样的广告，所以消费者心理学家就建议快餐公司将广告放在午后临近晚餐时间播放。他们还研究不同销售方式的有效性，并根据研究结果为企业提出意见。他们对销售人员进行培训，进行消费者满意度调查，还研究消费者对产品情感依附的增加。

换言之，消费者心理学试图“了解消费者寻找商品和服务，决定购买哪种商品和服务到使用所购买的物品的整个（心理）过程”（Beall & Allen，1997，p. 199）。他们还设法了解消费者不断变化的需求，并以此帮助公司调整产品和服务。消费者心理学家多出现在商业、政府和非营利环境，他们在那里的营销调研部门担任顾问和职员。

本科生择业走向

说服是社会心理学和消费者心理学研究的一个很重要的课题。对这两个领域感兴趣的本科毕业生最注重在说服力领域（如广告、房地产、零售和公共关系）就职可能就不足为奇了。

广告

广告这个领域很广阔，做广告的目的是帮助公司销售产品。广告行业从初级到高管职位有很多职位可供选择，需要工作经验的多少也不同。广告的初级职位通常是在客户管理和媒介部门。

客户管理部门连接着经销商和客户。它将客户引荐给经销商，并确保经销商的各个部门运作顺利，从而保证客户的广告需求得到满足。初级职位的广告助理（有时又称广告经理助理）就是协助广告经理（有时也称客户经理）完成这些任务。广告经理锁定并招揽新的客户，判定客户的需求，并将这些信息与设计广告的同事交流（将这些信息反馈给设计广告的人）。广告经理制定时间表，规定截止日期，并帮助富有创意的员工和管理人员了解客户的需要（WetFeet，2008a）。广告助理则是协助广告经理完成文书工作、时间安排和其他支持他们工作的管理任务。社会心理学原理多是以他们的工作为基础的，因为客户经理必须具备良好的人际交往和销售能力，并懂得说服和态度形成，从而吸引新的客户，帮助制订营销计划并宣传产品。

媒介部门安放广告，负责在正确的时间内安放正确的广告，从而能实惠有效地将广告信息传达给消费者。媒介部门的初级职位有媒介策划助理和媒体协调员（或称媒介采购助理）。媒介策划助理帮助媒介策划检验公众的阅读与视野习惯（偏好）；研究不同类型媒介的人口统计资料（消费者所读和所见）；评估报纸、杂志和电视节目的内容来确定将广告放在哪里。媒体协调员帮助媒介采购员购买广告时间和空间，并确保广告能按计划播出，还要制作广告预算。心理学专业学生将大量的有用技能应用到媒体策划，包括对研究方法和统计分析的精通以及对态度形成和改变的知晓，这些能力对于研究公众的喜好和设计有效的广告至关重要。

广告业内的职业是充满刺激的快节奏职业。随着你慢慢地从初级职位晋升到高管职位，你就有更多的机会实践你的创造力，解决问题，参与研究，并在该领域得到晋升。处理压力的能力、团队工作和使用科学技术（如网络研究、网站设计、计算机技能）在这个职业道路发展上至关重要。

2011 年广告助理和媒体协调员的平均年薪分别是 39 057 美元和 33 160 美元（Salary. com，2011）。工作经验不超过 3 年的媒介采购员的平均年薪是 45 331 美元，工作经验不同层次的媒介策划 2011 年的平均年薪是 48 512 美元（Salary. com，2011）。

可通过广告实习来接触这个领域，并获取该领域的实践经验，因为广告业内的初级职位竞争很大（Bureau of Labor Statistics，2010）。尽管初级职位的竞争很大，但是增长空间也很大。预计到 2018 年广告业就业将有所增长（Bureau of Labor Statistics，2010）。为了在广告业内谋得一职，你要不断磨炼你的沟通能力、创造力和组织能力。接受社会心理学、消费者心理学、营销、会计学、广告学、企业管理、交际和设计的课程培训。

房地产

不管你是买房、卖房还是租房，你可能都要和房地产打交道。地产商将买家和卖家集合起来，充当土地买卖和居民地产与商业地产之间的媒介。地产商会列出一系列可以利用的地产的清单，充分了解后，通过开放参观日和广告的手段进行销售，将它们展示给客户，还帮助客户获得融资，拟订购买合同。地产商必须对附近和周边要售楼的社区有所了解。他们必须具备良好的人际交往能力和数字运算能力，因为他们必须能够评估哪个社区最适合，最能满足客户的需要，还要评估预算。地产商要花大量的时间来获得各种列表、清单（产权人通过特别的地产商出售产权的协议）。一处房产卖出后，出售房产的代理人和获得清单的代理人通常都能收到佣金。

最成功的地产商会将心理学原理和工作相结合。有效的销售技巧是基于良好的说服技巧，以及对消费者面对产品的态度形成和转变的了解，地产商就将这些重要的社会心理学原理运用在营销、广告和客户活动中。最出色的地产商能"阅读"客户心理，从而敲定哪种房屋适合客户。说服技巧被用于描述房屋及其优势（如说房屋舒适，而不是拥挤、狭窄；房屋生气勃勃，而不是靠近午夜酒吧）。

房地产业内的职业优势是灵活性。大多数的行政工作都可以在家中完成，不过大多数时间还是用来向客户介绍楼盘。地产商经常要工作很长时间，每个周经常都超过 40 小时（Bureau of Labor Statistics，2010）。除了工作时间长，地产商还要在晚间或周末面见客户。随着地产商获得更多的经验，他们有可能赚取更多的佣金，工作也更加有效率，因此他们可以处理更多的订单。有了经验，一些地产商可以晋升到高管职位，或者自己创业。房地产职业最基本的优势是佣金收入。他们的收入很不固定，有些月份压根就没有收入，尤其是对于新手来说（Evans，1998）。房地产经纪人和销售代理商的就业增长预计在 2018 年要高于其他职业（Bureau of Labor Statistics，2010）。

如果你想从业于房地产业，就要清楚所有的地产商必须得到认证（认可）。每个州都有不同的要求，但都要求一个基本的房地产交易和财产变卖法律问题的笔试考试。还有很多州市要求 30～90 小时的课堂培训。因为分区限制和法律改变，许可证每一年或三年就需要更新（不需要考试），继续教育经常也被要求（Bureau of Labor Statistics，2010）。获取房地产许可的相关信息可以访问房地产牌照司法人员协会（http://www.arello.org/）。房地产、金融、企业管理、经济或法律相关课程为房地产业的职业提供了有用的知识背景。

零售

美国大约有 12%的工人都受雇于零售商店（WetFeet. com，2008b）。零售人员销售商品，提供顾客服务，帮助顾客了解商品信息。他们必须了解顾客行为、销售技巧和产品，因为高质量服务和专业知识是零售业成功的关键。零售店经理负责商店的管理和运作。他们招聘、录用并管理销售人员，制定销售目标，订货并追踪存货，销售产品，设计吸引顾客的技巧，提高销量并搞好与顾客之间的关系（WetFeet. com，2008b）。零售店经理助理协助经理维持零售店形象，确保满足顾客的需求，销售高峰期为销售助理提供支持。许多大型的零售商店拥有管理培训项目，员工可以学习到各个方面的商业知识，培训过后员工就可担任副经理或店长。销售代表直接受雇于制造商或批发商。销售代表经常出差，走访客户。他们负责发展与客户的关系，讨论客户的需要，对商品要如何满足这些需要提出建议，并展示所售产品的样本和分类（Bureau of Labor Statistics，2010）。

零售业的职业繁忙，它以人为本，还有晋升的机会。如果你选择在零售业就职，那么你将遇到很多来自不同领域的人，每天要运用到你的心理学知识，如果你成为一名销售代表，你甚至可以到处旅行。到 2018 年，预计零售行业职业和其他职业增长一样迅速（Bureau of Labor Statistics，2010），零售管理（就业）预计增长 15%，《美国新闻和世界报道》（2010）将该职业列为未来十年内最热门的职业之一。

零售业薪资的高低与职称和经验有关，职位有零售营业员（2008 年平均时薪为 9.86 美元或年薪 20 500 美元）、副经理（2011 年平均年薪为 39 018 美元）、零售店长（2011 年平均年薪为 49 476 美元）和销售代表（2011 年平均年薪为 54 839 美元）（Bureau of Labor Statistics，2010；Salary. com，2011）。心理学专业因对人类行为、动机和态度的研究，使得心理学专业的学生非常适合从事零售业职业。超强的交际能力、友好的态度、行事果断、工作热情、擅长压力管理这些都是必备素质。管理职业还要求领导能力、自我引导和人际交往能力（如安抚愤怒的顾客的能力）。商业、营销、会计和交际的课程可以帮助你在零售业谋得一职。

公共关系专员

公共关系是专门研究向公众传达信息的领域。公共关系专员主要是向社区、消费者、员工、公共利益集团和媒体传达组织或公司的信息。他们要通过向社区和媒体告知组织的政策、活动和成就来与公众建立并维持一种积极的关系（Bureau of Labor Statistics，2010）。公共关系专员撰写并向媒体投发新闻稿，媒体进行出版或播报。他们通过准备演讲联系组织代表和社区，经常为公司领导准备并编写演讲稿。

公共关系专员预先考虑公众对组织的意见，并进行分析和解译，以作为组织未来决策和商务实践的参考意见。他们组织的管理人员和行政人员始终了解大众和特殊爱好群体的态度和需要。他们向管理人员提出有关政策决定和沟通的建议，及如何建立良好的公共关系，这些对于一个组织的成功至关重要。公共关系还要求研究大众的态度和意见，评估组织资金筹集、营销、社区关系和其他项目的有效性。公共关系专员业务面向企业、政府、大学、医院、中学和其他机构。职位包括公共关系专员、情报员（信息员）、新闻秘书、广宣企划专员、公共事务专员等。

公共关系领域的职业多种多样，充满刺激。心理学专业的学生非常适合公共关系的职业，因为他们接受了调查研究、人际交往技巧、写作技巧的课程培训，对人类行为、态度形成和态度变化有一定的了解。而该职业的缺陷就在于工作时间长且不规律，工作日程表经常被打乱，另一个是压力大（经常都是由于项目截止日期所带来的高压）。有时候公共关系也非常令人沮丧，因为它和广告不同（为媒体报道付钱，因此可以控制广告内容和发行量），公共关系专员必须吸引媒体报道，而且对最终报道信息没有任何权利进行干预（Bergen，n.d.）。2011 年公共关系专员的平均年薪是 45 664 美元（Salary.com，2011）。《美国新闻和世界报道》（2010）将公共关系列为未来十年内最热门的 50 种职业之一。

公共关系领域内的初级职位竞争很大，因此一定的准备是很有必要的。学习交际、新闻和商业的课程，从而提高你在市场上的竞争力。也许最重要的是实践经验，这可以通过在公共关系公司、公司业务部或非营利性组织实习来获得。尽管公共关系的初级职位竞争大，不过公共关系行业总的就业增长预计到 2018 年要比其他行业迅速（Bureau of Labor Statistics，2010）。表 10—1 列出了心理学专业的课程，为求职打下基础。我的职业历程 10—1 就举例介绍了一名学生从事公共关系职业的经验。

表 10—1　本科生社会心理学、消费者心理学职业准备

主修课程：
会计
广告
企业管理
商业法
消费者心理学/决策心理学
经济学
金融学
工业一组织心理学
营销
数学
社会心理学
统计学
写作
实践经验：你可以在以下所列机构中做志愿者、实习生或带薪兼职
广告部或广告公司
企业
市场部或营销公司
房地产公司
零售业
研究经历：你可以参与以下任何领域的研究*
消费者行为
决策制定
群体行为
社会心理学

*注：实践经验有助于提高推理能力、定量分析能力、写作技能和组织能力，因此实践比学术研究更重要。

我的职业历程 10—1　社会心理学和消费者心理学：亚当·弗兰克斯

我是谁？

我叫亚当·弗兰克斯，男，28 岁。我本科毕业于得克萨斯州卢博克市

得州理工大学心理学专业。大学期间，我是骑马流浪汉互助会的成员，这是一个男性社团，它支持男性进行体育活动。我还参与到了检测积极心理学对个人成长的影响的研究当中。我的职责包括信息收集、数据输入并集体交流对项目的想法。我曾经还参与制定和完成了一项独立的研究。

心理学的应用

我在这个职位上工作近 3 年了，作为一名区域销售经理，我要监管 3 名经销商，他们主要负责根据指定的线路向杂货店输送和销售农产品。我负责监督这些经销商的操作，同时根据公司的政策对员工进行培训和监督。例如，我可能会要求表现稍差的经销商将销售路线卖给其他的经销商。我的主要目的在于提高销量，同时管理过时的产品。作为一名客户经理，我指定销售方案，然后将方案提供给联合超市（当地的连锁食品杂货店）。我和这些联合超市人事部合作，开拓新的销售领域，协商展柜和产品价格。

我的工作经历

在这工作之前，我还在得克萨斯州拉伯克的百事瓶装集团工作过。在农场我是从预售代表开始做起，为 118 家便利店和药店提供直接服务。一年之后，我晋升为区域销售经理。在这个职位上，我要管理 10 名预售代表（为 30 家主要的杂货店销售点服务），监管员工的方方面面（如录用、工资、表现评估），制定并开展培训项目，还要带领销售团队达到大约 1 180 万美元的年度销售额。除了这些经历，我还认为风度和相处之道让我在现在的工作上取得了成功。

我从事工作的多面性

我喜欢穿梭在各种各样的任务当中。今天我可能在销售产品，第二天我可能在分析数据，接下来我又可能在培训。而我最不喜欢做的是管理那些没有责任心的人。我工作最具挑战性的是学习办公室政治；这不是你所熟知的事务，而且如果你不了解办公室的政策和事务是如何运作的话，那么每件事你做起来都充满挑战。

我给你的建议

心理学知识帮助我学习分析问题并和他人交流，从而制定最佳行动方案，还学会通过数据来分析决策正确与否。我在非凡农场和百事公司工作当中，展现出了对数据挖掘技术的精通，这样一来我开始告诉其他管理人员如何获取恰当的数据，从而制定最有效的销售方案。对于那些追求类似的职位道路的本科生，我的建议是获取尽可能多的经验。尽管在学校上课很好，但还是要抓住每个志愿服务和工作的机会。即使你不需要酬劳，但还是可以从事一项具有挑战性的工作，以便日后成为你工作能力的有力证明。你还可以做一些额外工作，如参加一个研究项目。

在进入我选定的职业之前，我希望自己应该意识到一点，即感知即现实。也就是说，其他人对你的职业道德的看法可能是你升职的决定性因素。虽然我的学历是本科生，但我相信我向其他人（也就是老板）所展现的能力就是我成功的关键。我建议有条理地记录下你所做的可圈可点的事情，并尽可能地与他人分享。我还建议心理学毕业生要时刻准备着向可能的雇主表明他们的心理学学位让他们在这个岗位上更具优势，尤其是当这份工作并不专门需要心理学知识时。我从事的工作是销售，心理学让我更了解顾客，这样一来我就能够辨别每个人的不同之处，从而更有效地向顾客推销产品。

研究生择业走向

对社会心理学和消费者心理学感兴趣的心理学研究生多在上述所讨论的领域中就职，不过职位要更高。他们还在许多其他的领域中运用心理学的知识解决现实问题。

市场研究分析员

市场研究分析员收集人们关于消费品和服务的意见。他们就职于各种各样的组织，包括公共关系公司（简称公关公司）、广告公司和企业。市场研究分析员设计调查方法来收集产品或服务信息，还有消费者需求、品位、购买力和购买习惯。他们会检测消费者对产品、服务和广告方式的反应；通过调查研究，来确认广告的需求，评估广告和其他促销方式的效益；收集竞争对手产品、服务和所处位置的信息；还要分析他们的营销方式和策略（Bureau of Labor Statistics，2010）。就职于公关公司或政府的市场研究人员经常要进行民意调查，从而确定公众对不同事件的态度，因为这可能帮助政府官员或企业领导评估公众对他们的立场或广告政策的支持率。

市场研究人员要参与到各种各样的项目中，所以自身需要快速转变。除了进行实践性研究之外，市场研究职业的另一个优势在于其良好的发展前景（增长势头良好）。市场研究人员的就业水平预计到2018年要比其他职业的平均水平高很多，而拥有硕士学位或博士学位的人工作机会会更多（Bureau of Labor Statistics，2010）。关键时期长时间工作是很常见的。最后，市场研究领域的薪酬也很具诱惑力。2011年，研究生从事市场研究分析员职位的平均年薪达到了71 757美元（Salary. com，2011）。《职业展望手册》列出了2008年保守性估计的平均工资为61 070美元，一般从业者的收入在43 990～85 510美元之间。

产品开发顾问

人类发展、人际关系、态度形成和改变等心理学知识为组织提供了科研型信息，以帮助组织提供满足人们需要的产品和服务。心理学家经常在产品开发部从事顾问一职。他们检验人们对特殊产品的反应，还有他们的需求、品位、购买力和购买习惯。得出的结果和信息用来改善产品，并策划广告和促销活动以销售产品。

产品开发顾问在公司、咨询公司和私人诊所就职。从事产品开发顾问一职的重要优势是可以参与实践性研究，然后得到研究结果。你要参与到各种各样不同的项目当中，而且项目转换得非常快。其他的优势是每周工作时间固定为 40 小时，报酬高。例如，2011 年监督特定产品开发的产品开发经理的平均年薪是 107 073 美元，而负责监管组织内所有产品开发活动的产品开发总监的平均年薪是 151 393 美元（Salary. com，2011）。

管理人员

社会心理学和消费者心理学专业毕业的研究生可以在广告部、营销部、公共关系和销售部从事管理工作。大型公司这些领域的管理者要协调市场研究、营销策略、销售、广告、促销、定价、产品开发和公共关系活动。

广告经理要监督公司内部的广告和促销活动。如果一家公司与广告公司合作来处理促销问题，那么广告经理的作用就是联系公司和广告商（Bureau of Labor Statistics，2010）。而较大型的公司则有自己的广告员工，这些员工由广告经理管理。2011 年广告经理的平均年薪是 79 953 美元（Salary. com，2011）。

市场调研经理（市场营销经理）策划并监督组织的调研操作，并管理市场研究分析员。他们要调整市场研究员的工作，从而确定公司提供的产品需求和服务，并制定营销策略（Bureau of Labor Statistics，2010）。他们与广告经理和市场研究分析员进行商讨，推销产品和服务，并制订计划吸引新的顾客，还要制定定价策略，在保证顾客满意的情况下，追求最高利润。2011 年，市场调研经理的平均年薪是 94 440 美元（Salary. com，2011）。

公关经理要监管公共关系专员的工作，管理公共宣传项目。他们决定宣传项目的目标，并评估项目的效益。在大型企业内，公关经理可能要检验广告和公共关系项目的兼容性，并在必要的时候对公司高层的行为决策提出修改意见。公关经理要时刻了解社会、经济和政治走向的最新信息，并根据时下潮流提出有关如何提高公司可见性和正面形象的建议（Bureau of Labor Statistics，2010）。公关经理 2011 年的平均年薪是 85 657 美元（Salary. com，2011）。

销售经理负责公司的销售活动，他们还要负责招聘销售代表，设计方案对销售代表进行培训，为他们划分销售区域，制定销售目标，并监督他们的工作（Bureau of Labor Statistics，2010）。销售经理还要确定产品的销售潜力，评定库存要求，监控顾客偏好，并将这些信息传达给其他部门，以帮助开发和优化产品，或使产品价值最大化。和其他职业一样，销售经理的薪酬要根据所处的地理位置、所具备的经验和公司不同而定。2011 年销售经理的平均年薪是 105 890 美元（Salary. com，2011）。

总的来说，管理职位的优势和挑战都大同小异。其工作时间长，晚上和周末需要加班，这都是很平常的。2008 年，超过 80%的广告经理、市场营销经理、市场推广经理、公关经理和销售经理每周的工作时间都在 40 小时以上（经常超过 40 小时）（Bureau of Labor Statistics，2010）。管理职位经常要长期出差（如出席协会或公司赞助的会议，国家的、区域的和当地办公室的会议，还有与交易商、经销商和客户的会议）。此外，紧急的任务截止日期也使得工作充满压力。根据 Bureau of Labor Statistics（2010），广告、营销、公共关系和销售的管理职位预计到 2018 年会稳步增长，不过这些职位竞争仍然很激烈。

如果你对广告经理、市场营销经理、公关经理或销售经理这样的职位感兴趣，那么你需要学习企业管理、市场营销、商业法、广告、会计、演讲和金融课程。精通统计学的研究生格外受欢迎（有价值）。最后，管理职位要求从业者稳重、创新、积极向上、抗压性强、灵活、口才好，这些能力在心理学专业研究生课程中均会学习到。

社会心理学和消费者心理学研究生学位是心理学学位中最具市场性的。如果你对管理职位不感兴趣，可以考虑写作和出版相关职业（参见第十三章）、审讯顾问（参见第四章）、顾问（参见第八章），或社会政策研究职业（参见第十一章）。拥有创新思维，你就能够设计并获得你的理想职业。

测试 10—1

你适合从事社会心理学或消费者心理学专业的工作吗?

□你喜欢逛商场吗?

□你认为什么会影响人们的购买行为?

□你对态度形成和改变感兴趣吗?

□你喜欢解决问题吗?

□你喜欢说服他人吗?

□你喜欢看美国橄榄球超级杯大赛的宣传广告吗?

□你喜欢“阅读”他人吗?

□你觉得研究有意思吗?

□你反应迅速吗?

□你喜欢和数字打交道吗?

得分：选项越多，表示你越适合从事社会心理学或消费者心理学专业的工作。

推荐读物

Beall, A. E., & Allen, T. W. (1997). Why we buy what we buy: Consulting in consumer psychology. In R. Sternberg (Ed.), *Career paths in psychology: Where your degree can take you* (pp. 197–212). Washington, DC: American Psychological Association.

Branscombe, N. R., & Spears, R. (2001). Social psychology: Past, present, and some predictions for the future. In J. S. Halonen, & S. F. Davis (Eds.), *The many faces of psychological research in the 21st century*. Retrieved July 29, 2008, from http://teachpsych.org/resources/e-books/faces/script/Ch07.htm

Edwards, K. W. (2006). *Your successful real estate career*. New York: Amacom.

Field, S. (2001). *Career opportunities in the retail and wholesale industry*. New York: Facts on File.

Field, S., & Rubenstein, H. J. (2005). *Career opportunities in advertising and public relations*. New York: Checkmark.

Friestad, M. (2001). What is consumer psychology? *Eye on Psi Chi*, 6(1), 28–29.

Tymorek, S. (2010). *Advertising and public relations*. New York: Checkmark Books.

Wagner, R. (2001). A hot market for social scientists in market research. *Chronicle of Higher Education*. Retrieved June 1, 2002, from http://chronicle.com/article/A-Hot-Market-for-Social/45563

网络资源

What Is a Personality/Social Psychologist?
http://www.spsp.org/what.htm

Social Psychology
http://www.trinity.edu/~mkearl/socpsy.html

Realty Times
http://realtytimes.com

Association of Real Estate License Law Officials
http://www.arello.org/

Consumer Behavior: The Psychology of Marketing
http://www.consumerpsychologist.com/

About Advertising
http://advertising.about.com/

Your Career in Public Relations: Get it Started Right
http://aboutpublicrelations.net/uckelly8a.htm

About Retail Careers
http://retailindustry.about.com/

第十一章
发展心理学

本章导读

婴儿、儿童、青少年，这便是人们在想到发展心理学时脑中出现的词汇。发展心理学家关注以下话题：婴儿早期发展的转变和社交媒体怎样影响孩子的行为等。同时，发展心理学家也关注成年人的发展：是否遭遇中年危机？在成年人生活中，社会健康津贴和财富意味着什么？发展心理学家研究与我们生活息息相关的各种问题。从传统意义上来说，获得发展心理学的硕士学位更有可能走上学术道路。然而，实践性强的应用型工作也受到了越来越多人的青睐。本章，将向大家详细地介绍发展心理学的职业之路。

发展心理学

发展心理学研究人类在其生命中是如何成长、发展和转变的。发展心理学家从情感、智力和身体层面为儿童、青少年和成年人服务。许多发展心理学家专门研究特定年龄层的人群，如婴儿、幼儿、青少年、中年人或老年人。

他们的研究领域广泛，包括离婚对成年人的影响、抚养孩子、婴儿怎样学习语言和青少年反社会行为的影响等。在发展心理学领域发展最快、最显著的莫过于老年病学或是中年至老年衰老过程的研究。老年病学专家研究老年人在慢慢变老的过程中在感情上、社会角色上、身体上所经历的改变；研究美国人口老龄化给社会带来的影响；并研究怎样发展心理学知识来完善政策，使之更加有效地帮助老年人及其家庭。

越来越多的心理学家研究应用发展心理学。应用发展心理学家对每天出现的实际问题进行研究。例如，儿童与暴力、怎样让孩子听话。应用发展心理学家研究并评估能够促进最佳认知、情感和社会性发展的因素。同时，他们向执政者、商人、企业家、健康专家和父母提供发展心理学方面的知识。通过组织、管理和评估发展强项和弱项，为个人和团体研发行为管理项目，为不同心理健康机构提供心理学服务，应用心理学家直接参与机构的发展和成长（Fisher & Osofsky，1997；Kuther，1996；Toth，Manly & Nilsen，2008）。

本科生择业走向

许多获得心理学学士学位的毕业生都希望为特定年龄层的人群服务，如儿童或老年人。对发展心理学感兴趣的毕业生可以考虑的工作有：老年医学助理、儿童医疗辅导师或在非营利性机构工作。

老年医学助理

老年医学助理即人类服务工作者（也叫作社会和人类服务助理），其工作内容是为老年客户提供直接或间接的帮助。他们负责开发项目，如健康提升、老年人电影俱乐部、老年活动中心、退休老年人社区。老年医学助理也在医院、诊所、私人疗养院或成人日托，以及家庭护理项目中为老年人提供直接的帮助。他们观察和记录老年人的身体康复状况，并报告给其监护人和个案经理；陪伴老年人到聚餐地点、成人日托中心或医生办公室；电话联系老年人的监护人或者拜访其家庭，针对老年人的身体状况进行沟通；为一些老年人提供基本的生活服务。本科毕业生有参与咨询活动，协调项目，或参与管理老年教养院（Bureau of Labor Statistics，2010）的机会。许多老年医学助理在专业人员，如心理学家、护士、顾问或社工的指导下开展工作。老年医学助理可以在办公室、诊所、医院、老年教养院、日托项目和老年人家工作。

老年医学助理职位的一个优势是能够获得帮助别人和提高别人福祉的成就感。另一个优势是每周 40 小时的标准工时，但有时也会因机构不同，需要周末或晚上加班。老年医学助理职位从现在起至 2018 年，将会有计划地快速发展，发展速度远比任何职位都要快（Bureau of Labor Statistics，2010），属于发展最迅猛的职业，这将为心理学毕业生提供多种工作机会。如果你想成为一名老年医学助理，你所学习的心理学课程会让你受益匪浅。其他的补充科目，如交际学、老年病学和社会福利工作能切实提高你的能力。

助人为乐本可以使人精神愉悦，但作为一名老年医学助理，长期的工作也会令人精神疲惫，有时候也会感到无能为力，例如为一些生命垂危的老年人服务。老年医学助理薪酬相对较低，2008 年的平均年薪仅为 21 860～34 590 美元（Bureau of Labor Statistics，2010）。

儿童医疗辅导师

儿童医疗辅导师帮助孩子及其家庭快速适应医院的治疗。他们通常在医院工作，专注儿科，为孩子治疗，做康复活动。儿童医疗辅导师还指导家庭成员帮助患病或残疾儿童身体及心理的康复。他们用参与活动的形式帮助孩子成长，通过在活动中畅所欲言的感情表达和游戏的参与来促进孩子社交能力的提升。

帮助困难的家庭摆脱危机也是很有成就感的一件事，但是很多儿童医疗辅导师会慢慢失去对工作的兴趣。在北美的许多大医院都可以找到儿童医疗辅导师，但在规模较小的医院不常见。聘请儿童医疗辅导师有地区限制，一般在城市的医院才有这个职位。如果你对儿童医疗辅导师的工作感兴趣，在校期间你可以选修以下课程：儿童及家庭研究、人类发展和儿童早期教育，并且熟悉一定的医学术语和儿童常见的疾病。

2008 年，本科毕业的儿童医疗辅导师平均年薪为 38 000 美元，其中几乎一半的人年薪在 34 028～42 137 美元之间（Child Life Council，2009）。具有管理能力（如职员管理、组织能力、制定管理项目等）的儿童医疗辅导师平均年薪为 41 196 美元（其中半数年薪在 36 058～47 382 美元之间）（Child Life Council，2009）。2011 年，几乎所有儿童医疗辅导师的平均年薪为 43 613 美元（Salary. com，2011）。想要成为一名儿童医疗辅导师，你除了需要获得学士学位证书外，还需要具有至少 480 小时的实习经历，实习完毕须通过儿童医疗辅助委员会主办的考试，并获得证书（详情点击 http://www.childlife.org）。

非营利性机构 & 发展心理学

非营利性机构为刚毕业的大学生提供了众多的工作机会。在过去的 20 年里，非营利性机构的发展速度远远超过了国有和私人企业。那非营利性机构是什么呢？非营利性机构是指不以赚取利润为目的的机构；换句话说，非营利性机构的收入不是用来吸引股东、债权人等的投资，相反，这些收入会再次返回到机构中，为实现机构的终极目标而被再次使用。非营利性机构多种多样，大多数机构的宗旨都是谋求社会福利，例如，促进教育产业、科学事业、文化产业、公民权利和社会福利发展等。许多心理学专业毕业生都在非营利性机构中工作，为社会中个人、家庭和孩子的成长做出了贡献。

非营利性机构内有项目职位和管理职位。对发展心理学感兴趣的毕业生可以申请项目职位，专注于研究儿童、青少年及其家庭的需求。项目职位需要做以下工作：健康协助服务、咨询，危机干预、治疗，教育和活动企划（Rowh & Suchorski，2000）。项目助理（有时也称作项目协调人），工作之一是协助项目主管分析数据并完成项目。2011 年，项目助理职位的平均年薪为 35 000 美元（PayScale，2011）。项目经理职位属于中级管理职位，需要有几年的项目助理经验。其工作职能是管理和监测特殊项目，包括人员聘用、筹款、行政和管理事务。2011 年，项目经理（包括不同教育水平和经验）的平均年薪为 66 425 美元（Salary. com，2011）。

对发展心理学感兴趣的其他毕业生也可以在其他职位为客户提供直接服务，如引导孩子、青少年及其父母，为孩子父母提供教育和培训课程，或在其家中开展教育培训。2008 年，初级社会和人类服务职位的平均年薪为 27 280 美元（Bureau of Labor Statistics，2010）。具有实习经验的心理学毕业生可以晋升为个案专员，负责为客户及其家人提供服务。2011 年，个案专员的平均年薪为 43 660 美元（Salary. com，2011）。更多关于直接服务职位的信息详见本书第四章。

非营利性机构很大程度上依赖社会和政府的资助。筹款人在非营利性机构的工作是计划并组织开展项目来筹集资金，保证机构的正常运行。他们设计项目和活动以获得出资人和政府的支持，吸引个人、基金会和公司捐款，并努力与赞助人保持良好的关系。筹款职位也需要写作企划案，对未来潜在赞助人进行研究，协调特殊筹款项目。刚毕业的大学生通常都是从筹款人做起，培养协助和管理能力，积累经验，为从事更具有挑战性的工作做好准备。2011 年，筹款人职位的平均年薪为 49 008 美元（Salary. com，2011）。

筹款人职位要求精湛的交际、公关和组织能力，这样才能够动员和鼓励公众给予支持。心理学专业毕业生所具有的专业技能，如问题解决能力，社会心理学准则（劝说、态度形成和转变等）的了解、临界分析能力，对筹款都非常有帮助。同时，选修销售、会计、通信和经济管理课程能够拓宽视野。

在非营利性机构中工作为帮助他人，并促进他人身心健康提供了机会。有工作经验，在机构内晋升的机会也会随之增多。工作之余多修一些管理和行政课程，有助于在未来进入更大的机构工作。在非营利性机构中工作的缺点是大多数非营利性机构资金来源于政府资助、公众捐款和筹款活动，来源不稳定。资金来源的不确定性会引发工作环境的压力感，因为所提供的职员发展资源、高质量设备和办公空间很有限。

除了以上我们介绍的职位，非营利性机构中还有公共关系专员（参见第十章）、行政助理（参见第八章）、计算机专员（参见第九章）和其他职位。

发展心理学在其他领域的工作包括教师（第三章）、惩教官（第四章）、广告员（第十章）。如果你对人类发展心理学感兴趣，表 11—1 列出了与此相关的职业准备。

表 11—1　　本科生发展心理学职业准备

主修课程：

老年医学助理职位

老年医学

交际学

社会工作

健康保健

家庭研究

发展心理学或人类发展学

儿童医疗辅助师

儿童发展学

家庭研究

人类发展学

儿童早期教育

交际学

健康保健

儿童精神病理学

获得儿童医疗辅助协会颁发的证书（详情访问 http://www.childlife.org）

非营利性职位

交际学

社会工作

数学

写作

家族体系研究

儿童发展学

销售

会计学

工商管理

实践经验：你可以在以下所列机构中做志愿者、实习生或带薪兼职

男孩女孩俱乐部

儿童医院或儿童科室

日托中心

老年活动中心

智力障碍康复治疗中心

续表

其他非营利性机构，如庇护所、女子中心
研究经历：你可以参与以下任何领域的研究*
人口老龄化
儿童发展
儿童精神病理学
发展评价体系
发展心理学
项目发展和评价
老年心理学

*注：实践经验有助于提高推理能力、定量分析能力、写作技能和组织能力，因此实践比学术研究更重要。

我的职业历程 11—1　发展心理学：安德里亚·麦克吉尼斯

我是谁？

我是安德里亚，女，27 岁。我在新泽西州新泽西大学获得了心理学学士学位。在校期间，我参加了女学生联谊会。

心理学的应用

目前，我是一名认证儿童医疗辅助师，在费城儿童医院工作。在这里我已经工作 3 年了。我的工作内容是为儿童、青少年，及其家庭成员设计能够促进其身心发展的娱乐活动、健康教育培训；以及在患者接受治疗前帮助其进行工作准备，给予精神上的支持，舒缓患者的压力；增强适应性机制，美化医院内部环境。

我的工作经历

毕业之后，我很轻松地得到了一份贷款咨询师的工作。然而，那时我却决定走上儿童医疗辅助师的职位。费城儿童医院向我提供了一个实习的机会，在那里，我完成了 100 个小时的实习。那之后，我在宾夕法尼亚费城圣保罗儿童医院完成了 480 小时的实习。

我从事工作的多面性

工作中，最令我感到高兴的是每一天都是与众不同的。每天新来的患者和家庭都让我忙碌而充实，在工作中，我从来没有感到过无聊乏力。然而，工作中最困难的部分就是应对悲伤痛苦情绪。例如，我为其他家庭成员提供悲伤辅助心理咨询。除此之外，这项工作的晋升机会很少，即使费城儿童医院为有更多领导经验的职员提供晋升的机会，但并不是所有机构都会给予发展的空间。即使有机会，儿童医疗辅助师也不会得到太多的加薪机会。

我给你的建议

心理学方面的知识帮助我从各种不同的角度看待问题。这种能力非常宝贵，使我能够在特殊的情况立刻领会孩子和父母的想法，并用他们能够接受的方式有效地进行安抚工作。对于行动不便的患者（如残疾等），我的问题解决能力能很好地在活动中帮助他们。更令我受益匪浅的是，收集整理信息的能力在我处理不同疾病并需要转换治疗方式的时候帮助我，我需要运用大量的资源，例如，其他职员了解的信息、网络，与参与治疗家庭的谈话等来整合我们患者的信息。并且，我认为遇事灵活应对是成为一名成功的儿童医疗辅助师的重要特征。我们常常会被临时叫去处理紧急事件，可能是为患儿做治疗前期准备，缓解其疼痛；也可能是陪伴其度过治疗期。在医院，常常会有突发情况，因此，具有灵活而冷静的应对能力非常重要。然而，心理学学士学位并不足以应付我目前的工作。

在获得心理学学位之前，我会首先了解我在平时课上所学的知识是否能够运用在一个特殊的领域（例如，发展心理学、咨询或组织心理学）。你需要在心理学学科中选择一个具体的方向，而不是广泛涉猎。我认为你运用宽泛的心理学知识是没有办法从事具体心理学职业的。同样，我也建议在校学生尽可能利用宝贵的实习机会，找到自己的兴趣所在，缩小职业范围。像我的工作一样，你需要具有较强的咨询沟通能力。儿童医疗辅助师通常需要与儿童或青少年沟通，范围从事故原因、外伤引起的行为困难到攻击性行为的原因等。

研究生择业走向

拥有发展心理学研究生学位，你能够从事的工作将更加多样。发展心理学研究生若想学以致用，那么许多机会将接踵而至。

科学实践行业

科学实践即指将发展心理学与发展科学结合起来应用于实际。一般来说，制药公司、学校、社会服务性机构和私人诊所会提供这样的职位。一些科学实践行业的人也可以做咨询师，为教师提供行为管理和教育技巧的信息，帮助其很好地与需要发展帮助和发展迟缓的孩子相处（Fisher & Osofsky, 1997）。其他科学实践师则为曾经受过外伤或疑似发展迟缓的孩子做诊断。孩子的发展迟缓和学习障碍诊断完毕后，应用发展心理学家会与家长讨论治疗方案和干预计划，并为教师和孩子父母提供孩子的情况和怎样帮助孩子成长等信息。如果遇到发展严重迟缓的孩子，在医院和服务机构的应用发展心理学家会与物理学家、社会工作者、理疗学家和其他专家组成的跨学科团队合作来决定最好的治疗和干预方案。正如你所见，应用发展心理学家的工作与临床医生、咨询心理学家类似，但其与临床医生至少在两方面是不同的：（1）应用发展心理学家不进行单独治疗；（2）应用发展心理学家致力于帮助个体提高发展技能，提升个人能力。

应用发展心理学家设计并根据经验评估医院、社会服务机构、心理健康诊所和学校所用的项目（Bruzzese，2005）。例如，一个应用发展心理学家也许会评估在医院或诊所中实行的行为干预项目所带来的影响，例如，待产产妇的产前护理和教育对新生儿健康的影响等。在学校，他们会设计并评估矫正教育项目，并测评主流训练项目的有效性。在家庭护理机构工作的应用发展心理学家会评估项目的有效性，并帮助提升老年人的自我认知感。

应用发展心理学家也可以在社会服务机构和法庭工作。他们评估有意愿领养孩子的家庭，决定父母是否有足够的能力重获孩子的抚养权，或加入跨学科团队来帮助那些在调查和庭审中遭遇虐待的孩子。在处理离婚和孩子抚养权的案件时，应用发展心理学家会对孩子及其家庭开展评估，确定成年人在犯罪案件中的地位，并且作为专家，处理虐待儿童案、儿童抚养权案和被告为儿童和成年人的庭审。

如果你对应用发展心理学感兴趣，要知道的是研究生学位能够帮助你更好地参与发展评估活动，除此之外，还能为你在项目设计和评估领域中提供更多的工作机会。而博士学位能够让你参与更多更有难度的工作，但同时也有额外的责任，包括考从业证书等。

想要在科学实践行业发展的应用发展心理学家必须考取国家从业证书，才能够为公众提供心理学服务（Goldstein，Wilson，& Gerstein，1983；Kuther，1996）。一般来说，获得从业许可证书要求申请人具有在相关领域工作两年的实习经验和至少一年的博士后经历，与此同时，还要参加并通过国家级考试。在一些特殊的州，还需要参加伦理和法律知识的考试，另一些州则是需要参加面试。需要注意的是，每个州从业证书的要求都不同。获得从业证书会为科学实践者提供更多的工作机会和更大的发展空间。2009 年，与临床心理学家、咨询心理学家和学校心理学家不同，具有从业证书，并直接就职于人类服务岗位的科学实践心理学家平均年薪为 85 000 美元（Finno，Michaelski，Hart，Wicherski，& Kohout，2010）。

即使以上介绍都侧重于应用发展心理学的应用和实践性活动，但许多心理学专家都可以借助以上内容在大学、医院、政府和私人诊所中进行应用研究。例如，在大学工作的研究人员可以研究成年人失职犯罪的潜在危险因素，研发出预防和干预项目，帮助人们摆脱犯罪危险。更多的关于研究人员的工作详见第十三章。

产品研发和咨询顾问

心理学家运用人类发展、人际关系和态度形成转变的背景知识，为组织提供研究调查的基础，帮助其生产的产品和输出的服务迎合大众的需求。发展心理学家为组织提供特殊的服务，如按照发展心理学，设计并销售合适的玩具、学习产品、电视软件等。

心理学家也可作为咨询顾问，在产品发展和销售上出谋划策。他们对孩子能力和玩要的风格进行调查，进而确定适合孩子发展的玩具。心理学家将玩具的实验模型提供给孩子，根据他们的接受程度进行玩具设计修改。产品咨询顾问关注父母和孩子的感受，确定他们对于特殊产品的想法，并在产品设计上收集反馈。通过以上方法得出的设计往往会提升产品的整体效果。除此之外，咨询顾问也会开展市场调查，研究父母和孩子对特殊玩具、广告和新科技的反响，同时，调查他们的需求、品位、购买力和购物习惯。下一次，当你在玩具店拿起特殊玩具，看到标签上描述的适龄项目时，就应该意识到，这就是发展心理学家所做的工作。

其他发展心理学家帮助公司设计并销售适合老年人使用的产品。运用发展心理学的知识，他们帮助升华产品和环境的设计（如居民区）。例如，咨询顾问也许会建议对产品包装进行修改，使用更醒目的颜色和更大的字体来印刷，这样更方便老年人阅读。通过对老年群体的关注与研究，咨询顾问确定老年人的需求与偏好，并将信息提供给组织，帮助其设计生产出更好的产品并完善销售技术。

媒体为发展心理学家提供了另一个进行市场调查的机会。心理学家为儿童电视节目设计者提供发展和教育上的建议。例如，心理学家开展孩子注意力广度和持续时间的研究，成为了电视节目创作的创造性指导方针，帮助电视人创作出如“芝麻街”一样脍炙人口的作品。与产品发展类似，群体心理和市场研究同时也为电视节目和广播节目提供了信息基础来锁定目标观众。

在咨询机构和私人企业中都可以发现产品研发和销售咨询顾问的身影。作为产品研发和销售咨询顾问，其优势在于能够学以致用，将心理学知识运用于实际，并亲眼见到取得的成果。作为咨询顾问，工作的项目多种多样，项目成果反馈也相当快速。顾问所做的研究通常需要快速进行，并迅速取得信息，因为客户需要在短时间内做出商业决定。通常，顾问每周工作 40 小时，同时，高标准的工作补贴是顾问工作的另一大优势。2011 年，市场调研岗位（获得研究生学历）的平均年薪为 71 757 美元。如果具有丰富的经验，市场调研人员也可晋升到市场调研经理的岗位（管理公司市场调研部门），平均年薪为 94 440 美元（Salary. com，2011）。

社会政策研究人员

通常，发展心理学家都可以在社会政策研究方面找到满意的工作。典型的社会政策工作通常存在于政府部门（如国家心理健康研究所、国家药物滥用研究所等）、智库或政策性较强的组织，如学术机构中。第十三章会详述此类职位。但在本章仍会涉及社会政策研究型组织，因为许多社会与发展心理学家对于运用心理学知识教育立法者来进行教育改革，提高公众福祉很感兴趣。如果你选择社会政策研究类工作，则将会花大量的时间撰写大型研究项目申请，开展调查，研究各类政策带来的影响，写论文发表并出版，使你的研究结果得到公众和决策者的认可。2009 年，在非营利性机构中，获得博士学位，且工作经验少于 5 年的政策研究人员平均年薪为 76 000 美元（Finno et al.，2010）。

也许获得研究工作概况的最佳方法就是找出三个杰出的政策性机构。不过以下列出的仅仅是决策层中的三个机构。

• RAND 研究与开发组织是最早的智库，成立于 1946 年。与其他智库类似，研发组织的使命是应用研究和分析来提高政策制定的恰当性和正确性。研究与开发组织是一个大型智库，在各种不同领域均开展政策研究。研究项目包括为在校学生开展全国范围内的药品防护，为老年人评估健康护理质量，评测印尼经济危机对市民的影响。

• 家庭与工作研究所（http://www.familiesandwork.org）是一个研究中心，侧重于研究家庭与工作的关系，为决策制定提供数据支持。示例项目包括对美国全国工人代表性样本的纵向研究；对雇主进行纵向研究，并以此了解美国雇主是怎样对待职员工作与生活需求的；采访儿童来了解在他们的世界中，学校、项目和政策的意义。

• 人力示范研究公司（MDRC）致力于研究提升低收入人群幸福感的因素，并与外界交流研究成果，提高公共决策和项目的有效性。研究人员会对现今采取的福利改革政策或其他帮助低收入群体的措施进行评估，同时，研究这些项目如何影响儿童发展和家庭幸福感。其他研究项目会评测学校改革政策的有效性：是否增强了学术研究成果和大学录取率。

想要从事政策研究方面的工作，该做怎样的准备呢？即使研究生学习为研究实践提供了知识背景，但对开展政策研究调查感兴趣的学生来说，学会怎样起草调查问卷是很重要的，同时，必须具备将研究成果与广大公众分享的交流能力（Susman－Stillman et al.，1996；Weinberg & Susman－Stillman，1999）。在工作中要注意，通过亲身实践学习来弥补知识的欠缺。

测试 11—1

你适合从事发展心理学专业的工作吗？

□你是否想知道随着年龄增长，人们是怎样变化的？

□你是否喜欢解决问题？

□你是否想要了解老年人？

□你是否有能力综合考虑问题？

□你是否喜欢研究理论？

□你是否喜欢婴儿？

□你是否有忍耐力？

□你是否想通过工作帮助别人？

□你是否喜欢孩子？

□你是否不想成为临床医生？

□你对社会政策感兴趣吗？

□你是否觉得青少年很有趣？

□你是否想知道我们逐步迈向成年会有哪些转变？

□你是否喜欢开展研究？

□你是否觉得每个年龄阶段都值得研究？

□你是否喜欢阅读关于人类发展的书籍？

得分：选项越多，表示你越适合从事发展心理学专业的工作。

推荐读物

Berk. L. (2001). Trends in human development. In J. S. Halonen & S. F. Davis (Eds.), *The many faces of psychological research in the 21st century*. Retrieved June 5, 2002, from http://teachpsych.org/resources/e-books/faces/script/Ch10.htm

Bruzzese, J. M. (2005). Medical schools and centers: The merger of developmental psychology and pediatric asthma education. In R. D. Morgan, T. L. Kuther, & C. J. Habben (Eds.), *Life after graduate school in psychology: Insider's advice from new psychologists*. New York: Psychology Press.

Burns, J. B. (2006). *Career opportunities in the nonprofit sector*. New York: Checkmark Books.

Busse, M., & Joiner, S. (2010). *The idealist guide to nonprofit careers for first-time job seekers (hundreds of heads survival guides)*. Atlanta, GA: Hundreds of Heads Books.

Coffey, T., & Livingston, G. (2005). *Marketing to the new super consumer: Mom & kid*. Ithaca, NY: Paramount Marketing Publishing.

Cryer, S. (2008). *The nonprofit career guide: How to land a job that makes a difference*. Nashville, TN: Fieldstone Alliance.

Eberts, M., & Gisler, M. (2006). *Careers for kids at heart & others who adore children*. New York: McGraw-Hill.

Giacobello, J. (2001). *Choosing a career in the toy industry*. New York: Rosen.

Grabinsky, C. J. (2007). *101 careers in gerontology*. New York: Springer.

Gunter, B., Oates, C., & Blades, M. (2005). *Advertising to children on TV: Content, impact and regulation*. Mahwah, NJ: Erlbaum.

Rowh, M., & Suchorski, J. (2000). *Opportunities in fund-raising careers*. New York: McGraw-Hill.

网络资源

National Child Care Association
http://www.nccanet.org/

National Association for the Education of Young Children
http://www.naeyc.org

National Network for Child Care
http://www.nncc.org

Society for Research in Child Development
http://www.srcd.org

Careers in Aging
http://www.careersinaging.com/

Sesame Workshop
http://www.sesameworkshop.org/

Children's Advertising Review Unit
http://www.caru.org

Society for Research on Adolescence
http://www.s-r-a.org

Families and Work Institute
http://www.familiesandwork.org

American Geriatrics Society
http://www.americangeriatrics.org

American Association of Fund-Raising Executives
http://www.afpnet.org/

Association for Gerontology in Higher Education
http://www.aghe.org

RAND
http://www.rand.org/about/

MDRC
http://www.mdrc.org/

第十二章
毕业生就业

本章导读

人才需求	面试胜经
求职定位	面试准备
求职简历	面试着装
时序型简历	面试技巧
功能型简历	**工作机会**
求职推荐信	**推荐读物**
附信的撰写	**网络资源**

每年都有大部分人选修心理学。而毕业后这些人将从事什么工作呢？大部分人不会选择读研，而是进入职场。本章我们将从工作定位、简历编写、面试胜经和入职方面等讨论求职过程。

人才需求

用人单位到底需要什么样的人才呢？对此有相关人员做了调查研究（Appleby，2000；Edwards & Smith，1988；Grocer & Kohout，1997；National Association of Colleges and Emplogers，2008），调查结果见表12—1。在第一章我们提到，工作能力是心理学本科生的求职优势。那么雇主需求的技能和心理学学生自身职能发展有什么相似之处呢？

在进入职场前，先做好充分准备：心理学学生所具备的技能越多，越受雇主青睐。用人单位所期待求职者拥有的人际交往技巧、研究知识等都是心理学学生应具备的，这些都是在学习、实习和课外活动中磨炼出来的。但怎样为这些有价值的技能找到用武之地呢？又怎样利用这些优势去成功应聘呢？在接下来的章节中，将会提及求职过程。

表 12—1　　雇主喜爱的技能调查

阅读和写作技能：
- 阅读并提取主要思想的能力
- 文档创意写作技巧
- 撰写报告、提案、小结能力

问题解决能力：
- 准确判断、正确决策能力
- 运用已有信息解决问题，以及根据自身经验和心理学原则分析问题的能力

相关工作经历：
- 有参加建教合作、实习、兼职或假期工作等经验
- 有明确的工作方向和学以致用的能力

数据分析技能：
- 计算技巧、数字推理能力、识别数据库问题的能力
- 搜集、记录、报告统计信息的能力

计算机应用技能：
- 有软件应用知识，如使用 Word 文档、表格制定和数据库软件等
- 熟悉网络和电子邮箱

沟通和人际交往技巧：
- 良好的倾听能力
- 清楚、简洁、准确、有逻辑的口头表达能力
- 对社交信号的敏感度
- 团队合作能力，包括组织小组讨论、建立团队、解决矛盾等能力
- 能理解并容忍个体差异

心理学知识：
- 具备心理学某方面知识，如态度的形成和改变，或人的思考、解决问题和处理信息的过程
- 了解群体动力学
- 了解人对环境的感知和感受相关知识

自我管理能力：
- 良好的社交能力，自尊、自信
- 能承受压力，有模糊容忍度
- 能设定和追求目标，控制情绪，举止得当

接收和使用信息能力：
- 了解怎样接收并存储信息
- 懂得学习，寻找信息，并评估信息，投入使用

续表

适应能力： ·较强的适应能力，工作中能灵活变化，一心多用 ·知识面广，了解除心理学外的知识 ·能利用资源有效完成任务（如制作时间流程、写预算、分配空间和管理其他人员等）

求职定位

很多求职广告上都不会注明招聘心理学专业，因大多数招聘广告也都不会注明对专业的要求。即使一些招聘广告上写着优先考虑心理学专业，也不要孤注一掷。在找工作过程中，要知道公众和很多用人单位常常对心理学和心理学学生产生误解，就如在第一章里提到的那些误解（心理学学生最终向心理学家发展，心理学硕士从事心理治疗工作等）。找工作时，应多留意招聘技能要求，而不是关心职位名称。职位名称可能会误导求职者——需要什么技能才能胜任？求职过程中，你需要用自己心理学教育让你具备的知识和基本技能说服雇主。

求职第一步是向学院或学校的就业服务办公室咨询，你会发现那些资深的专业咨询师能在就业各方面给你指导，包括求职定位。用人单位通常和学院联系，在学院举行招聘会。阅读当地报纸上的招聘信息，很多报纸上的在线招聘广告数据库可在网上搜索到。然后可向和你专业对口的大企业、公司和机构的人力资源部咨询他们是否在招聘。很多企业和组织在其人力资源或“招聘”的网页上贴出招聘广告。还有很多为求职者服务的网站。许多工作是不贴出来招聘的，因此要主动在网上查找那些“隐性”的招聘广告。同学（以及同学父母）兼职、实习中接触到的人都是累积的人脉。找工作时可向这些有经验的人士咨询，通过听他们介绍，你可能会获取一些未贴出的招聘信息。

求职简历

简历即你的教育背景、技能和工作经验的总结。一份好的简历能让你直接进入面试环节，甚至还可能助你求职成功。即使招聘广告中并未明确要求附简历，但用人单位还是期望优秀的应聘者在申请中附上简历。一份好的简历能使求职单位对应聘者产生第一印象甚至是唯一印象。简历唯一的功能就是说服用人单位让你参加面试。简历也是一个展示自我的机会：你对所应聘工作的优势和不可取代性。因此，应聘者要在简历中把自己的技能和竞争优势列出来，即你能为用人单位创造什么？

写简历时，仔细填写工作经验和相关技能。用人单位在看简历的时候会根据你之前的工作经验，判断你可能会适合什么样的职位。仔细填写你成功的工作经历以及什么影响了你，让你成功？你曾为单位做出什么贡献，具备些什么技能？你学到了什么样的通用技能（在许多工作中都能用到的技能）？能够说明你能力的志愿者工作经验也是很有价值的。用人单位关心的是你能否胜任这份工作，而不关心你做过的工作是有报酬的还是无偿的。简历有许多种，但最常见的是时序型简历和功能型简历。

时序型简历

时序型简历是根据时间顺序列出你的教育背景、工作经验等信息，以方便用人单位阅读和进行了解。时序型简历包括以下几个部分。表 12—2 为一份时序型简历模板。

联系信息。包括姓名、通信地址、联系电话以及邮箱。一定要使用正式的邮箱名称，而非昵称，如“HotTamale101”这样的邮箱很容易被忽视。同样，如果你使用的是免费邮箱（如微软的 Hotmail 或雅虎邮箱），要注意一些用人单位的邮箱可能会将来自这些免费邮箱的邮件标为垃圾邮件。联系信息中只须包含你工作专用的网址，并且要与你的职业目标相符。一般来说，联系信息中最好不出现“MySpace”或“Facebook”等私人网址。建议在求职时不要到所有公开的社交网站上发布求职信息，即使在你工作后也尽量设置隐私保护，因为近年来一些职员被炒，就因为用人单位看到了他们发布在 Facebook、Twitter 等社交网站上的求职信息。

表 12—2　　时序型简历模板

个人简历

姓名：克里斯汀·琼斯　　性别：男

电话：(914) 555－1414　　传真：(914) 555－9999

Email：Jones@yourstateu. edu　　地址：纽约欢乐谷欢乐街 11245 号

教育经历：毕业于纽约市某大学，采购专业

于 2001 年获得心理学文学士学位

辅修：通信

工作经历：1999 年 5 月至今，任纽约市某大学采购专业宿舍辅导员

协助管理校园 360 个住宿单位的主管制定和补充规定、程序以对住宿学生进行管理。

发展和推出了包括拒绝饮酒、职业发展、领导力培养和安全等多个不同项目。

1998 年 8 月至 1999 年 5 月，纽约采购学院《采购新闻》实习生

对每周发生的大事件进行跟踪报道。

对当地居民进行采访调查，撰写每周的“本地新闻”。

1997 年 6 月至 1999 年 8 月，于纽约采购中心熟食商店当收银员

主要负责向有需要的顾客推荐产品，电脑收银机操作，收取现金，补充货架上货物，以及监管库存。

活动经历：戏剧社积极分子，时长两年。曾在三部剧中参与合唱。

心理俱乐部积极分子，时长三年。曾组织募资，参加心理辅导小组，邀请当地演讲家参与俱乐部例会。

附信：可根据要求提供

资料来源：Kuther (2010).

教育背景。包括你获得的学位、颁发学位的教育机构名称、颁发日期、专业、辅修学位（如果有）和平均成绩（只有在平均成绩高于 3.0 时才写在简历上）。还包括获得的学术荣誉。

工作经验。可填写所有相关的工作经验：全职、兼职、实习、建教合作、自主创业或志愿者工作。列出最近从事的工作和职位。包括职位名称、公司名称、工作地址、工作时间。简要说明上一份工作的职责，强调你在那份工作中具备的技能和取得的工作成果，因为这些与你正在谋求的职位都有关系。

加入的组织和参加的活动。列举大学参加过的能够证明你的某项技能的组织或活动。如果在校期间曾组织过的活动和参加过的课外活动能说明你的优势，如团队合作、领导能力或解决问题的能力等，可对这些活动进行列举。只需写出与你求职有关或能展现你积极向上精神面貌的内容（切记不要列举

你渴望得到的荣誉，如啤酒榜冠军）。

时序型简历的缺点在于，那些正准备进入职场的人没有专业经验可列举，这就可能让简历内容看起来很空。如果没有足够的相关工作经验，用人单位将很难看到你有什么技能。这种情况下，建议使用功能型简历。

功能型简历

相比时序型简历，功能型简历更能突出求职者的技能和成绩，向用人单位展示其工作经验和工作履历。与时序型简历一样，功能型简历开头也要给出联系方式，接着填写教育背景。下一步填写自己过去所取得的成就，这也是功能型简历区别于时序型简历的部分。将之前的职业、志愿者工作和实习经历分别填写在体现技能和成就的一栏，如领导经验或研究和分析经验。在技能和成就的一栏需要举例说明（如和四个组员合作准备产品演示，在两天内售出 600 个小部件等）。根据你申请的职位，按照对该职位重要程度的顺序填写你的成就。尽管雇主们不是很了解功能型简历，但很多学生和近几年的毕业生都认为功能型简历能更好地展示他们的技能。表 12—3 为功能型简历模板。

表 12—3　　功能型简历模板

个人简历

姓名：克里斯汀·琼斯	性别：男
电话：(914) 555－1414	传真：(914) 555－9999
Email：Jones@yourstateu. edu	地址：纽约欢乐谷欢乐街 11245 号

教育经历：毕业于纽约市某大学，采购专业
于 2001 年获得心理学文学士学位
辅修：通信

人际活动：1999 年 5 月至今，任纽约市某大学采购专业宿舍辅导员
协助管理校园 360 个住宿单位的主管制定和补充规定、程序以对住宿学生进行管理。
发展和推出了包括拒绝饮酒、职业发展、领导力培养和安全等多个不同项目。
1997 年 6 月至 1999 年 8 月，于纽约采购中心熟食商店当收银员
主要负责向有需要的顾客推荐产品，电脑收银机操作，收取现金，补充货架上货物，以及监管库存。

领导组织能力：1999 年 9 月至今，心理俱乐部积极分子。曾组织募资，参加心理辅导小组，邀请当地演讲家参与俱乐部例会。

写作能力：1998 年 8 月至 1999 年 5 月，纽约采购学院《采购新闻》实习生
对每周发生的大事件进行跟踪报道。

续表

对当地居民进行采访调查，撰写每周的“本地新闻”。
演说能力：2000 年 9 月至今，纽约某大学采购学院戏剧社积极分子。曾在三部剧中参与合唱。

资料来源：Kuther (2006).

制作简历时一定要注意，大多数用人单位只会用 20～30 秒来随便浏览一下你的简历（Krannich，2002）。如果简历的前几行没能吸引面试官，就意味着你失去了这次机会。可通过提出以下面试官在读简历时思考的问题来检测自己的简历能否在 20 秒之内吸引面试官阅读：用什么来吸引我往下读？为什么有必要对该申请者进行面试？准备简历的时候要牢记这两个问题，并在简历中给出能说服对方的理由，这就是一份唯一的、有效的简历。用人单位在简历中寻找让他们感兴趣的东西，然后挑选出色的申请者。若你有特殊的经验或技能，把它们写在简历最前端明显的位置。以上这些都是准备简历非常重要的方法。一份好的简历能让你进入求职的下一阶段，反之亦然。

不管有多少工作经验，太专业或太不专业都可能让你失去面试机会。用人单位常常收到很多简历，你的简历要能说服他从一堆纸中拿出来阅读。因此简历要用计算机打印出来，并且要记住，不能有任何错误，否则会影响你进入面试环节。简历中出现错别字也会影响面试官对你的印象。更多建议见表 12—4。

表 12—4　　简历制作建议

·清楚表达目的和价值。
·先列出最重要的点。
·忌声明没有的证件。
·语言表达简洁、直接、到位。
·忌使用长句，描述冗长；简历中可使用短语，但不宜一直用短语代替句子。
·忌使用过去式。
·忌时态不一致。
·所有信息不宜超过一页。
·简历中应有空行，以便区分不同信息。
·简历尽量做到每部分内容一样多。
·使用 12 号字体。
·整篇简历使用简单字体（勿改变字体）。
·用大体字和黑体来突出内容（但不宜过分强调）。

续表

• 检查拼写、语法和标点符号。 • 校对。 • 请别人再次校对。 • 请其他人帮忙。让两三个人阅读简历，包括常常阅读简历和从事面试工作的人，并让他们反馈阅读后的感想。 • 忌简历中出现推荐人信息（见模板）。 • 在告诉用人单位你的推荐人的姓名时，先征求推荐人意见。

资料来源：Kuther（2010）.

求职推荐信

几乎申请所有职位都要求你提供几位推荐人，即能够证明你具备条件和能力的人。你应该请谁做推荐呢？用人单位对你是否能为其工作更感兴趣，因此你的推荐人要能对你的工作表现、相关的职业能力和个人特征做出评价，如独立完成任务的能力、解决工作中问题的能力，以及对待工作的态度。教授、导师、经理，或上个用人单位都是推荐人的最佳选择。

选择推荐人时，切记在简历或求职申请中附上他们的姓名前要先征求其意见，表达你希望能得到他们帮助的意愿，在你的经历上写上为他们工作的经历，别忘了告诉他们你是谁，这样他们在为你推荐工作时不会不情愿。同时给推荐人一份简历，问问是否还需要其他材料。这样一方面给推荐人留下好印象，另一方面让推荐人有心理准备，以便在需要的时候为你做更充分的推荐。

附信的撰写

尽管简历能突出你的技能，但你还必须阐述你适合该工作的理由。附信用于介绍简历，向用人单位介绍你的工作申请。附信须简洁，包含自我介绍，以及你能为对方创造或带来什么。通常写三段即可。首先，解释为什么投这份简历，如申请《每日新闻报》上广告的研究助理职位。表达你对雇主及该职位的兴趣——为什么想要这份工作？然后，阐述你能为对方带来什么。着重突出你具备的和所申请工作或组织相关的工作或教育背景。向用人单位证明你为这份工作做了功课。最后进行总结，附上联系信息，感谢，并再次表达你对这份工作的兴趣。

附信应具有让用人单位想要阅读你简历的作用。要牢记用人单位是什么样的个人或组织，了解他们需要什么样的人才。不断地问自己："附信的作用是什么？用人单位的需求是什么？我能为用人单位创造什么？怎样才能让用人单位对我感兴趣？如何通过附信说服用人单位阅读简历，并让我进入面试？"告诉用人单位你能做什么，而不是这份工作能为你带来什么。寄出附信前，根据表 12—5 再次检查。

表 12—5　　附信清单

- 将信寄给个人，写上这个人的姓名和头衔。如果是根据报纸上招聘广告上的地址，没有具体收信人，信上写明："敬启者"。
- 说明申请职位，并解释为什么能胜任。
- 你的有效联系电话。
- 请别人为你校对，看是否存在拼写、语法或标点符号错误。
- 写明你的教育背景、技能与所申请职位如何匹配。
- 备份附信。对所有咨询的来电进行记录。
- 通过认识的人、你了解到的信息或某个特殊的兴趣联系该公司。

资料来源：Kuther (2010).

面试胜经

如果用人单位阅读过你的简历后，认为你可能适合这份工作，那你可能会收到面试邀请。是否被录用，最终取决于面试结果，这比学习成绩、相关工作经验和推荐都重要（Krannich，2002）。通常会有两轮甚至三轮面试。公司通过面试了解应聘者，决定谁进入下一轮面试。这是你向面试官很好展示自己的机会。面试中应表现专业的一面，具备良好的沟通技巧、明确的职业目标，以诚相待，充满激情。他们会对你为什么想在此工作，适合做什么工作，是否具备相关资格感兴趣，因此面试前要做好准备。面试是有压力的，但只要做好充分的准备，便能增强自信。

面试准备

牢记面试和面试官的目的。对你而言，面试的目的是进入下一轮面试环节，或得到工作机会。而雇主则是要通过面试从一堆应聘者中挑选出一两个合适的人选。知道面试官想了解的内容，并为面试做好准备：

- 应聘者为什么想在我们这儿工作？
- 应聘者最适合做什么工作？
- 应聘者具备哪些条件？
- 录用这名应聘者，他能为我们带来什么？
- 应聘者是否满足我们的要求？
- 应聘者是否值得信赖？

面试官会努力寻找不录用你的理由。他们更喜欢发现你的弱点，然后决定对你有什么样的期望。所以要了解自己，了解应聘的公司或组织，表现自己的优势。

调查了解用人单位的需求，表达自己对这份工作很感兴趣，证明自己知识面广。工厂的规模和业务增长如何？有哪些生产线，提供哪些服务？公司总部在什么地方？存在什么竞争？熟悉近期新闻报道内容。预测面试中会遇到什么问题，并提前准备。表 12—6 列举了面试中常见的问题。用人单位实际上想了解的是你是否能胜任这份工作、想要这份工作以及能否进行团队合作。面试准备包括工作经验、兴趣爱好，以及为什么适合这份工作。你所问的问题也会成为对方评判的标准。一些没有经验的应聘者低估了问问题的重要性——所问问题应经过深思熟虑，能体现你的聪明才智，并且要和应聘的职位相关。表 12—7 列举了应聘者在面试中应问的问题。

表 12—6　　面试中常见的问题

• 你期望 5 年或 10 年后做什么工作？ • 为什么申请这份工作？

续表

· 请做一下自我介绍。 · 你的优点和缺点是什么？ · 我们能为对方创造/提供什么？ · 之前是否取得过让你引以为豪的成就？ · 工作中能承受压力吗？ · 有过指导/领导的工作经验吗？ · 你空余时间都做什么？ · 你还申请了其他哪些工作？ · 关于自己还有什么要补充的吗？ · 你为什么认为你能做好这份工作？ · 你最喜欢和最不喜欢的课程及其原因分别是什么？ · 从兼职和暑期实践中，你收获了什么？ · 谈谈你的读研计划。 · 为什么选择心理学专业？ · 你认为心理学专业在我们组织能有什么作用？能做什么样的工作？ · 你的教育资金来自于哪里？ · 如果再读一次书，你会怎样选择？ · 在校期间，你学习认真吗？为什么？ · 谈谈你上一次辞职的原因。 · 谈谈你最喜欢和最不喜欢的工作及原因。 · 你被辞退过吗？ · 为什么想加入我们组织？ · 你怎样说服我们雇用你？ · 什么时候可以开始上班？ · 你对自己人生有什么规划？ · 是否有过实际工作经验？ · 你理想的工作是什么样的？ · 你有团队精神吗？请说明。 · 你的动力源自于哪里？ · 请说说你的近期目标，为此你都做过哪些努力？ · 你和上司或教授有过冲突吗？你是怎样处理的？ · 请列举一个你曾遇到的问题，以及解决的方法。 · 如果我向你的一位老师了解你的相关情况，你希望他怎样评价你？ · 为什么选择某学院？ · 你认为一位成功的管理者应具备什么素质？ · 说说你对我们公司的了解。 · 你对薪水的期望值是多少？

资料来源：Kuther (2010).

表 12—7　　面试中应问的问题

• 这份工作需要做些什么？
• 这个职位在公司设立多久了？
• 这个职位理想的人选是什么样的？
• 要具备什么技能或个人品质才能胜任这份工作？
• 我的工作搭档是谁？
• 我入职第一年要完成什么任务？
• 通过什么对我的工作进行测评？
• 贵单位能为我提供哪些别的单位所不能提供的东西？
• 公司未来的发展方向是什么样的？

资料来源：Kuther (2010).

面试着装

面试着装要得体。着装能代表严肃程度和专业性。面试前五分钟，面试官会通过应聘者着装和行为举止进行判断和期望，看应聘者是否适合这份工作。你的穿着是否适合在这里工作？得体的着装能为你加分。尽管你申请的公司没有着装要求，但面试时也应该穿着正式些，以向面试官传达你对这份工作的热情。着装较对方所期待的稍微正式些是很多人的经验之谈。例如，如果该单位只要求商务休闲装（宽松长裤、T 恤，无须系领带），那你可以穿宽松长裤，系领带。

男性应穿白色或蓝色牛津衬衫，系一条低调的领带。女性应穿合适的上衣，发型不要太前卫，并化淡妆。可佩戴少许首饰，如手表、简单的女性耳环和戒指等。以上这些是最基本的规则。可观察和你同属一个领域的人是怎样穿着的。不同的工作环境和雇主有不同的着装要求。一些工作环境可穿有个性的服装，但在面试中最好还是选择保守着装。

面试技巧

热情地和面试官握手问好，在对方做自我介绍后称呼对方姓名（如“赛丽，很高兴见到您。”），面试中要充满激情。牢记面试官是为这个公司、这个岗位服务的，他要录用的人也需要像他一样全心全意为公司服务。谈谈在你的面试准备中都了解到些什么。可通过问问题来加深你的认识。向对方提问未来的职业教育和晋升空间，以表达你是想长期在此工作，但要表达清楚你只是对你提问的职位感兴趣，如基层职位。

面试中，注意身体语言，尽量避免坐立不安。面试官说话时可稍靠近，以表示你的兴趣（Krannich，2002）。通过眼神交流传达兴趣和信任，用微笑传递你积极的态度。说话的语调也能说明你对这次面试和这个组织是否感兴趣。以下是其他一些面试小贴士：

• 带一份简历。如果你需要填写申请，让面试官了解你的基本信息，这就能派上用场。而且你也会发现面试官中可能有人之前没读过你的简历。带一份简历能在紧急状况下用上，从而增加你的印象分。

• 让面试官主导谈话。

• 清楚、积极、礼貌地回答问题。

• 无论什么情况，忌消极谈论之前的同事、职员等。

• 让面试官提出薪资和利益问题。尽量不要太关注这些问题（至少不能在面试中关注）。

• 对薪资要求要灵活。

• 若雇主未提及什么时候通知你结果，可咨询什么时候能查询。

• 面试结束，感谢面试官。之后可给面试官发感谢邮件。

工作机会

通常别人会通过电话或当面告知（如在面试结束后直接告诉你）向你提供工作机会。无论以什么形式，这都是份惊喜。这时恰当的做法是向对方咨询你想到的相关问题，然后要求一到两天时间来认真考虑。

接受这份工作前，想清楚你是否对这份工作的条件和各方面都了解了。大多数情况下，用人单位提供的基层职位的薪资都还可以再商量。此时应掌握主动权，和对方商量薪资待遇还能否再提升。如果薪资不能提升，那就需要决定是否接受这份工作，这份工作有什么吸引你的地方。做决定时，思考这份职业的工作范围，是否与你未来的职业目标相符，晋升空间有多大，以及有什么优势（地理位置、工作优势、薪资、工作时间等）。

若决定接受这份工作，一定要通知其他仍在等待你答复的用人单位。一旦你接受了这份工作，切忌继续申请其他工作，参加面试，这是不诚实的做法。记得还要联系你的推荐人告诉他你的新工作，同时表达谢意。

若决定放弃这次工作机会，要尽快电话告诉用人单位，因为还有其他应聘者在等待答复。告诉对方你的决定时，要礼貌，感谢对方提供这次机会，祝愿对方成功。谨记职场很小，未来某天你可能发现和你打交道的正是之前面试你的人。切忌过河拆桥，因为将来你和他的联系可能会影响你的职业发展。牢记拒绝时既要感激别人，又不失风度。

推荐读物

Bolles, R. N. (2011). *What color is your parachute? A practical manual for job-hunters and career-changers*. Berkeley, CA: Ten Speed Press.

DeGalan, J., & Lambert, S. (2006). *Great jobs for psychology majors*. Chicago, IL: VGM Career Horizons.

Greene, B. (2008). *Get the interview every time: Fortune 500 hiring professionals' tips for writing winning resumes and cover letters*. NY: Kaplan.

Landrum, R. E. (2009). *Finding jobs with a psychology bachelor's degree: Expert advice foı launching your career*. Washington, DC: American Psychological Association.

Kuther, T. L. (2010). *The psychology major's handbook* (2nd ed.). Belmont, CA: Wadsworth/Cengage.

Morgan, B. L., & Korschgen, A. J. (2009). *Majoring in psych? Career options for psychology undergraduates*. Boston: Allyn & Bacon.

Reeves, E. G. (2009). *Can I wear my nose ring to the interview?: A crash course in finding, landing, and keeping your first real job*. New York: Workman Publishing Company

Sher, B. (1995). *I could do anything if only I knew what it was: How to discover what you really want and how to get it*. New York: Dell Publishing.

网络资源

Quintessential Careers
http://www.quintcareers.com

College Grad Job Hunter
http://www.collegegrad.com/

JobWeb
http://www.jobweb.com

CareerBuilder
http://www.careerbuilder.com

Psi Chi: Eye on Psi Chi
http://www.psichi.org/Pubs/

第十三章 心理学研究生的就业方向

本章导读

我们在本书的每一章对特定学科心理学研究者的职业选择进行了讨论，例如临床心理学和咨询心理学、社会心理学、实验心理学和发展心理学。一些职业却适合一些分支学科的心理学研究者。本章我们将对适合所有心理学研究生的职业选择进行探讨。正如你所知，许多心理学研究者都成为了教授，但是你知道吗，这些心理学研究者不只是在心理学系担任教授，他们还会在商学院、医学院以及教育学院出任教授。同样，心理学研究培训为心理学专业的研究生成为政府研究员、基金会研究员、商业研究员以及研究团队等非学术界的研究员职业做了准备。一些心理学研究者在军队中谋职并参加各种各样的活动，有评估和咨询，做研究以及探寻人的因素。另一些则会选择出版、新闻以及文字工作。然而通读全书你就会了解到，你的就业选择不会局限于我们所提到的这些。

象牙塔里的心理学教授

对于那些心理学专业毕业的研究生来说，除了临床医学者外，他们最熟悉的职位就是大学教授。教授可以同学生们分享他们所找到的有趣信息。心理学研究者可以在心理学的各种学术部门和教育学院担任教授，也可在其他部门工作，有时他们所从事的工作你也许闻所未闻。学习工业心理学/组织心理学（应用心理学）、人类因素心理学或社会心理学的心理学研究者也许会在商学院和工程学院工作。学习临床或健康心理学的心理学研究者有的会在医学院当教授。

心理学教授的工作内容

教授在不同的学校被赋予的期望和所做的工作是不同的。美国有几种类型的学院和大学，而它们各自的期望却各不相同。例如，两年制的社区学院就很注重教学，而对做研究就没有多少要求。在这样的学校里，教师常常一个学期教五门课程，很少留有时间做研究或写学术论文。对社区学院的教师进行评估的依据是他们的教学和为社区提供的服务。文科院校也注重教学和与学生的沟通交流。老师一个学期会上 3～4 门课程，并且在课堂内外要与学生进行学术交流。老师做研究时希望学生也参与其中，并共同发表文章。然而，教学是首要任务，研究则是一种辅助教学工具。

与社区学院和文科学院不同的是研究性大学。研究性大学的学校规模很大，且有很多知名的研究生项目。那里的老师一学期只教 1～2 门课程，他们主要就是做研究。因为他们主要以知名学者的数量和所做的教学贡献来奠定学校声誉，而很少以专业程度来评判（Vesilind，2000）。许多四年制的大学就处在这两个极端之间，鼓励教师既做研究又从事教学，所以在学术界也有适合心理学教授的职位。

尽管是不同类型的教育机构，但学术事业还是有某些相同特点的。教授一职就如我们所知道的那样，不只是在课堂上讲课，在踏进教室上课之前，他们还倾注了大量的时间和精力备课。每一堂课都需要准备章节阅读的背景知识，阅读报纸杂志的文章，寻找平行文本，做笔记以及准备演示文稿，组织活动和进行问题的讨论等。这项工作永无止境，因为即使是经验丰富的教授也得与时俱进，不断吸收新知识，及时更新笔记。你会发现虽然有的教授一学期只上 3～5 门课程，但是他们大部分时间都用来备课，那些刚入职的老师尤其如此（Roediger，2006）。教授的教学活动还包括给学生测评，为学生写推荐信，面对面地回答学生的问题，讨论课程内容及专业问题，为学生的职业选择给出意见和建议等。

除了教学外，教授一职还承担了多种角色，包括做研究项目，给学校和社区提供服务（例如咨询工作、委员会工作或行政工作等）。教授一周的时间可以做多种研究工作，包括写论文或写书，进行数据分析，制订研究计划，写授权同意书，搜寻文献资料，阅读研究论文，与参加研究的学生助手见面，为学生的研究提意见以及为专业会议做准备或亲临会场发言等。教授们要为大学和社区服务。他们还要参加教职员工会议以及加入到学校管理委员会中去。一些教授还从事咨询工作或担任社区机构的顾问。

培训

许多学生攻读研究生就是为了拿到文凭后在大学里教书。有了硕士学位就有可能成为社区大学的教授。然而近几年来，社区大学的教师职位竞争越来越大，许多都需要心理学博士学位（Lloyd，2000；Peters，1992）。同样，虽然持有硕士学位的人也有机会在四年制的大学里当兼职教师，但如果要当全职教师，就不太容易了。如果你的就业目标就是在大学这样的地方工作，那么你最好根据自己的兴趣爱好读个博士学位，这样你就很有机会成为正式的大学教师，也就更有机会晋升（Lloyd，2000；Roediger，2006）。

就读研究生时必须要学习教学法（有的研究生课程里没有开设）（Kuther，2002）。教学法指的是教学的艺术。成功的教授精通自己行业的技能，懂得如何编写讲稿，带领大家讨论，编写教学大纲，通过有效地利用黑板、演示文稿做展示以及其他的技能来提升学生的学习；收集典型实例供学生相互交流讨论，处理分歧。像这样的本领都是来自辛勤的工作和不懈的努力。优秀的教师不是与生俱来的，而是通过后天努力塑造的。

你若有兴趣成为一名教授，可去参加有教学培训内容的研究生项目。许多研究生项目都是以研讨会或授课的形式来培训教学法。“未来教师储备”（Preparing Future Faculty）项目旨在针对教授这一职位所应具备的教学、研究以及服务等职能，储备有志向成为老师的学生。该项目资源充足，并设有可了解更多详情的网站，你可在就读的大学或学院附近找个助教或教授助理的职位进行社会实践。你也可以自愿去帮主要负责老师或你感兴趣课程的老师上一两节课。最重要的是在就读研究生期间能找到帮助你掌握基本教学技能的好老师。

心理学教授职业评估

教授一职会有很多优势，但最大的优势也许就在于学术自由以及工作生活的自主性和灵活性（Yandell，2009）。学术自由即教授在知识上是自由的。他们可以做任何自己感兴趣的研究，可以“传授他们所领会的真理”（Vesilind，2000，p. 10）。也就是说，教授们可自主决定用何种最佳的方式来上课。上课的课本、阅读作业、学生评分以及评测过程都是由教授自主决定的。除了上课的时间，教授的时间安排也是很灵活的。他们中的大多数人是工作生活两不误：有时间到学校接孩子，有时间陪家人，备课；在深夜或清晨时写论文。这份工作的另一优势是终身雇佣制，一般 6～7 年的试用期过后就可签订一份终身雇佣合同。终身雇佣制使得教授享有学术上的完全自由，这样就避免他们因发表不受欢迎的观点或从事备受争议的研究而被辞退。有丰富教学经验，在学生中有好口碑，出版过刊物，参加过学校委员会工作，以及在校外工作过的教授不仅可获得终身雇佣，还可以获得相关工作的保障。教授一职也会有一些潜在的回报，例如某项发现和创新给人带来精神上的愉悦，为学生传授知识并教导他们做人时的回报等（Roediger，2006；Vesilind，2000）。

从事学术研究，其不利方面就在于设置的工作岗位很少。《职业远景手册 2010》表明，从 2018 年起高等教育机构提供的就业岗位增速要比一般教育机构岗位的增速更快。然而，在学术界求职竞争是很激烈的。尽管就业岗位在增加，但总是供不应求。一些求职者甚至会在就业市场中耗上很多年，包括做博士后研究、一年的委聘课程指导或是做一些助理工作（通常会在一些大学兼职上课）。求职者必须放眼于各个不同的工作地点，不能仅局限在一个地方，而且不能仅局限在心理学系，要放宽眼界考虑在其他系、医学院和商业学院谋职。一旦求职成功，就会受到很多规定的约束。除了教学工作量和工作责任外，大多数教授一开始就要求做项目研究，因为做项目研究越来越受到重视——甚至是那些原以“教学”为重心的大学也开始注意到做项目研究的重要性（Salzinger，1995）。在注重做研究的大学工作，教师得承受争取充足的科研拨款以及在优秀刊物上发表科研成果的竞争压力。心理学系教授2009年的平均薪资见表13—1。

表13—1　　心理学系教授2009年的平均薪资

机构和职位	平均薪资（美元）
大学心理学系	
教授	100 636
副教授	68 000
助理教授	57 000
四年制学院心理学系	
教授	75 000
副教授	63 000
助理教授	49 091
两年制学院心理学系	
教授	84 000
副教授	57 273
助理教授	49 545

象牙塔内外的职业研究

心理学研究生会有很多机会在研究领域工作。心理学研究者会对人和动物的行为进行一些基础研究和应用研究。他们会在大学、政府机构、私人机构以及公司企业等地做研究。一些心理学研究者甚至会在军队里工作，一些则会在制药公司的研发部工作。下面我们一起来看看心理学研究者在各个不同的工作领域所做的研究。

学术界的研究工作

许多心理学研究者在大学里做科学研究者，进行基础研究和应用研究。例如，做研究的心理学家设计一个研究项目来对戒烟做研究。基础研究会探究哪些是有助于戒烟或哪些是阻碍戒烟的环境因素。同时也要进行应用研究，开发和评估研究项目来防止儿童吸烟。医学院正成为雇用研究心理学研究者的重要工作机构，他们要与其他领域的工作团队一起工作来解决各年龄层的健康问题。像解剖学、生物化学、药理学和微生物学等学科之间的研究以及科学领域的融合正使得其他领域的心理学研究者有更多从事研究的机会（Balster，1995）。

在学术界，从事研究工作是很有名望的而且工作安排也很灵活。研究科学家独立自主开展工作。研究科学家通过写研究报告来争取科研经费，这样就能够资助和研究所选课题。随着研究的不断进行，他们就承担监督工作、管理他们自己的实验室以及培训研究生和博士后。他们可以出去游学，还可通过出席各种会议、提供咨询以及为大众媒介撰稿等方式来与公众接触（Bartholomew，2000a）。和其他教师一样，在学术界从事研究工作竞争是很激烈的。因此求职者需要放眼于多地求职并且能够适应不同的工作岗位。

在学术界，研究工作和教授的工作是耗时费力的，特别是在一些教育机构就有这样的说法——“不发表文章就被淘汰”。也就是说，这一类教师必须得在有名的报纸杂志上发表多篇文章，否则工作难保！你可以想象，这行的心理学研究者要承受多么大的压力。发表文章是一个漫长的过程，教授特别是新聘用的教授通常要花上几个晚上待在实验室或计算机旁进行研究，准备发表研究成果。然而研究一旦完成，成就感、对该领域的奉献以及自己的名字就会出现在刊物上，这也是从事研究并发布研究成果最大、最好的回报。

工业界的研究工作

现在越来越多的心理学研究者在商业界和工业界进行应用研究。例如，在商业界工作的心理学研究者进行顾客意见调查，在制药公司工作的心理学研究者测试某些药物的药效，或者与统计学者一起分析从各研究项目中获得的数据。在工业界的心理学研究者需要设计并测试供人类使用的产品。比如，某位心理学研究者也许会设计一个特殊的汽车仪表盘，这样驾驶员在注视前方的路况时，一方面可以很容易地看到仪表显示的内容，另一方面伸手即能够到旋钮。又或者设计一个可以减少强光刺激和缓解眼睛疲劳的计算机监控设备。

在工业界和学术界，研究工作是不同的，因为前者关注的是公司的利益。目标在于创造有利于公司、职员以及股东们的产品（Bartholomew，2000b）。工业研究比学术研究发展得更快，因为要快速收集信息来制造和出售产品。团队进行研究会提高生产效率。此外，在商业界和工业界的心理学研究者拥有的资金比学术界的研究者要多，这样他们就可以使用最新的精密仪器工作。在工业界，研究必须进行得很快，因为公布结果通常不属研究周期的一部分，一旦研究完成并投入商业使用，研究者就可以立即进行下一项研究。进行商业和工业研究最大的缺陷在于所做的研究是基于公司的需求而非研究者自己的兴趣。在工业界工作的一个很重要的好处就是可以接触不同领域、不同教育背景的人。而且这行工资高，工作安排有规律；在商业界和工业界工作，周末通常都不需要加班。

政府机构的研究工作

不论是在大学、工商业界还是政府，心理学研究者的工作都大同小异，但研究者的自主权却不同。和在工业界工作的研究者一样，在政府和军队里工作的研究者要做的工作是检测研究问题而不是自己构思问题（Bornstein，2006；Herrman，1997）。在政府工作的研究者检测的问题是由政治家和政策决策者们为提高美国民众的安全和幸福所构想的。正如科波（Copper，1997）所指出的那样："在公共政策环境下比较难做的工作是，很多人会在漫长的决策过程中受到直接的影响。因而，研究的问题和假设的情形通常会更加复杂、更加敏感，并且需要来自联邦分支机构和私人部门的工作人员共同努力收集数据，并进行协作。"

搞学术研究的研究者大多数时间都在专注于某一个特定的问题和领域，而在政府机构工作的心理学研究者则可涉足很广的领域，成为一个"万金油"。但由政府发起的大多数研究持续的时间不会很长，因为他们所做研究旨在解决实际问题。并且，公众观点和兴趣的转移会使得政治领导者取消了某些研究后又重新发起新研究。你若是对政府机构的研究感兴趣，那么你就得准备从事众多的监督工作，因为立约者会在政府研究人员的监督下进行许多实际工作。这就使得政府研究人员广泛涉猎多项研究工作。像工业研究一样，政府研究也要有团队的参与，因为政府感兴趣的研究话题本来就是很广泛而实际的，这就需要学科间研究人员（包括心理学家、社会学家、统计学家、计算机科学家、经济学家以及其他领域的科学家）的共同协作和规划。

社会服务性机构和非营利性机构的研究工作

社会服务性机构和非营利性机构的心理学研究者所做的研究是评估改善机构的项目，通常还会写申请拨款报告来为机构筹集资金。政府通常会和这些社会服务性机构和非营利性机构订立合作契约，进行政策分析、文献评论以及相关研究来帮助改善政治领导人和顾客所做的决策。在类似机构工作的心理学研究者还会在校园里进行关于预防项目的研究等。而一些心理学研究者则是在研究如何防止青少年早孕，怎样扩大女孩和边远地区少数民族在科技、工程学以及数学等学科的教育普及进行研究（Denner，2009）。像教育考试服务中心这样的非营利性教育机构就在研究适合残疾人参加的标准考试方法（Mandinach，2010）。

从事这行的最大好处就在于你所潜心进行的研究也许会导致社会变革。这些机构进行的是学科间的研究，这就使得心理学研究者可以与众多其他领域的专家合作。虽然他们的薪资没有其他研究机构的高，但是他们的研究能使顾客和家庭直接受益。

本科毕业生或许会在我们前面已讨论过的研究领域中获得研究助理一职，但硕士研究生却会得到晋升的机会。硕士研究生尤其能在工业、政府机构和非营利性社会服务机构获得职位。在学术界，博士最有希望获得晋升的机会，并且有望成为联邦拨款的主要调查员（Lloyd，2000）。学术界的心理学研究者拿到博士学位后通常要经过2～3年的博士后培训。无论是在学术界还是在其他领域，为了让自己变得更具有竞争优势，研究者就得在研究方法和数据上有创造出自己独特优势的技能（Copper，1997）。表13—2即不同研究机构的心理学研究者的工资情况。

表13—2　在研究机构有2～4年从业经验的心理学博士平均工资

机构	平均工资（美元）
大学心理学系	68 000 *
医学院精神病学系	55 250
医学院（不是精神病学系）	78 500
私人研究机构	70 000
政府研究机构	94 000
非营利性组织	95 000
大学研究中心	65 000

注：* 有5～9年的心理学从业经验

资料来源：Finno and Kohout (2010).

军队

所有学科的心理学研究者在军队中都会有很多的工作机遇。在军队里的心理学研究者要么是军人，要么是文职顾问。他们所做的工作杂并且进行研究的领域广，包括人员甄选和分类、训练，研究人的因素、领导能力、团队有效性和在军队的医务室工作等（Dunivin&Ingram，2006；Wiskoff，1997）。

心理学研究者在军队中的工作内容

一些军事心理学研究者从事人员甄选和分类。他们对新兵进行筛选和安置，为要求特殊技能的工作挑选人才，例如挑选飞机驾驶员、进行空中管制以及特种作战的人才等。他们为普通军人和军官的表现制作评估步骤，对怎样使用模拟装置估计特殊技能。在部队里心理学研究者也要进行训练。他们要在基本技能、军事技能、专门技能和越来越优良的战备完好性方面进行培训，对检测训练人员最有效的训练方法进行研究。他们还对如何设计有效的教学系统，如何评测训练表现，最大化地利用人机连接的设想以及利用虚拟现实的技术等进行研究。

其他军事心理学研究者进行人的因素研究，设计提高军事系统和设备的人机连接。例如，人工智能和精密计算机系统的运用是怎样提高人的决策能力呢？心理学研究者对如何帮助军人最有效地训练、保持健康、提升表现和在逆境中（如缺乏睡眠、极端环境和危险环境）减少犯错等进行研究。

一些心理学研究者对团队有效性以及在多国武装力量中促进沟通交流的方法进行研究。心理学研究者还对怎样提升有效的领导能力，怎样选择、训练以及评测领导者进行研究。一些心理学研究者也许会利用他们的专业知识来解读世界其他国家领导人的行为，而一些则检测团队互动过程，例如团队结构、交流、上下属关系、团队凝聚力、小组功能以及战术决策等。临床和咨询心理学家在部队里通常是在咨询室或心理健康诊所工作。他们为军人提供心理健康服务和咨询以改善军人及其家人的生活。他们专注于帮助新兵适应新环境，应对压力以及战后严重的心理反应。咨询心理学研究者和临床心理学研究者在军队中，例如在军队医院、门诊、心理健康中心、日托中心、军事监狱以及战场上（如在船上作战）可以做的工作很多。

军队中心理学工作评估

军队里的心理学研究者大部分时间都要待在国外，对于这一点是好还是坏，要取决于你的个人倾向和家庭情况。临床心理学研究者和咨询心理学研究者无论走到哪里，都会以部队为重心；无论是在和平时期还是在战争时期，都会居危思安。军事心理学研究者盼望着每 2～3 年一次的工作地点的变换（Wiskoff，1997）。因此，尽管会有潜在的家庭不稳定因素，但比非军事心理学研究者有着更多的出国机会。

军队里的心理学研究者的最大局限在于缺乏传统的可信任治疗关系。在军队里寻求或是涉及心理健康服务的人是无法享受和普通民众一样的机密特权的。军官有时会需要了解部下的想法，而这时心理学研究者就得必须遵守军队里的纪律，而处于进退两难的境遇。而且军队里的心理学研究者也会经历许多在政府机构和工业界的同仁们所经历的限制，因为他们的研究是为了解决现实的问题，并非根据自己的偏好进行。

在军队里工作的心理学研究者最后要考虑的是服兵役的期限。一些心理学研究者在军队里并非是军人，而一些是应征入伍并且在部队是有职务的。一旦你被应征入伍，那么为部队工作就是你的职责。一旦你成为一名军官，那么就必须一直履行你所应尽的义务。如果学术界、商业界和工业界，以及政府其他部门的心理学研究者决定再也不想从事相关工作，那么他们就可以选择离职，但是应征入伍的心理学研究者别无选择，只能硬着头皮坚持干下去。因此，要慎重考虑好自己对军旅生活的满足感和向往，因为你一旦宣誓就职成为一名军官，你就不能随心所欲地做自己想做的事。在压力巨大的战争环境和其他恶劣的环境中工作，人是很容易崩溃的（Linnerooth，Mrdjenovich，&Moore，2011）。在军队工作最大的实惠就在于工作稳定、有保障，有机会学习更多知识，福利待遇和退休待遇优厚。但某些专业职务的工龄是不得少于 20 年，若少于 20 年，则没有津贴可领。

军衔不同，工资待遇也不相同。一个刚进部队的硕士毕业生军官每年大约能拿到 38 000 美元。然而，这个数目有些误导人，因为这里面未包含住房补贴、就餐补贴（Defense Finance and Accounting Service，2011）。刚进部队的硕士毕业生军官住房补贴在各地都是不同的，每月在 1 500～3 300 美元之间（或者每年在 18 000～39 600 美元之间）。住房补贴是随着职位的晋升而相应增加的。就餐补贴是每月 223 美元（每年 2 676 美元）。因而，刚进部队的硕士毕业生军官总的工资和福利补贴（不含医疗保险）就在 60 000～80 000 美元之间，具体数目因地区而异。

出版业和写作

出版业和传媒业为学习心理学的学生求职提供了新机遇。一些心理学研究者在出版业从事的是策划编辑和项目编辑工作。而一些则专为报纸、网络、电台和电视写科技文章。

出版业职业选择

出版业通常是一个从学徒开始做起的行业，因而大多数成功的编辑都是从基层工作做起的。许多都是从策划编辑助理（后面会详细介绍策划编辑）或是销售代表助理做起。策划编辑助理的职责是确保每位顾客（例如教授或书店）及时知道新书上架的时间。销售代表通常是四处奔波，拜见客户，参加销售会和图书专卖会等。销售代表积累了一定的经验后就可签约成为策划编辑。

策划编辑的职责是在经过了大量的市场调研后，瞄准读者市场为出版公司选书。这项工作事务繁多，工作内容包括阅读推荐书目，对推荐书的财务可行性做决策，考虑是否与作者签订合同，保证推荐书的质量，以及通过该领域专家的审核完成手稿，解释评论，利用书中的观点与作者取得联系，参加一些会议去会见作者，还要与作者讨论正在编辑中的作品。策划编辑通常要对出版的整个过程进行监督，包括合同的协商、制订推广计划、审核手稿以及进行财政预算等。该职位对那些喜欢处理各种实际问题和有广泛的兴趣爱好的个人很适合，因为策划编辑通常要对多项工作进行监督（Amsel，1996）。

如果你是一个学心理学的研究生而且文笔较好，或许可以考虑一下项目编辑的工作。项目编辑要为像心理学教材这样的大出版项目做一些日常的文稿整理和编辑工作。为编写一本教科书，项目编辑要做全方位的工作。在作者开始动笔之前要进行初期的概念构思和结构设计。项目编辑通常要告知作者写作过程，他们还要协调艺术和写作风格以及准备辅助材料等（大型教科书要包含指导手册、学生学习指南、试题库、参考网站等；Hart，1996）。

出版业各部门都有职位适合那些持有心理学学位的人，特别是喜欢写作，具有批判性思维能力和高效解决问题能力的人。有学士学位者通常都是从入门级职位开始，例如从事编辑助理或是销售代表。而有研究生学历和有编辑技术的求职者也许会直接进入中级编辑职位。在出版界，经验越丰富职位就越高。你想要在出版界求职，那么就必须能够兼顾多项任务，擅长项目核算以及处理好截稿的压力。

写作

科学文章的写作工作有很多种形式。一些科学作家从事技术写作，一些作家在公共关系和传统或新媒体领域写作。技术作家把大量的信息转化为专业读者易于理解的和有用的信息。技术作家撰写用户指南、维修手册、在线帮助文件以及为新产品、计算机软件、硬件和玩具写参考手册（Randall，2006）。技术作家必须能够为大众读者解释复杂的现象。在公共关系或公共信息方面都设有其他的一些科学写作职位。进行研究工作的大学、医学中心和其他机构都有追踪报道研究发现的记者（Goetnick Ambrose，2006）。公共信息官给媒体写新闻发布稿。他们也编辑学院出版的刊物、校友杂志，撰写监测新闻和分析媒体动向，以便获知哪个机构工作人员又有重大发现。他们还是记者和机构工作人员的联络员。一些作家在研究机构或社会工作机构做拨款申请撰写人，收集整理研究员准备的拨款申请书，核对书写形式、准确性、格式以及保证语法和拼写无误。

科学作家和记者也是报纸、杂志、因特网、广播电视的工作人员和自由撰稿人。他们掌握了一些科学发现后，就将其准确地转换成另一种形式来吸引大众读者。他们通过爆料一些细节和逸闻趣事来吸引普通读者、听众或电视观众去关注一些他们通常没有太留心的话题。科学写作需要广泛地阅读报纸杂志、报告、因特网上的新闻来寻求创作灵感。他们为了获取及时的新闻和趣味性的新闻报道，就得去参加科学会议，采访科学家，定期到实验室、工厂、医院、大学和政府机构蹲点。

科学作家有机会去了解科学，而不用成天待在实验室，专注有限的研究领域或是受到呆板而正式的学术写作风格的局限。科学写作是在一个真实的世界里探索各种主题，采访智者，与他人一同分享心理学的发现，而且能很快在报纸杂志中看到自己所撰写的文章（Audenbraun&Vergoth，1998；Carpenter，2002）。有广泛的科学兴趣且爱学习新知识的人会是当作家的料，喜欢挑战的人很适合从事科学写作。然而，科学写作却是个极具竞争力的职业。作者必须能够立即找到大量的新闻报道，赶上截稿日期，处理好批评的舆论。自由撰稿人必须自己支付福利金，为退休后的生活做保障以及要经受工作中的起伏。

如果你对科学写作感兴趣，那么就在非学术性出版物上寻找机会发表文章。为大学校报、当地组织或其他机构撰稿获得写作剪辑。出版文章的剪辑或是剪报是你进入写作行业的通行证。要知道，科学写作与你就读大学或研究生院的学术写作是不同的。有理想抱负的科学作家应该多寻求锻炼的机会，寻求关系网和文章剪辑（Randall，2006）。表 13—3 阐明了在出版和写作行业的工资收入。

表 13—3　　出版和写作行业的平均工资收入

职位	平均工资（美元）
拨款申请/推荐作家	56 553
科技作家	68 974
网络作家	69 943
策划编辑	48 000
项目编辑	44 300
记者/通信记者	50 556
讲稿撰写人	77 339

资料来源：Indeed. com（2011）and Salary. com（2011）.

心理学研究生学位为有广泛兴趣的人打开了众多就业之路的大门，心理学研究生业可以从事治疗、研究、教学、出版等工作。记住将本章中所提到的建议作为出发的第一步。在你所就读大学的咨询专家和就业指导中心那里寻求帮助，了解更多的就业知识，以便能够选择你感兴趣的和能够实现你理想抱负的就业目标。

测试 13—1

你适合从事心理学高级职位的工作吗？

□你想在大学教书吗？
□你喜欢与学生相处的职业吗？
□你喜欢激发别人思考吗？
□你思路开阔，能够在许多行业运用心理学知识吗？
□你喜欢写作吗？
□你思维敏捷吗？
□你喜欢做陈述和演讲吗？
□你喜欢研究吗？
□你分析问题透彻吗？
□你想在机构或政府工作吗？
□你想拥有一份时间安排灵活的职业吗？
□你想上研究生院吗？

得分：选项越多，表示你越适合从事心理学的高级职位的工作。

推荐读物

Allen, M. A. (2011). *Starting your career as a freelance writer*. New York: Allworth Press.
Bly, R. W. (2003). *Careers for writers and others who have a way with words*. New York: McGraw Hill Education.

Bly, R. W. (2009). *88 Money-making writing jobs*. Chicago, IL: Sourcebooks.
Blum, D., Knudson, M., & Henig, R. M. (2005). *A field guide for science writers: The official guide of the national association of science writers*. New York: Oxford University Press.
Davis, S. F., Giordano, P. J., & Licht, C. A. (2009). *Your career in psychology: Putting your graduate degree to work*. Hoboken, NJ: Wiley-Blackwell.
Hancock, E. (2003). *Ideas into words: Mastering the craft of science writing*. Washington, DC: Johns Hopkins University Press.
Hayes, W. (2003). *So you want to be a college professor?* Lanham, MD: Scarecrow Education.
Morgan, R. D., Kuther, T. L., & Habben, C. J. (Eds.). (2005). *Life after graduate school in psychology: Insider's advice from new psychologists*. New York: Psychology Press.
Sternberg, R. J. (2006). *Career paths in psychology: Where your degree can take you* (2nd ed.). Washington, DC: American Psychological Association.
U.S. Department of Defense. (2003). *America's top military careers: Official guide to occupations in the armed forces*. Indianapolis, IN: Jist Publishing.
Vesilind, P. A. (2000). *So you want to be a professor? A handbook for graduate students*. Thousand Oaks, CA: Sage.
Yager, J. (2009). *Career opportunities in the publishing industry*. New York: Checkmark Books.

网络资源

Career Path Less Traveled
http://www.apa.org/monitor/feb01/careerpath.html

Society for the Teaching of Psychology
http://teachpsych.org/

Office of Teaching Resources in Psychology
http://teachpsych.org/otrp/index.php

Preparing Future Faculty
http://www.preparing-faculty.org/

Military Career Guide Online
http://www.todaysmilitary.com/military-careers

About the U.S. Military
http://usmilitary.about.com/

So You Want to Be an Editor
http://www.editors.ca/join_eac/be_an_editor/so.html

A Guide to Careers in Science Writing
http://casw.org/booklet.htm

Career Development Center for Post docs and Junior Faculty

http://nextwave.sciencemag.org/career_development

So You Want to Be a Science Writer?
http://www.absw.org.uk/reading-room/so-you-want-to-be-a-science-writer

How Do I Become a Science Journalist?
http://www.scidev.net/en/practical-guides/how-do-i-become-a-science-journalist-html

第十四章
申请攻读心理学研究生

本章导读

整本书我们都在讨论心理学学士学位获得者的就业机遇。如果你是学心理学的，那么你可能会有读研的想法。然而大多数学生是在大学毕业以后就直接进入职场。每年都会有 9 万多名学生获得心理学学士学位。每年大约有 1.5 万名学生攻读全日制心理学研究生课程（Kohout & Wicherski，2009；Nationl Center for Education Statistics，2011）。

为什么有的学生要选择读研呢？因为心理学研究生学位为学生开启了新的就业机遇——这点我们在之前已经讨论过了。你适合读研吗？读研对你的求职方向有帮助吗？接下来我们将为你解答这些疑问。

为什么要读研？

为了得到一份好工作就真的有必要读研吗？如果你梦寐以求的工作涉及帮助他人，需要运用到你的研究能力或者是你的心理学知识，那么就没有必要读研。读研的主要原因是满足自己对知识的渴求。表现优秀的研究生热爱学习，喜欢研究与发现。研究生学习为探索发现、应用行业知识以及人类行为的相关知识提供了一个特别的机会。许多学生选择读研是为了奉献社会，帮助需要帮助的人，提高他人的生活质量。

而一些学生读研是为了能够胜任需要具备一定专业知识的工作岗位。例如在学院、大学或是医学院任教，在学术界、工业界或商业界进行研究，在一些实际应用行业用到心理学知识，处理各种各样的咨询和实际问题。你想从事什么样的职业？真的有必要通过读研来达到你的就业目标吗？有其他方法来实现吗？正如我们之前所谈到的，如果你想与他人共事，并且所求职业又需心理学博士学位，那么有其他很多方法可以获得这一学位。

你适合读研吗？

你为何想去读研？有什么充分的理由吗？一些学生读研就是为了满足自己的求知欲、职业发展、帮助他人以及仅仅就是想要获得博士学位。那么你的理由是什么呢？哪种学位能帮助你达到目标呢？很显然，博士学位不是答案。

为做出未来 2～7 年或是更长时间的就业抉择，问问自己继续深造的目的是什么，这一点是很重要的。研究生学习是全日制的，并且是一项长期投资——远比大学的花费要多。你愿意在接下来几年的时间里过着学生时代的生活吗？你愿意晚点工作，晚点经济独立吗？大部分全日制研究生院校阻碍了学生工作能力的培养，甚至是禁止学生在校外打工。你愿意把大部分时间都用在学习上吗？研究生基本上每周都要花 50～60 小时来学习和做研究。为了能够获得成功，读研是你的首选吗？并且你愿意多花点时间来学习吗？

读研花费很大，而且费用逐年增长。2009 年，博士生毕业时，平均欠下 5 万美元的贷款；而心理学博士平均欠下 12.5 万美元的贷款（Michalski，Kohout，Wicherski，& Hart，2011）。博士学位获得者中，和健康相关专业的博士生（例如临床医学、咨询学、教育学、健康学和法医）平均欠下 8 万美元的贷款。心理学研究领域的博士生平均欠下 3.2 万美元的贷款（Michalski et al.，2011）。认真考虑好你想要学习的专业和想要获得的学位，要知道你的决定也许会让你好几十年都负债累累。其实你也不必立即去读研，例如某一个国家的临床心理学博士生中，57%的在读研究生并不是本科毕业后直接读研的；只有 33%的人是完成研究生学习后直接去读博（Zimak，Edwards，Johnson，& Suhr，2011）。而且那些延缓读研的学生在研究生学习中更能获得满足感。

当你在慎重考虑就业选择时，你需要把你身边的人考虑进去。与你的导师、其他任课老师、家人和朋友说说你想读研的原因，以及你的就业目标和读研所面临的困难。坚持你的目标，为了实现目标准备要付出怎样的努力。不论你是想拿到学士学位、硕士学位还是博士学位，选择的教育要包含能助你求职一臂之力的训练和课程。如果你决定读研，那么就得准备迎接大量的工作，但是当你和杰出的心理学家一同工作学习时，你的知识也是在相应地不断积淀。

文学硕士、 哲学博士和心理学博士的差异

你适合哪种学位？有许多信息对研究生学习和各种研究生学位存在错误的解读。在这一部分，我们将简要地介绍心理学专业的学生可以获得哪些研究生学位。

硕士学位

通常心理学博士比心理学硕士项目更常听到。但是获得心理学硕士学位

的学生（每年大约 2.3 万人）却又比获得博士学位的学生（每年大约 5 500 人）多（National Center for Education Statistics，2008）。研究生通常是两年的全日制学习。硕士学位有很多种类型——最常见的是文学硕士（M. A.）和理学硕士（M. S.）。服务领域的硕士学位，例如临床心理学、咨询心理学以及学校心理学等，通常会积累在应用行业的实践经验。大多数硕士学位课程都要求针对某个研究项目写硕士论文；然而一些课程却以其他方式代替论文写作，比如考试成绩合格或写一篇专题书面报告。

文学硕士（M. A.）和理学硕士（M. S.）的区别是什么呢？从英文字母来看，两者在课程设置上并无太大差异。一所大学颁发的是哪种学位，并非取决于所设课程的特点，而是取决于学校的政策。许多学生并没有意识到这两种硕士学位其实是相互交叉的。他们对这两种学位进行比较，孰优孰劣，害怕没有选择更好的学科，其实这种担忧完全是多余的。同样，本科阶段的文学学士和理学学士在学习内容上如出一辙。

获得硕士学位后你能做些什么呢？这就取决于你所学的课程，硕士学位能让研究生：（1）在中学（或许还需要其他的证书）和两年制专科学校教授心理学；（2）在政府机构和工业界的工作更具竞争优势；（3）将所学的心理学知识付诸实践（不同的州担任的头衔和监管程度有所不同）。

至少有 24 个州允许获得心理学硕士学位者从业（North American Association of Masters in Psychology，2011）。而且，每个州都可让获得认证的硕士顾问从业，但是每个州的具体要求和授予的头衔却不同。如果你正考虑读取临床心理学硕士学位或咨询心理学硕士学位，且有意自己创业的话，那么要慎重考虑你的选择，因为每个州对心理咨询从业者许可证的要求是不同的（Levant et al.，2001；North American Association of Masters in Psychology，2011）。要注意一些特定的课程、考试以及在一些工作单位的工作时间等要求。一定要提前做一些准备工作，以便你可以提前获得所选职业必需的经历，日后不会无所适从。2009 年硕士心理学从业者在社会服务行业工作的平均工资为 4.5 万美元（Finno et al.，2010）.

研究领域的硕士学位，如量化心理学、发展心理学、普通心理学，以及实验心理学硕士学位获得者，学习了方法技巧和定量技巧以及内容知识，其中内容知识能帮助他们在大学研究中心、政府机构、商业界和私人机构获得研究职位。2009年，在商业界、工业界、咨询中心及政府机构等行业工作的硕士心理学从业者（不论有无经验）平均薪资为8万美元（Finno et al.，2010）。

一些硕士学位的课程是博士学位课程的跳板。这些课程要求也许更加严格，因为它们是为学生读博做的准备。如果你计划读博，但你本科的学习和你想学习的博士课程不同，那么两年规范而严格的硕士生课程学习（即需要完成一篇研究论文）也许会提升你的水平，能让你成功地获得博士学位的申请。事实上，许多学生到了大三或大四才重视心理学的学习，许多也许都没有博士课程学习所要求的平均分（GPA）或是研究经验。本书的一位作者就有过这样的尴尬处境，但读研后就使得他开始了博士的学习。

博士学位

虽然你拥有了硕士学位也可以在某些行业工作，但如果你想在大学这样的地方做研究或任教的话，博士学位是硬性条件。博士学位使得就业更灵活、自主，但通常需要完成5～7年的研究生学习。临床心理学或咨询心理学对博士学位的要求通常需要一年的实习或监管经验。

有两种类型的博士学位：哲学博士（Ph. D）和心理学博士（Psy. D.）。哲学博士是指学哲学的博士。哲学博士是一种研究学位，该学位需要写具有原创性的研究论文。临床心理学或咨询心理学的哲学博士是一种操作性较强的学位，指导学生如何做研究、教书、写作和临床实践。心理学博士是指学习心理学的博士，只有临床心理学和咨询心理学两种博士，而且它还是一种专业学位，类似法学博士（J. D.）。

心理学博士和哲学博士有何不同？两者都是博士学位，都可以运用到心理学的知识，但它们的侧重点不同。哲学博士有很长的历史。大多数大学教授拿的都是哲学博士，因为几乎所有的学术领域都会授予哲学博士。哲学博士提供研究、方法论以及心理学专业内容的培训。哲学博士的获得者可以在大学、医学中心、精神健康中心、工业界和政府机构工作。

心理学博士以实践为核心，它侧重临床训练或专业工作的训练，那些喜欢实际操作的人就会选择心理学博士学位。在一些私立或专业学校也会授予心理学博士学位，但学费通常比哲学博士贵，而且是一些较重要的课程才授予该学位（Norcross，Castle，Sayette，& Mayne，2004）。心理学博士学位通常比哲学博士学位的授予率高，录取的学生也更多（Norcross，Ellis，& Sayette，2010）。哲学博士的大部分经费来源于教师研究拨款。心理学博士学位进行的研究较少，因而就很少有机会获得研究助教奖学金或其他支持你研究生教育的资金（Norcross et al.，2010）。专业课程把学生训练成教育良好的研究消费者而不是研究生产者，因为心理学博士重点不是在做研究上。心理学博士比哲学博士早一年拿到学位（Norcross et al.，2004，2010）。然而，心理学博士毕业后会面临繁重的债务（平均欠下 12 万美元的贷款；Finno et al.，2010）。

通常做实践工作的学生会发现专业项目的课程比那些传统的科学家从业者项目能更好地迎合他们自己的兴趣爱好和职业抱负。虽然一些人认为哲学博士比心理学博士更权威（Buskist & Sherburne，1996），但你所选择的学位要对你所向往的职业有所帮助。如果你对实践心理学感兴趣，又不想在大学教书或做研究，那么心理学博士就会很适合你。如果你想申请在研究机构或学术机构工作的话，从专业学校毕业的学生就存在着专业劣势。慎重考虑你的职业目标，确保你可以进行必要的准备。关于心理学博士和哲学博士培养计划的更多信息，请参考第十三章。

申请研究生院校

申请研究生院校是一个漫长而复杂的过程。和生活中大多数的事情一样，申请读研要进行初期准备。如果你认为读研也许是你的未来——即使也不是非常确定——那么也要早做准备。采取保守的方法和掌握必要的经验来确保你对申请读研有一定了解。研究生院校的申请内容要花很长时间来构思，所以要早点着手开始准备，即使你还在犹豫不决。

读研应做哪些准备呢？你可以参照表 14—1 心理学研究生部列出的申请标准。不论是申请硕士学位还是博士学位，教授为你写的推荐信和平时成绩都是相当重要的（Kohout & Wicherski，2009）。值得注意的是，研究经验对 74%的硕士生课程比较重要，但是对 99%的博士生课程却是尤为重要。GRE 成绩几乎对所有的博士生课程和对 82%的硕士生课程申请较为重要。大约仅有 2/3 的硕士生课程和博士生课程会比较注重或非常注重与临床有关的公共服务或工作经验。

除了这些标准外，在对参与挑选研究生的教授做出的调查研究中发现，还有一个尤为重要的因素，即申请者的兴趣爱好以及技能是否与课程的目的相符。也就是说，这些挑选学生的教授是否愿意和其中某个申请者一起工作学习。在学生、学习课程以及教授之间，整个挑选匹配的过程都会体现在申请文书和（如果录用）面试中（Bonifazi，Crespi，& Rieker，1997；Keith-Spiegel，Tabachnick，& Spiegel，1994；Landrum & Clark，2005）。研究生导师还比较看重学生的知识储备、兴趣、学习的课程、统计资料、研究方法和所学的自然科学课程、写作能力，以及在会议展示和出版刊物中积累的经验。研究生课程中的各种技能和经历是需要花时间来培养的，所以要尽早着手准备。如果你最终觉得自己不适合读研，决定放弃，即使这样你也会从中学到很多知识，收获很多实用的技能。

表 14—1　　心理学研究生部列出的申请标准

申请标准	等级评定	博士生课程（%）	硕士生课程（%）
推荐信	最高	88	74
	平均	11	21
平均成绩（GPA）	最高	73	79
	平均	26	18
研究经验	最高	72	27
	平均	27	47

续表

申请标准	等级评定	博士生课程（%）	研究生课程（%）
GRE 成绩	最高	59	48
	平均	38	34
面试	最高	57	26
	平均	24	15
临床方面的公共服务	最高	14	15
	平均	44	42
工作经验	最高	13	15
	平均	51	46
课外活动	最高	3	2
	平均	33	29

资料来源：Kohout & Wicherski (2009).

提交申请

提交申请最常见的形式是填写申请表。这就要求填一些你的基本信息：姓名、家庭住址等。几乎所有的院校都有网上填报形式和提交过程。如果你准备手写申请书并且用普通邮寄的方式寄出，那么请牢记一定要书写工整；把你的申请扫描到计算机里，以便你可以准备专业的申请。如果你在网上填写申请，那么陈述也是很重要的。标点符号的错误、拼写错误以及排版错误等都会影响你的录取。尽早进入你的信息填写系统，记得常保存。当你确定申请填写完整无误后，你就可以提交了。

GRE（美国研究生入学考试）一般能力测试

美国研究生入学考试（GRE）一般能力测试是一种标准化的考试，目的是评测你在高中和大学阶段所掌握的各种知识技能，并且对在研究生阶段从事学术研究的潜在能力做出估测。2011 年 8 月 GRE 考试进行了改革，一般能力测试要进行三科测试（都有相应的分数）：语文、数学和分析写作。语文是通过把句子填写完整和阅读理解问题来测试你的理解和分析文章的能力。数学测试的是一些基本的数学技能，强化解读数字能力，以及测试你是否能够理解并运用量化技能来解决问题。问题的类型包括量化信息的比较、解决实际问题和解读数字。分析写作测试的是你是否能够清晰有效地阐明复杂观点，是否有考察/验证他人论点及其相关论证的能力，是否有用贴切的事理和事例支撑陈述观点的能力，是否具有支撑有针对性的连贯讨论能力，以及是否有控制标准书面英语各个要素的能力。分析写作要写两篇文章：第一篇要分析一个问题，第二篇是评论一个论点，然后对你的理由进行探讨。

研究生院校在对你的申请作出决定时，他们会特别看重你的语文和数学成绩。因此，GRE 的总分通常指的就是数学和语文的总分（在 2011 年改革后的 GRE 测试中，每科成绩都在 130～170 分之间），加起来总分就是 340 分。GRE 一般全年进行机考，但是最好是在申请研究生院校之前的春季或夏季参考。此外，如果考试结果不尽如人意，那么还是会有机会可以补考的。需要注意的是，GRE 成绩还是会寄到你所申请的研究生院，因而不要仅仅是为了练习而去试考。

GRE 心理学考试

大约 40％的博士课程需要申请者参加 GRE 心理学考试（Kohout & Wicherski，2009）。GRE 心理学考试由 215 道问题组成，题目主要是从本科层次心理学课程的核心内容中抽取出来的。其中 40％的题目是有关实验和自然科学的，包括学习、语言、记忆、思考、知觉、动物行为学、感觉、比较心理学以及生理心理学。社会和社会科学的题目占到总题目的 43％，包括临床心理学、变态心理学、发展心理学、人格心理学和社会心理学。剩余的 17％是综合题目，包括心理学史、应用心理学、测量、实验设计以及统计。GRE 心理学考试成绩有一个总成绩和两项单科成绩：实验心理学和社会心理学。

申请书

个人陈述或申请书是你和招生委员会进行直接交流的一次机会。你可在申请书中介绍自己，并附上 GPA 和 GRE 成绩。你要在文章中提到你的写作能力、处理事情的能力以及说服读者的能力等。这是使你自己脱颖而出的一个平台，因为你可以谈到你的兴趣爱好、职业抱负以及你的价值观念。通常研究生项目中都会提一个问题或者是一个特殊的话题让你进行作答。研究生项目所提出的大多数问题都可归入几个类别，见表 14—2。

表 14—2　　常见的申请书提示

话题	申请提示样本
职业规划	你的职业目标是什么？你认为自己十年后会怎样？
感兴趣的领域	你对学术领域还是专业领域感兴趣？
研究经验	论述你想从事的研究，或你已经积累到的研究经验，也可以两者都进行论述。对你的研究兴趣进行描述
学术目标	你为何要进行研究生学习？研究生学习对你职业目标的必要性
临床医学或其他领域的经验	对你所积累到的临床医学经验进行描述。你的实践经验是如何塑造你的就业目标的？
学术背景和成果	论述你的学术背景
个人信息	你有与我们对申请者进行评估相关的背景信息吗？描述你现在的生活：家人、朋友、家庭、学校、工作，特别是那些与你的心理学和你的兴趣爱好有关的经历。写一个简短的自传
个人和职业发展	描述你的价值观和你对人生的态度

资料来源：Keith-Spiegel & Wiederman (2000).

虽然各院校申请书要求写的话题大同小异，但你也不能在申请研究生课程时千篇一律地使用一篇文章。根据具体问题和不同课程的要求，书写不同的申请书，因为招生委员会对你的兴趣爱好和你的各种能力能否很好地与课程、老师相匹配是很看重的。你在写申请时，要随时停下来想想，确保自己是在正确地回答招生委员会提出的问题（而没有答非所问）。许多学生就会在个人简历中花大量的篇幅解释自己对心理学是多么感兴趣。请记住，你的文章是用来帮助招生委员会决定你是否适合研究生学习的参考，不要揭露太多容易被误解的个人信息。当然，你的文章是一种个人陈述，在表述时只要自己感到行文自然舒适即可，但却不宜解释。例如描述对心理学之所以感兴趣是由你家庭的不幸或自己的病史触发的。

要去寻求他人的反馈意见——特别是老师的意见。因为老师能清楚地知道研究生课程的培养目标是什么，因而他们会给出宝贵的意见和建议。如果你想得到老师的反馈意见，那么一定要尽早和老师取得联系，要在老师看到你的申请书并做出回复的截止日期之前联系他们——一定要留时间让他们对申请进行校订。要推荐信也是同样的道理，尽早与老师取得联系。最后要仔细校对你的申请（也可以找家里值得信赖的人或朋友帮你校对）。因为打字错误也会影响你的申请。申请书是展示你的强项和风采的机会，要利用好这个机会陈述你所取得的成就、获得的宝贵经验并且要强调你的积极性。

推荐信

大部分研究生课程都需要申请者递交三份推荐信。推荐信是老师或导师写的信件，其中要谈论你的个人品质、取得的成绩、你取得好成绩的经历以及力荐你是所申请课程的合适人选。正如你所知道的，推荐信是申请中非常重要的一部分。

通常你的推荐信是由你的系部老师所写。在选择推荐人时，确保写推荐信的人具备以下条件：

- 对你很了解并且与你相处的时间长。
- 知道你的学习情况并且能对你予以肯定。
- 对你有高度的评价。
- 知道你要申请哪所学校、你的教育背景以及就业目标。
- 能够把你和你的同学进行公正的比较。
- 能够写一封详尽的推荐信。

你这三份推荐信力求要涵盖你的各项技能，包括你的学术成果和学术技能、研究能力和经历以及实践经历（例如合作教育、实习、相关的工作经验）。为推荐人提供所有必要的信息，以便他们能书写顺畅。要与每个推荐人讨论他们所写的推荐信，要给他们充足的时间去写（最好是一个月或更长时间）。提供一个包含以下信息的文件：

- 你的成绩单
- 简历
- GRE 成绩
- 你所修的课程以及成绩
- 研究经历
- 你所属的优等生联合会
- 你所获得的奖项
- 工作经验
- 职业目标
- 申请的截止日期
- 你所申请课程的信息
- 申请推荐表

在选择推荐人时，要问清楚他们是否对你有足够的了解，能否帮你写一封有帮助的推荐信。注意他们的态度。如果发觉他们有些不情愿，那就另找他人。如果他们拒绝帮你写，那就不要“己所不欲，勿施于人”。反而要感谢他们，因为一封没有感情的推荐信对你的申请是没有帮助的。记住要在学期一开始就要寻找推荐人。期末临近之时，老师也许会因时间紧而无法帮你写推荐信。

面试

一旦你递交了申请书，漫长的等待就开始了。研究生院的面试各有不同，有的采用电话面试，有的是现场面试，而有些学校根本就没有面试这一环节。如果你被邀请参加面试，那么请牢记你的意图。面试使得招生委员会除了看到你的 GPA 和 GRE 成绩，还能有机会当面会见申请人。招生委员可以当场看到你在面对压力时，是如何应变的；可以看到你的口语表达和肢体语言的沟通技巧。面试会有一到两个老师担任考官，有的是老师和学生都会到场参加面试，面试的时间也许是半个小时，也许是一整天。面试的形式有小组讨论、集体面试，甚至还有一些如宴席面试会等独特的面试形式。

在准备面试时，要尽可能多地去了解研究生的课程信息。参看课程说明，浏览系部网页以及有关教师介绍等。弄清楚课程的侧重点以及老师的研究方向。想好如何回答一些面试时常见的问题，例如表14—3中的问题。

表14—3 研究生面试的常见问题

- 你为何对该课程感兴趣？
- 你对该课程了解多少？
- 你的就业目标是什么？
- 为何你会选择心理学方面的职业？
- 你的研究兴趣是什么？请描述你的研究经历。
- 你的研究强项和弱项是什么？
- 你的学术强项是什么？你最喜欢的课程是什么？原因是什么？
- 你最喜欢自己的哪一点？
- 你想和谁一起工作学习？原因是什么？
- 请描述你最自豪的成就。
- 如果想开始着手进行研究项目，你会选择什么样的主题？
- 请描述你的理论取向。
- 论述你在临床心理学方面的经历。评价你的临床心理学知识运用能力。哪些是你的强项？哪些是你的弱项？
- 谈谈你自己。
- 你的教授是如何看待你的？
- 你将怎样为该领域做贡献？你希望如何做出贡献？
- 你的兴趣爱好是什么？
- 请讲述你最成功的学术成就，是个人的吗？
- 谈谈你在心理学方面的经历。哪些方面是最具挑战性的？最大的收获是什么？
- 你的就业目标是什么？该课程将如何帮助你实现你的目标？
- 你将如何负担你的学费？
- 你会在该课程中运用到什么技能？你将如何协助你的导师做研究？
- 你的积极性高吗？进行举例说明。你打算详细讲述些什么呢？原因是什么？
- 如果你没有被录取，接下来你有什么打算呢？
- 你为何选择这行？
- 你对我们的课程了解多少？
- 为何你会选择申请我们的课程？

续表

• 你还考虑选择其他哪些学校呢？ • 你之前积累到的经验将怎样运用到我们研究生课程中去呢？ • 你有任何问题吗？ • 如果你被录取了，你认为最大的挑战是什么？ • 你最喜欢的课程是什么？最不喜欢的课程又是什么？原因是什么。

你除了回答老师的问题，还要对老师进行提问。招生委员会是很期望你对他们进行提问的，所以充分准备好一些有关课程、老师以及学生的相关问题。利用这个机会了解你所申请的课程，看看它是否能满足你的需求。在面试期间，试图对申请的系部有所了解。研究生怎样称呼教授和博士的，要称呼他们的名字吗？学生之间的竞争激烈吗？试着了解你是否适应这里的学习、生活气氛，是拘谨还是轻松自在？你喜欢在这里学习生活吗？表 14—4 提供了一些例子，以便参考。

表 14—4　　在招生面试中你可以提的一些问题

• 该课程的设置与其他课程有何不同？ • 最近该校毕业生都在哪里就业？大多数学生毕业后都做什么？ • 提供哪些助学金？受资助的标准是什么？ • 有奖学金吗？该如何申请？ • 在校生有去任教的机会吗？像助教或兼职类的。 • 大部分学生在毕业前要发表论文或写论文吗？ • 该课程包含什么实践机会（例如实习）？有哪些实习机会呢？ • 在招生过程中哪部分比较重要，笔试成绩、本科成绩、推荐信、申请陈述、经验还是其他的一些要求呢？ • 申请的系部是喜欢应届本科毕业生还是喜欢有工作经验的申请者呢？ • 如果是喜欢有工作经验的申请者，那需要有什么样的工作经验呢？ • 研究生要如何积累研究经验呢？他们是服从安排，还是自己选择呢？ • 导师是怎样分配学生的呢？

记住所有的互动都是面试过程的一部分。与在读研究生的互动也很重要，因而要谨慎地透露自己的个人信息。例如，在社交场合问在读研究生“在哪儿可以获得精选药品的说明书？”就是不合时宜的做法。同样，社交活动也是

面试的一部分。例如，你也许会在这些社交场合中被要求喝酒。最好是回绝，如果要喝的话，那就选择软饮料，但也只能喝一瓶。

面试结束后，又要开始等结果。大多数学校都是 3 月到 4 月初寄出录取通知书。大多数情况下，在截止日期 4 月 15 日之前你就得决定是否接受录取通知书。拿到研究生院校的录取通知书似乎是个圆满的结局，但这却是你另一个学习生涯的开始。

测试 14—1

你适合读研吗?

请如实回答下列问题：

□你愿意在接下来的 2～7 年过着清贫的生活吗？

□一想到总是在学习会令你厌烦吗？

□写学期论文有趣吗？

□你讨厌演讲（甚至是令你感到恐惧）吗？

□如果不是做作业，那你会去阅读心理学的书籍或文章吗？

□你会在准备考试或写论文时拖拖拉拉的吗？

□你喜欢读书和学习吗？

□你讨厌待在图书馆做研究吗？

□你会选择准备考试或是写论文而不去社交（像参加聚会）吗？

□你讨厌学校吗？

□每次学习你都能聚精会神地坚持几个小时吗？

□你的成绩主要是 B 或比 B 更低吗？

□你最近读心理学期刊文章了吗？

□你还有除心理学以外其他感兴趣的学科吗？

□统计学你获得过 A 或 B 吗？

□你讨厌做研究吗？

□你愿意长时间工作吗？

□你愿意并能够承担巨额的学生贷款债务吗？

□你经常是很准时地交作业的吗？

得分：回答“是”且题号是奇数的问题就算得一分，回答“否”且题号是偶数的问题就算一分，然后把所有的分数加在一起。分数越高，表示你越适合读研。

推荐读物

American Psychological Association. (2007). *Getting in: A step-by-step plan for gaining admission to graduate school in psychology*. Washington, DC: Author.

American Psychological Association. (2010). *Graduate study in psychology*. Washington, DC: Author.

Keith-Spiegel, P., & Wiederman, M. W. (2000). *Complete guide to graduate school admissions: Psychology, counseling, and related professions*. Hillsdale, NJ: Erlbaum.

Kracen, A. C., & Wallace, I. J. (2008). *Applying to graduate school in psychology: Advice from successful students and prominent psychologists*. Washington, DC: American Psychological Association Press.

Kuther, T. L. (2008). *Surviving graduate school in psychology: A pocket mentor*. Washington, DC: American Psychological Association Press.

Landrum, R. E., & Clark, J. (2005). *Graduate admissions criteria in psychology: An update. Psychological Reports*, 97, 481–484.

National Center for Education Statistics. (2008). *Digest of education 2007*. Washington, DC: Author.

Norcross, J. C., Castle, P. H., Sayette, M. A., & Mayne, T. J. (2004). The Psy.D. Heterogeneity in practitioner training. *Professional Psychology: Research and Practice*, *35*, 412–419.

Sayette, M. A., Mayne, T. J., & Norcross, J. G. (2010). *Insider's guide to graduate programs in clinical and counseling psychology*. New York: Guilford.

网络资源

Psychology Graduate Applicant's Portal
http://www.psychgrad.org/

Pursuing Psychology Graduate School Information Page
http://www.uni.edu/walsh/linda2.html

A Suggested Plan for Grad School Admission
http://www.psych.iupui.edu/Users/dappleby/Undergrad/timeline.htm

About Graduate School
http://gradschool.about.com

American Psychological Association of Graduate Students (APAGS)
http://www.apa.org/apags/

结　　语

综观全书，我们对适用于心理学专业本科生和研究生的许多职业选择进行了探讨。通过大学阶段心理学的专业学习，你可以建立并发展批判性思维、分析技能、社交技巧和数量分析能力，这些正是雇主所看重的技能，同时也能让你受益终生。本书提供了众多信息，包括一些实用性信息，引导你对职业发展进行思考。

积极争取

本书最重要的主题在于学生必须积极对待职业发展。你要选择一个专业并决定自己的职业喜好。积极对待职业发展意味着你要考虑各种职业可能性，评估个人技能、喜好和能力，主动向他人寻求帮助，如教授、家人、大学就业指导中心的工作人员。虽然要从他人那里汲取信息，但缩小职业选择的范围和确定最终的职业都要靠你来完成。教职工是一大资源，但你不能依靠他们来明确你所有的喜好、优势和劣势。学生的人数远远大于教职工的人数。因此，你必须尽快行动（不要等到大四再开始职业探索）并主动出击。

选择过程

只有你才了解什么东西最适合自己。专业或职业的选择不可避免地都会受到来自家人或朋友的影响。但是，请记住专业选择的过程和决定都是你的事情，没有人会比你更关心你选择什么专业，因为唯一受你的决定影响的人只有一个，那就是你。向外界寻求帮助的同时，不要忘了决定权在于你。你可以改变想法。如果你发现自己所选的专业最终并不适合自己，你可以换专业，我们都这样做过。然而，换专业是需要付出代价的，因为你不得不参加一些额外的课程。但是如果新的专业能更好地符合你的兴趣，这种尝试是值得的。选择一个你喜欢的专业吧，因为兴趣是最好的老师。它可以让令人头疼的课程和冗长繁多的学术论文变得更容易。

专业不等于职业

你的专业，并不能决定你未来从事的职业。它仅仅是一个起点。许多人最后选择的职业并非和所学专业紧密相关。反之，决定你未来职业的关键是你掌握的技能。因此，请明确自己理想的职业路径所必需的技能，并主动寻求发展、提高这些技能的机会，积累相关工作经验。

“定制”你的学位

心理学专业或任何其他专业，都能让你为胜任各种职业做足准备。但最佳准备是你个性化的、独一无二的职业愿景。按照你的职业愿景，“定制”你的学位，让它成为你实现职业目标的“助推器”。你需要参加其他课程和积累相关工作经验，来丰富你的职业准备，增强你的就业竞争力。本书覆盖了通向各种既定职业路径所必需学习的课程和积累的工作经验。

职业生涯规划是一个持续的过程

不要在进入大学的前六个月或是毕业之前的六个月才进行你的职业生涯规划。职业生涯规划是一个持续的过程，它需要你花费较长的时间来推进。或许你的职业生涯规划始于大学阶段（甚至始于高中时期），但事实上，职业生涯规划会伴随你的一生。我们会持续不断地去思考自己喜爱的职业是什么，对自身现阶段职业境况进行评估，展望我们未来的职业道路。这是该过程的一部分。所以，从现在开始进行你的职业生涯规划，了解这是一条漫长但激动人心的道路。通过进一步的自我反省，你现在的职业决定也许与过去不同，这并不奇怪，因为它是职业规划历程中必经的一环。实际上，每个人一生中都会换好几次工作。职业生涯规划的秘诀在于参与这个过程，像上文提到的一样，在这个过程中积极主动，“定制”你的学位规划，掌握知识，发展技能，为铸就成功职业做充足准备。那么，开始行动吧，从中找到乐趣，最后，祝大家好运！

参考文献

Aamodt, M. G. (2007). *Applied industrial/organizational psychology*. Pacific Grove, CA: Wadsworth.

Aamodt, M. G. (2009). *Applied industrial/organizational psychology*. Pacific Grove, CA: Wadsworth.

Ackerman, M. J. (1999). *Essentials of forensic psychological assessment*. New York: John Wiley.

American Association of Marriage and Family Therapy. (2002–2011). *American Association for Marriage and Family Therapy*. Retrieved July 25, 2011, from http://www.aamft.org/iMIS15/AAMFT/

American Counseling Association. (2011). *American Counseling Association*. Retrieved July 25, 2011, from http://www.counseling.org/

American Federation of Teachers. (2008). *Survey and analysis of teacher salary trends 2005*. Retrieved August 19, 2011, from http://www.aft.org/pdfs/teachers/salarysurvey07.pdf

American Psychological Association. (2002). *Undergraduate psychology major: Learning goals and outcomes*. Retrieved September 19, 2005, from http://www.apa.org/ed/pcue/taskforcereport2.pdf

American Psychological Association, (2008). *Report of the 2007 APA salary survey*. Retrieved July 25, 2008, from http://www.apa.org/workforce/publications/07-salaries/index.aspx?tab=4

American Psychological Association. (2010). Accredited doctoral programs in professional psychology: 2010. *American Psychologist, 65*, 894–908.

American Psychological Association. (2011). *APA congressional fellowship program*. Retrieved August 19, 2011, from http://www.apa.org/about/awards/congress-fellow.aspx

American Psychological Association Center for Workforce Studies. (2008). *Doctorates awarded in 2005-2006: Subfield by degree type*. Retrieved July 25, 2011, from http://www.apa.org/workforce/snapshots/2006/figure-11.aspx

American Psychological Association Center for Workforce Studies. (2011). *2011 graduate study in psychology*. Retrieved July 25, 2011, from http://www.apa.org/workforce/publications/11-grad-study/table-16.pdf

American Psychological Association, Division 12: Society of Clinical Psychology. (n.d.). *About clinical psychology?* Retrieved July 25, 2011, from http://www.apa.org/divisions/div12/aboutcp.html

American Psychological Association, Division 16. (2005). *Goals and objectives*. Retrieved July 28, 2008, from http://www.indiana.edu/~div16/G&O.htm

American Psychological Association, Division 17: Society of Counseling Psychology. (n.d.). *About counseling psychologists?* Retrieved July 25, 2011, from http://www.div17.org/students_defining.html

American Psychological Association, Division 22. (n.d.). *Rehabilitation psychology*. Retrieved August 25, 2011, from http://www.div22.org/about_rehab.php

American Psychological Association, Division 38 Committee on Education and Training. (n.d.). *What is a health psychologist?* Retrieved August 23, 2011, from http://www.health-psych.org/AboutWhatWeDo.cfm

American Psychological Association, Division 47 Practice Committee. (n.d.). *Defining the practice of sport and performance psychology*. Retrieved August 10, 2011, from http://www.apa47.org/pdfs/Defining%20the%20practice%20of%20sport%20and%20performance%20psychology-Final.pdf

American Psychology-Law Society. (2004). *Careers in psychology and law: A guide for prospective students*. Retrieved July 25, 2011, from http://www.ap-ls.org/students/careers%20in%20psychology.pdf

American Psychology-Law Society. (2005). *Careers in psychology and law: Subspecialties in psychology and law: A closer look*. Retrieved July 25, 2011, from http://www.unl.edu/ap-ls/student/careers_closerlook.html

Amsel, J. (1996). An interesting career in psychology: Acquisitions editor. *Psychological Science Agenda*. Retrieved January 18, 2002, from http://www.apa.org/science/ic-amsel.html

参考文献

Anderson, M. B. (Ed.). (2000). *Doing sport psychology*. Champaign, IL: Human Kinetics.

Andrews, C. K. (2005). Trial consulting: Moving psychology into the courtroom. In R. D. Morgan, T. L. Kuther, & C. J. Habben (Eds.), *Life after graduate school in psychology: Insider's advice from new psychologists* (pp. 257–274). New York: Psychology Press.

Andrews, D. A., & Bonta, J. (2010). *The psychology of criminal conduct* (5th ed.). Cincinnati, OH: Anderson.

Anshel, M. (2000). A conceptual model and implications for coping with stressful events in police work. *Criminal Justice and Behavior, 27,* 375–400.

Anson, R. H., & Bloom, M. E. (1988). Police stress in an occupational context. *Journal of Police Science and Administration, 16,* 229–235.

Appleby, D. (2000). Job skills valued by employers who interview psychology majors. *Eye on Psi Chi, 4*(3), 17.

Attfield, C. (1999). Stock market: Making the transition from acids to assets. *Next Wave*. Retrieved June 16, 2002, from http://nextwave.sciencemag.org/cgi/content/full/1999/03/02/2 .

Augenbraun, E., & Vergoth, K. (1998). Broadcast science journalism: Working in television, cable, radio, or electronic media. In C. Robbins-Roth (Ed.), *Alternative careers in science: Leaving the ivory tower* (pp. 49–62). San Diego, CA: Academic Press.

Ax, R. K., & Morgan, R. D. (2002). Internship training opportunities in correctional psychology: A comparison of settings. *Criminal Justice and Behavior, 29,* 332–347.

Balster, R. L. (1995). An interesting career in psychology: A research psychologist in a medical school. *Psychological Science Agenda*. Retrieved February 1, 2002, from http://www.apa.org/science/ic-balster.html

Bardon, J. I. (1989). The school psychologist as an applied educational psychologist. In R. C. D'Amato & R. S. Dean (Eds.), *The school psychologist in nontraditional settings: Integrating clients, services, and settings* (pp. 1–32). Hillsdale, NJ: Lawrence Erlbaum.

Bartholomew, D. (2000a). Academia or industry: Finding the fit. *Next Wave*. Retrieved February 1, 2002, from http://nextwave.sciencemag.org/cgi/content/full/2000/08/10/6

Bartholomew, D. (2000b). Academia or industry: Where would I fit in? *Next Wave*. Retrieved February 1, 2002, from http://nextwave.sciencemag.org/cgi/content/full/2000/06/15/1

Bartol, C. R. (1996). Police psychology then, now, and beyond. *Criminal Justice and Behavior, 23,* 70–89.

Bartol, C. R., & Bartol, A. M. (2008). *Introduction to forensic psychology* (2nd ed.). Thousand Oaks, CA: Sage.

Baskin, M. L. (2005). Public health: Career opportunities for psychologists in public health. In R. D. Morgan, T. L. Kuther, & C. J. Habben (Eds.), *Life after graduate school in psychology: Insider's advice from new psychologists* (pp. 241–256). New York: Psychology Press.

Beall, A. E., & Allen, T. W. (1997). Why we buy what we buy: Consulting in consumer psychology. In R. Sternberg (Ed.), *Career paths in psychology: Where your degree can take you* (pp. 197–212). Washington, DC: American Psychological Association.

Belar, C. D. (1997). Clinical health psychology: A specialty for the 21st century. *Health Psychology, 16,* 411–416.

Belar, C. D., Brown, R. A., Hersch, L. E., Hornyak, L. M., Rozensky, R. H., Sheridan, E. P., et al. (2001). Self-assessment in clinical health psychology: A model for ethical expansion of practice. *Professional Psychology: Research and Practice, 32,* 135–141.

Belar, C. D., & Deardorff, W. W. (1995). *Clinical health psychology in medical settings: A practitioner's guidebook*. Washington, DC: American Psychological Association.

Bergen, J. (n.d.). *Public relations careers*. Retrieved July 29, 2008, from http://prfirms.org/index.cfm?useaction=page.viewpage&pageid=575

Birmingham, D., & Morgan, R. D. (2001, August). Helping police manage Type III stress. In Shelia Holton (Chair), *Law enforcement and stress: Crossing the Blue Line*. Symposium presented at the annual convention of the American Psychological Association, San Francisco, CA

Boothby, J. L., & Clements, C. B. (2001). A national survey of correctional psychologists. *Criminal Justice and Behavior, 27,* 716–732.

Bonifazi, D. Z., Crespi, S. D., & Rieker, P. (1997). Value of a master's degree for gaining admission to doctoral programs in psychology. *Teaching of Psychology, 24,* 176–182.

Bornstein, M. (2006). Scientific careers in psychology in government service. In R. J. Sternberg (Ed.), *Career paths in psychology: Where you degree can take you* (2nd ed.). Washington, DC: American Psychological Association.

Boulakia, C. (1998). What is management consulting. *Science's Next Wave*. Retrieved July 5, 2002, from http://nextwave.sciencemag.org/cgi/content/full/1998/03/29/262

Brigham, J. C. (1999). What is forensic psychology, anyway? *Law and Human Behavior, 23,* 273–298.

Brodsky, C. M. (1982). Work stress in correctional institutions. *Journal of Prison and Jail Health, 2,* 74–102.

Bruzzese, J. M. (2005). Medical schools and centers: The merger of developmental psychology and pediatric asthma education. In R. D. Morgan, T. L. Kuther, & C. J. Habben (Eds.), *Life after graduate school in psychology: Insider's advice from new psychologists* (pp. 59–70). New York: Psychology Press.

Bryans, A. B. (1999). An evaluation of the special needs referral. *Early Childhood Research Quarterly, 14,* 483–484.

Bureau of Labor Statistics. (2008). *Occupational outlook handbook 2008-2009 Edition.* Retrieved on July 24, 2011, from http://www.bls.gov/oco/home.htm

Bureau of Labor Statistics. (2010). *Occupational outlook handbook 2010-2011 edition.* Retrieved July 25, 2011, from http://www.bls.gov/oco/

Buskist, W., & Shurburne, T. R. (1996). *Preparing for graduate study in psychology: 101 questions and answers.* Needham Heights, MA: Allyn & Bacon.

Butcher, J. N., & Miller, K. B. (1999). Personality assessment in personal injury litigation. In A. K. Hess & I. B. Weiner (Eds.), *The handbook of forensic psychology* (2nd ed., pp. 104–126). New York: John Wiley.

Callan, J. R. (2004). An interesting career in psychology: Engineering psychology in research and development. *Psychological Science Agenda, 18*(10). Retrieved November 12, 2011, from http://www.apa.org/careers/resources/profiles/callan.aspx

Carpenter, J. (2000). *Careers in consumer psychology.* Retrieved July 29, 2008, from http://www.wcupa.edu/_ACADEMICS/sch_cas.psy/Career_Paths/Consumer/Career05.htm

Carpenter, S. (2001). National science foundation boosts cognitive neuroscience. *Monitor on Psychology, 32*(4). Retrieved January 13, 2002, from http://www.apa.org/monitor/apr01/nsf.html

Carpenter, S. (2002). *An interesting career in psychology: Becoming a science writer.* Retrieved July 31, 2008, from http://www.apa.org/science/ic-carpenter.html

Carter, J. E. (2005). Sport psychology: Locker room confessions. In R. D. Morgan, T. L. Kuther, & C. J. Habben (Eds.), *Life after graduate school in psychology: Insider's advice from new psychologists* (pp. 275–288). New York: Psychology Press.

Chapman, C. N. (2005). Software user research: Psychologist in the software industry. In R. D. Morgan, T. L. Kuther, & C. J. Habben (Eds.), *Life after graduate school in psychology: Insider's advice from new psychologists* (pp. 211–224). New York: Psychology Press.

Cheek, F., & Miller, M. (1983). The experience of stress for correction officers: A double-blind theory of correctional stress. *Journal of Criminal Justice, 11,* 105–120.

Child Life Council. (2009). *Summary of the 2008 child life profession compensation survey results.* Retrieved July 29, 2008, from http://childlife.org/files//Summary08CLSalarySurvey.pdf

Clay, R. A. (2000). Often, the bells and whistles backfire. *Monitor on Psychology.* Retrieved June 5, 2002, from http://www.apa.org/monitor/apr00/usability.html

Cobb, H. C., Reeve, R. E., Shealy, C. N., Norcross, J. C., Schare, M. L., Rodolfa, E. R., et al. (2004). Overlap among clinical, counseling, and school psychology: Implications for the profession and combined-integrated training. *Journal of Clinical Psychology, 60, 939–955.*

Cohen, J. (2002). I/Os in the know offer insights on generation x workers. *Monitor on Psychology.* Retrieved June 5, 2002, from http://www.apa.org/monitor/feb02/genxwork.htm

Copper, C. (1997). An interesting career in psychology: Social science analyst in the public sector. *Psychological Science Agenda.* Retrieved January 19, 2002, from http://www.apa.org/science/ic-copper.html

Costello, E. J., Angold, A., Burns, B. J., Stangl, D. K., Tweed, D. L., Erkanli, A., et al. (1996). The great smoky mountains study of youth: Goals, design, methods, and the prevalence of DSM-III-R disorders. *Archives of General Psychiatry, 53,* 1129–1136.

D'Amato, R. C., & Dean, R. S. (Eds.). (1989). *The school psychologist in nontraditional settings: Integrating clients, services, and settings.* Hillsdale, NJ: Lawrence Erlbaum.

Danish, S., Petitpas, A. J., & Hale, B. D. (1993). Life development interventions for athletes: Life skills through sports. *Counseling Psychologist, 21,* 352–385.

Day, M. C. (1996). An interesting career in psychology: Human-computer interface designer. *Psychological Science Agenda.* Retrieved June 5, 2002, from http://www.apa.org/science/ic-day.html

Defense Finance and Accounting Service. (2011). *2011 basic pay table.* Retrieved August 27, 2011, from http://www.dfas.mil/dfas/militarymembers.html

DeLeon, P. H. (1988). Public policy and public service: Our professional duty. *American Psychologist, 43,* 309–315.

Denner, J. (2009). An interesting career in psychological science: Adolescent development researcher at a non-profit organization. *Psychological Science Agenda.* Retrieved August 27, 2011, from http://www.apa.org/science/about/psa/2009/05/int-career.aspx

Diddams, M. (1998). An interesting career in psychology: Cognitive and I/O psychologists in the technology industry. *Psychological*

Science Agenda. Retrieved June 5, 2002, from http://www.apa.org/science/ic-diddams.html

Drogin, E. Y., & Barrett, C. L. (2007). Off the witness stand: The forensic psychologist as consultant. In A. M. Goldstein (Ed.), *Forensic psychology: Emerging topics and expanding roles* (pp. 465–488). Hoboken, NJ: John Wiley & Sons.

Dunivin, D. L., & Ingram, M. V. (2006). Military psychology: A dynamic and practical application of psychological expertise. In R. J. Sternberg (Ed.), *Career paths in psychology: Where you degree can take you* (2nd ed.). Washington, DC: American Psychological Association.

Edwards, J., & Smith, K. (1988). What skills and knowledge do potential employers value in baccalaureate psychologists? In P. J. Woods (Ed.), *Is psychology for them? A guide to undergraduate advising*. Washington, DC: American Psychological Association.

Evans, B. (1998). Why do realtors really leave the profession? *Realty Times*. Retrieved July 2, 2002, from http://realtytimes.com/rtnews/rtapages/19981012_leaving.htm

Fabris, P. (1998). *Data mining: Advanced navigation*. Retrieved June 16, 2002, from http://www.cio.com/archive/051598_mining.html

Families and Work Institute. (n.d.). *Work-life research*. Retrieved July 2, 2002, from http://www.familiesandwork.org/announce/workforce.html

Ferrell, S. W., Morgan, R. D., & Winterowd, C. L. (2000). Job satisfaction of mental health professionals providing group psychotherapy in state correctional facilities. *International Journal of Offender Therapy and Comparative Criminology, 44*, 232–241.

Finno, A., & Kohout, J. (2010). *Report of the 2009 APA salary survey*. Washington, DC: American Psychological Association. Retrieved August 27, 2011, from http://www.apa.org/workforce/publications/09-salaries/index.aspx

Finno, A. A., Michalski, D., Hart, B., Wicherski, W., & Kohout, J. L. (2010). *Report of the 2009 APA salary survey*. Washington, DC: American Psychological Association.

Fisher, C. B., & Osofsky, J. (1997). Training the applied developmental scientist for prevention and practice: Two current examples. *Social Policy Report, 11*(2), 1–18.

Food and Agriculture Organization of the United States. (n.d.). *What does FAO do: Biotechnology*. Retrieved August 25, 2011, from http://www.fao.org/kids/en/biotechnology.html

Fowler, R. D. (1996). Psychology, public policy, and the congressional fellowship program. In R. P. Lorion, I. Iscoe, P. H. DeLeon, & G. R. VandenBos (Eds.), *Psychology and public policy: Balancing public service and professional need* (pp. ix–xiv). Washington, DC: American Psychological Association.

Fulero, S., Greene, E., Hans, V., Nietzel, M. T., Small, M. A., & Wrightsman, L. S. (1999). Undergraduate education in legal psychology. *Law and Human Behavior, 23*, 137–153.

Gaddy, C. D., Charlot-Swilley, D., Nelson, P. D., & Reich, J. N. (1995). Selected outcomes of accredited programs. *Professional Psychology: Research and Practice, 26*, 507–513.

Gehlhaus, D. (2007). What can I do with my liberal arts degree? *Occupational Outlook Quarterly, 51*(4), 2–11.

Gelso, C., & Fretz, B. (2001). *Counseling psychology* (2nd ed.). Orlando, FL: Harcourt College Publishers.

Goetnick Ambrose, S. (2006). Science writing: Communicating with the masses. In C. Robbins-Roth (Ed.), *Alternative careers in science: Leaving the ivory tower* (2nd ed., pp. 27–38). San Diego, CA: Academic Press.

Golden, C. J., Zillmer, E., & Spiers, M. (1992). *Neuropsychological assessment and intervention*. Springfield, IL: Charles C Thomas.

Goldstein, D., Wilson, R. J., & Gerstein, A. I. (1983). Applied developmental psychology: Problems and prospects for an emerging discipline. *Journal of Applied Developmental Psychology, 4*, 341–348.

Grocer, S., & Kohout, J. (1997). *The 1995 APA survey of 1992 psychology baccalaureate recipients*. Retrieved August 21, 2000, from http://research.apa.org/95survey/homepage.html

Haluck, R. S. (2005). Design considerations for computer-based surgical simulators. *Minimally Invasive Therapy & Allied Technologies, 14*(4/5), 235–243.

Harris, G. (1983). *Stress in corrections*. Boulder, CO: National Institute of Corrections.

Hart, S. (1996). Producing a great textbook with the help of a developmental editor. *Bioscience, 46*. Retrieved January 18, 2001, from http://www.aibs.org/biosciencelibrary/vol46/oct.96.hart.html

Hart, S. G. (2002). *A safe and secure system*. Retrieved June 5, 2002, from http://www.apa.org/ppo/issues/safesecure.paper.html

Hassine, V. (1996). *Life without parole*. Los Angeles, CA: Roxbury Publishing.

Hawk, K. M. (1997). Personal reflections on a career in correctional psychology. *Professional Psychology: Research and Practice, 28*, 335–337.

Hayes, N. (1996). What makes a psychology graduate distinctive? *European Psychologist, 1*, 130–134.

Hedge, J. W., & Borman, W. C. (2008). Preparing yourself in graduate school. In J. W. Hedge & W. C. Borman (Eds.),

The I/O consultant: Advice and insights for building a successful career (pp. 17–21). Washington, DC: American Psychological Association.

Herrman, D. (1997). Rewards of public service: Research psychologists in government. In R. J. Sternberg (Ed.), *Career paths in psychology: Where your degree can take you* (pp. 151–164). Washington, DC: American Psychological Association.

Hodgins, S. (1995). Assessing mental disorder in the criminal justice system: Feasibility versus clinical accuracy. *International Journal of Law and Psychiatry, 18,* 15–28.

Holland, J. L. (1994). A theory of vocational choice. *Journal of Counseling Psychology, 6,* 35–45.

Holland, J. L. (1959). A theory of vocational choice. *Journal of Counseling Psychology, 6,* 35–45.

The Houston Conference on Specialty Education and Training in Clinical Neuropsychology. (n.d.). *Policy statement.* Retrieved August 25, 2011, from http://www.div40.org/pub/Houston_conference.pdf

Huss, M. T. (2001). Psychology and law, now and in the next century: The promise of an emerging area of psychology. In J. S. Halonen, & S. F. Davis (Eds.), *The many faces of psychological research in the 21st century* (Chapter 11). Retrieved December 22, 2011 from Society for the Teaching of Psychology website: http://teachpsych.org/ebooks/faces/script/Ch11.htm

Indeed.com. (2011). *Salary search.* Retrieved August 27, 2011, from http://www.indeed.com/salary

Inwald, R. E. (1982). Research problems in assessing stress factors in correctional institutions. *International Journal of Offender Therapy and Comparative Criminology, 26,* 250–254.

James, D. J., & Glaze, L. E. (2006). *Mental health problems of prison and jail inmates* (Bureau of Justice Statistics Special Report, NCJ 213600). Washington, DC: Department of Justice.

JobProfiles. (2003). *Psychiatric technician.* Retrieved July 29, 2008, from http://www.jobprofiles.org/heapsytech.htm

Kao, L. S., & Thomas, E. J. (2008). Navigating towards improved surgical safety using aviation-based strategies. *Journal of Surgical Research, 145*(2), 327–335.

Kaplan, R. M., Sallis, J. F., Jr., & Patterson, T. L. (1993). *Health and human behavior.* New York: McGraw-Hill.

Kasserman, J. (2005). Management consultation: Improving organizations. In R. D. Morgan, T. L. Kuther, & C. J. Habben (Eds.), *Life after graduate school in psychology: Insider's advice from new psychologists* (pp. 183–196). New York: Psychology Press.

Keinan, G., & Malach-Pines, A. (2007). Stress and burnout among prison personnel: Sources, outcomes, and intervention strategies. *Criminal Justice and Behavior, 34,* 380–398.

Keith-Spiegel, P., Tabachnick, B. G., & Spiegel, G. B. (1994). When demand exceeds supply: Second order criteria used by graduate school selection committees. *Teaching of Psychology, 21,* 79–81.

Keith-Spiegel, P., & Wiederman, M. W. (2000). *The complete guide to graduate school admission: Psychology, counseling, and related professions.* Mahwah, NH: Erlbaum.

Kierniesky, N. C. (1992). Specialization of the undergraduate major. *American Psychologist, 47,* 1146–1147.

Kilburg, R. R. (1996). Toward a conceptual understanding and definition of executive coaching. *Consulting Psychology Journal: Practice and Research, 48,* 134–144.

Kirkland, K., & Kirkland, K. L. (2001). Frequency of child custody evaluation complaints and related disciplinary action: A survey of the Association of State and Provincial Psychology Boards. *Professional Psychology: Research and Practice, 32,* 171–174.

Kohout, J., & Wicherski, M. (2009). *2009 graduate study in psychology.* Washington, DC: American Psychological Association. Retrieved August 27, 2011, from http://www.apa.org/workforce/publications/09-grad-study/index.aspx

Kolb, B., & Whishaw, I. Q. (2008). *Fundamentals of human neuropsychology* (6th ed.). New York: Bedford, Freeman & Worth Publishers.

Krannich, C. (2002). *Interview for success: A practical guide to increasing job interviews, offers, and salaries.* Manassas Park, VA: Impact Publishers.

Kuther, T. L. (1996). Doctoral training in applied developmental psychology: Matching graduate education and accreditation standards to student needs, career opportunity, and licensure requirements. In C. B. Fisher, J. P. Murray, & I. E. Sigel (Eds.), *Applied developmental science: Graduate training for diverse disciplines and educational settings* (pp. 53–74). Norwood, NJ: Ablex.

Kuther, T. L. (2002). Ethical conflicts in the teaching assignments of graduate students. *Ethics and Behavior, 12,* 197–204.

Kuther, T. L. (2005). *Your career in psychology: Industrial/organizational psychology.* Belmont, CA: Wadsworth.

Kuther, T. L. (2006). *The psychology major's handbook* (2nd ed.). Belmont, CA: Wadsworth.

Kuther, T. L. (2010). *The psychology major's handbook* (3rd ed.). Belmont, CA: Wadsworth.

Landrum, R. E., & Clark, J. (2005). Graduate admissions criteria in psychology: An update. *Psychological Reports, 97,* 481–484.

Landrum, R. E., Davis, S. F., & Landrum, T. (2000). *The psychology major: Career options and strategies for success*. Upper Saddle River, NJ: Prentice Hall.

Landwehr, H. (2001). An interesting career in psychology: Aviation human factors psychologist. *Psychological Science Agenda*. Retrieved November 2, 2005, from http://www.apa.org/science/ic-landwehr.html

Lauber, J. K. (1997). An interesting career in psychology: Human factors psychologists in aviation. *Psychological Science Agenda*. Retrieved June 5, 2002, from http://www.apa.org/science/ic-lauber.html

Lee, T. (2002). Rating the nation's best and worst jobs. *Career Journal*. Retrieved June 16, 2002, from http://www.careerjournal.com/jobhunting/change/20020507-lee.html

Levant, R. F., Reed, G. M., Ragusea, S. A., DiCowden, M., Murphy, M. J., Sullivan, F., et al. (2001). Envisioning and accessing new roles for professional psychology. *Professional Psychology: Research and Practice, 32,* 79–87.

Lezak, M. D., Howieson, D. B., & Loring, D. W. (2004). *Neuropsychological assessment* (4th ed.). New York: Oxford University Press.

Lindquist, C. A., & Whitehead, J. T. (1986). Burnout, job stress, and job satisfaction among southern correctional officers: Perceptions and causal factors. *Journal of Offender Counseling, Services, and Rehabilitation, 10,* 5–26.

Linnerooth, P. J., Mrdjenovich, A. J., & Moore, B. A. (2011). Professional burnout in clinical military psychologists: Recommendations before, during, and after deployment. *Professional Psychology: Research and Practice, 42*(1), 87–93.

Liss, M. B. (1992). Psychology and law courses: Content and materials. *Law and Human Behavior, 16,* 463–471.

Lloyd, M. A. (2000). *Master's- and doctoral-level careers in psychology and related areas*. Retrieved February 1, 2000, from http://www.psychwww.com/careers/masters.htm

Mandinach, E. (2010). An interesting career in psychological science: Education researcher at non-profit organization. *Psychological Science Agenda*. Retrieved August 27, 2011, from http://www.apa.org/science/about/psa/2010/02/careers.aspx

Marchant, D. B. (2000). Targeting futures: Goal setting for professional sports. In M. B. Anderson (Ed.), *Doing sport psychology* (pp. 93–103). Champaign, IL: Human Kinetics.

Martinson, R. (1974). What works? Questions and answers about prison reform. *Public Interest, 35,* 22–54.

Max, D. T. (2000, December). The cop and the therapist. *New York Times,* p. 94.

McCann, R. S. (2001). An interesting careers in psychology: NASA research scientist. *Psychological Science Agenda*. Retrieved August 2, 2008, from http://www.apa.org/schience/ic-mccann.html

McCracken, P. (1998). The path of a scientist's job search. *Science's Next Wave*. Retrieved June 5, 2002, from http://nextwave.sciencemag.org/cgi/content/full/1998/03/29/265

McFall, R. M. (2006). Doctoral training in clinical psychology. *Annual Review of Clinical Psychology, 2,* 21–49.

McGovern, T. V., Furumoto, L., Halpern, D. F., Kimble, G. A., & McKeachie, W. J. (1991). Liberal education, study in depth, and the arts and sciences major: Psychology. *American Psychologist, 46,* 598–605.

Melton, G. B., Petrila, J., Poythress, N. G., Slobogin, C., & Lyons, P. M. (2007). *Psychological evaluations for the courts: A handbook for mental health professionals and lawyers* (3rd ed.). New York: Guilford Press.

Meyers, D. G. (2004). *Psychology* (7th ed.). New York: Worth Publishers.

Meyers, A. W., Coleman, J. K., Whelan, J. P., & Mehlenbeck, R. S. (2001). Examining careers in sport psychology: Who is working and who is making money? *Professional Psychology: Research and Practice, 32,* 5–11.

Michalski, D., Kohout, J., Wicherski, M., & Hart, B. (2011). *2009 doctorate employment survey*. Washington, DC: American Psychological Association. Retrieved August 27, 2011, from http://www.apa.org/workforce/publications/09-doc-empl/index.aspx?tab=4

Minton, T. D., & Sabol, W. J. (2009). *Jail inmates at midyear 2008: Statistical tables* (Bureau of Justice Statistics Special Report, NCJ 225709). Washington, DC: Department of Justice.

Montell, G. (1999). Another career choice for Ph.D.'s: Management consulting. *Chronicle of Higher Education*. Retrieved June 5, 2002, from http://chronicle.com/jobs/99/11/99111203c.htm

Morgan, R. D. (2002). Basic mental health services: Services and issues. In T. Fagan & R. K. Ax (Eds.), *Correctional mental health handbook* (pp. 59–69). Thousand Oaks, CA: Sage.

Morgan, R. D., & Cohen, L. M. (2008). Clinical and counseling psychology: Can differences be gleaned from printed recruiting materials? *Training and Education in Professional Psychology, 2,* 156–164.

Morgan, R. D., Patrick, A. R., & Magaletta, P. R. (2008). Does the use of telemental health alter the treatment experience? Inmates' perceptions of telemental health vs. face-to-face treatment modalities. *Journal of Consulting and Clinical Psychology, 76,* 158–162.

Morgan, R. D., Van Haveren, R. A., & Pearson, C. A. (2002). Correctional officer burnout: Further analyses. *Criminal Justice and Behavior, 29,* 144–160.

Morgan, R. D., Winterowd, C. L., & Ferrell, S. W. (1999). A national survey of group psychotherapy services in correctional facilities. *Professional Psychology: Research and Practice, 30,* 600–606.

MSU Career Placement and Services. (2008). *Recruiting trends 2007-2008*. East Lansing, MI: Michigan State University.

Muchinsky, P. M. (2006). *Psychology applied to work*. Pacific Grove, CA: Wadsworth.

Murray, B. (2000). From brain scan to lesson plan. *Monitor on Psychology, 31*(3). Retrieved January 13, 2002, from http://www.apa.org/monitor/mar00/brainscan.html

National Association of Colleges and Employers. (2008). *Job outlook 2008 survey*. Washington, DC: National Association of Colleges and Employers.

National Association of School Psychologists. (n.d.). *What is a school psychologist?* Retrieved August 19, 2011, from http://www.nasponline.org/about_sp/whatis.aspx

National Association of Social Workers. (2011). *National Association of Social Workers*. Retrieved July 25, 2011, from http://www.socialworkers.org/

National Center for Education Statistics. (2011). *Digest of education 2010*. Washington, DC: National Center for Education Statistics.

National Rehabilitation Counseling Association. (2011). *National Rehabilitation Counseling Association*. Retrieved July 25, 2011, from http://nrca-net.org/

Neimeyer, G. J., Bowman, J., & Steward, A. E. (2001). Placements in counseling psychology: A 26-year retrospective. *Counseling Psychologist, 29,* 763–780.

Newbould, P. (2007). Psychologists as legislators: Results of the 2006 elections. *Professional Psychology: Research and Practice, 38,* 3–6.

Norcross, J. C., Castle, P. H., Sayette, M. A., & Mayne, T. J. (2004). The PsyD: Heterogeneity in practitioner training. *Professional Psychology: Research and Practice, 35,* 412–419.

Norcross, J. C., Ellis, J. L., & Sayette, M. A. (2010). Getting in and getting money: A comparative analysis of admission standards, acceptance rates, and financial assistance across the research–practice continuum in clinical psychology programs. *Training and Education in Professional Psychology, 4*(2), 99–104.

Norcross, J. C., Karpiak, C. P., & Santoro, S. O. (2005). Clinical psychologists across the years: The division of clinical psychology from 1960 to 2003. *Journal of Clinical Psychology, 61,* 1467–1483.

Norcross, J. C., Prochaska, J. O., & Gallagher, K. M. (1989a). Clinical psychologists in the 1980s: I. Demographics, affiliations, and satisfactions. *The Clinical Psychologist, 42,* 29–39.

Norcross, J. C., Prochaska, J. O., & Gallagher, K. M. (1989b). Clinical psychologists in the 1980s: II. Theory, research, and practice. *The Clinical Psychologist, 42,* 29–39.

Norcross, J. C., Sayette, M. A., Mayne, T. J., Karg, R. S., & Turkson, M. A. (1998). Selecting a doctoral program in professional psychology: Some comparisons among PhD counseling, PhD clinical, and PsyD clinical psychology program. *Professional Psychology: Research and Practice, 29,* 609–614.

North American Association of Masters in Psychology. (2011). *Licensure information*. Retrieved July 16, 2011, from http://www.enamp.org/PDF/Licensure%20Information%20NAMP.pdf

Patterson, F. (2001). Developments in work psychology: Emerging issues and future trends. *Journal of Occupational and Organizational Psychology, 74,* 381–390.

PayScale. (2008). *Salary survey*. Retrieved August 27, 2011, from http://www.payscale.com

PayScale. (2011). *Salary survey*. Retrieved October 22, 2011, from http://www.payscale.com/af/about_payscale

Perry, C., Jr., & Marsh, H. W. (2000). Listening to self-talk, hearing self-concept. In M. B. Anderson (Ed.), *Doing sport psychology* (pp. 61–76). Champaign, IL: Human Kinetics.

Peters, R. L. (1992). *Getting what you came for: The smart student's guide to earning a master's or a Ph.D*. New York: Noonday Press.

Public Relations Society of America. (n.d.). *About public relations*. Retrieved June 5, 2002, from http://www.prsa.org/_resources/profession/index.asp

Randall, C. R. (2006). Technical writing: Making sense out of manuals. In C. Robbins Roth (Ed.), *Alternative careers in science: Leaving the ivory tower* (2nd ed., pp. 15–26). San Diego, CA: Academic Press.

Resnick, J. H. (1991). Finally, a definition of clinical psychology: A message from the president, Division 12. *The Clinical Psychologist, 44,* 3–11.

Roediger, H. (2006). Teaching, research, and more: Psychologists in an academic career. In R. J. Sternberg (Ed.), *Career paths in psychology: Where you degree can take you* (2nd ed.). Washington, DC: American Psychological Association.

Roger, R. R., & Stone, G. (n.d.). *Counseling vs. Clinical: What is the difference between a clinical psychologist and a counseling psychologist?* Retrieved July 25, 2011, from http://www.div17.org/students_differences.html

Romans, J. S. C., Boswell, D. L., Carlozzi, A. F., & Ferguson, D. B. (1995). Training and supervision practices in clinical, counseling, and school psychology programs. *Professional*

Psychology: Research and Practice, 26,* 407–412.

Rowh, M., & Suchorski, J. (2000). *Opportunities in fund-raising*. New York: McGraw-Hill.

Salary.com. (2011). *Salary wizard*. Retrieved August 10, 2011, from http://www.salary.com

Salzinger, K. (1995). The academic life. *Psychological Science Agenda*. Retrieved January 18, 2002, from http://www.apa.org/psa/janfeb95/acad.html

Sarafino, E. P. (2006). *Health psychology: Biopsychosocial interactions* (5th ed.). New York: John Wiley & Sons.

Scrader, B. (2002). Industrial/organizational psychology 2010: A research odyssey. In J. S. Halonen & S. F. Davis (Eds.), *The many faces of psychological research in the 21st century*. Retrieved June 5, 2002 at http://teachpsych.lemoyne.edu/teachpsych/faces/text/Ch03.htm

Sebestyen, G. (2000). Watching the consultants. *Science's Next Wave*. Retrieved June 5, 2002, from http://nextwave.sciencemag.org/cgi/content/full/2000/07/26/1

Senter, A., & Morgan, R. D. (2010). Correctional psychologist burnout, job satisfaction, and life satisfaction. *Psychological Services, 7,* 190–201.

Sherman, C. P., & Poczwardowski, A. (2000). Relax! ... It ain't easy (or is it?). In M. B. Anderson (Ed.), *Doing sport psychology* (pp. 47–60). Champaign, IL: Human Kinetics.

Simmons, J. (2000). Doing imagery in the field. In M. B. Anderson (Ed.), *Doing sport psychology* (pp. 77–92). Champaign, IL: Human Kinetics.

Smith, L. (2002). Working extra hours pays off. *Information Week*. Retrieved June 16, 2002, from http://www.informationweek.com/story/IWK20020426S0002

Smith, P. M. (1997). An interesting career in psychology: Organizational development consultant. *Psychological Science Agenda*. Retrieved June 5, 2002, from http://www.apa.org/science/ic-smith.html

Steadman, H. J., Morris, S. M., & Dennis, D. L. (1995). The diversion of mentally ill persons from community-based services: A profile of programs. *American Journal of Public Health, 85,* 1630–1635.

Sullivan, M. J. (2001). Psychologists as legislators: Results of the 2000 elections. *Professional Psychology: Research and Practice, 32*(1), 40–43.

Sullivan, M. J. (2005). Psychologists as legislators: Results of the 2004 elections. *Professional Psychology: Research and Practice, 36,* 32–36.

Super, J. T. (1999). Forensic psychology and law enforcement. In A. K. Hess & I. B. Weiner (Eds.), *The handbook of forensic psychology* (2nd ed., pp. 409–439). New York: John Wiley.

Susman-Stillman, A. R., Brown, J. L., Adam, E. K., Blair, C., Gaines, R., Gordon, R. A., et al. (1996). Building research and policy connections: Training and career options for developmental scientists. *Social Policy Report, 10*(4), 1–19.

Taylor, S. E. (1999). *Health psychology* (4th ed.). Boston, MA: McGraw-Hill.

Tenopyr, M. L. (1997). Improving the workplace: Industrial/organizational psychology as a career. In R. Sternberg (Ed.), *Career paths in psychology: Where you degree can take you* (pp. 185–196). Washington, DC: American Psychological Association.

Toch, H. (1992). *Mosaic of despair: Human breakdowns in prison* (Rev. ed.). Washington, DC: American Psychological Association.

Torrey, E. F. (1995). Editorial: Jails and prisons: America's new mental hospital. *American Journal of Public Health, 85,* 1611–1613.

Toth, S. L., Manly, J. T., & Nilsen, W. J. (2008). From research to practice: Lessons learned. *Journal of Applied Developmental Psychology, 29*(4), 317–325.

Trull, T. J. (2004). *Clinical psychology* (7th ed.). Stamford, CT: Cengage Learning.

Tyler, R. R. (2000). An interesting career in psychology: Aviation human factors practitioner. *Psychological Science Agenda*. Retrieved June 5, 2002, from http://www.apa.org/science/ic-tyler.html

US News and World Report. (2010). *The 50 best careers of 2011*. Retrieved August 27, 2011, from http://money.usnews.com/money/careers/articles/2010/12/06/the-50-best-careers-of-2011

US Office of Personnel Management. (n.d.). *Salary table 2011-GS*. Retrieved August 19, 2011, from http://www.opm.gov/oca/11tables/html/gs.asp

Usability Professionals Association. (2009). *UPA salary survey*. Retrieved July 25, 2011, from http://www.usabilityprofessionals.org/usability_resources/surveys/2009salarysurvey_PUBLIC.pdf

Van Raalte, J. L., & Williams, J. M. (1994). *Graduate training & career possibilities in exercise & sport psychology*. Retrieved August 10, 2011, from http://www.apa47.org/studGradTrain.php

Vesilind, P. A. (2000). *So you want to be a professor? A handbook for graduate students*. Thousand Oaks, CA: Sage.

Watkins, C. E., Lopez, F. G., Campbell, V. L., & Himmell, C. D. (1986). Contemporary counseling psychology: Results of a national survey. *Journal of Counseling Psychology, 33,* 301–309.

Weinberg, R. A., & Susman-Stillman, A. (1999). Required reading for making a difference in the lives of children and families. *School Psychology Quarterly, 14*(1), 94–99.

Weiner, H. R. (2001). *An interesting career in psychology: Expert witness in employment discrimination cases*. Retrieved August 2, 2008, from http://www.apa.org/science/ic-weiner.html

Weinstein, M., & Rossini, E. D. (1999). Teaching group treatment in doctoral programs in counseling psychology. *Psychological Reports, 85*, 697–700.

West, H. C., & Sabol, W. J. (2009). *Prison inmates at midyear 2008: Statistical tables* (Bureau of Justice Statistics Special Report, NCJ 225619). Washington, DC: Department of Justice.

WetFeet. (2008a). *Non-profit and government*. Retrieved July 29, 2008, from http://www.wetfeet.com/Careers-and-Industries/Industries/Non-Profit-and-Government.aspx

WetFeet. (2008b). *Retail: Career overview*. Retrieved July 29, 2008, from http://www.wetfeet.com/careers-industries/industries/retail#lovehate

Whitebrook, M., & Phillips, D. (1999). Child care employment: Implications for women's self sufficiency and for child development. *Foundation for Child Development Working Paper Series*. Retrieved July 2, 2002, from http://www.ffcd.org/wbwp2txt.pdf

Wicherski, M. (2010). *Report of the 2007 APA salary survey* (Rev. ed.). Washington, DC: APA Research Office. Retrieved August 27, 2011, from http://www.apa.org/workforce/publications/07-salaries/index.aspx

Williams, S. (2005). Executive management: Helping executives manage their organizations through organizational and market research. In R. D. Morgan, T. L. Kuther, & C. J. Habben (Eds.), *Life after graduate school in psychology: Insider's advice from new psychologists* (pp. 225–238). New York: Psychology Press.

Winerman, L. (2004). Designing psychologists. *Monitor on Psychology, 35*(7), 30–31.

Wiskoff, M. F. (1997). Defense of the nation: Military psychologists. In R. J. Sternberg (Ed.), *Career paths in psychology: Where you degree can take you* (pp. 245–268). Washington, DC: American Psychological Association.

Witherspoon, R., & White, R. P. (1996). Executive coaching: A continuum of roles. *Consulting Psychology Journal: Practice and Research, 48*, 124–133.

Woods, D. (2002). *Behind human error: Human factors research to improve patient safety*. Retrieved June 5, 2002, from http://www.apa.org/ppo/issues/shumfactors2.html

World Health Organization. (2001). *The world health report 2001: New understanding*. Geneva, Switzerland: New Hope.

Yandell, L. (2009). The life of a college professor: Teaching, research, and service. In S. F. Davis & P. J. Giordano (Eds.), *Your career in psychology: Putting your graduate degree to work* (pp. 89–102). Hoboken, NJ: Wiley-Blackwell.

Zimak, E. H., Edwards, K. M., Johnson, S. M., & Suhr, J. (2011). Now or later? An empirical investigation of when and why students apply to clinical psychology PhD programs. *Teaching of Psychology, 38*(2), 118–121.